Abhandlungen

des

kriminalistischen Seminars.

Herausgegeben

von

Dr. Franz von Liszt,

ord. Professor der Rechte in Halle a/S.

Zweiter Band.

Berlin.

Verlag von J. Guttentag

(D. Collin).

1890.

Inhalt.

Abhandlungen

des

kriminalistischen Seminars.

Herausgegeben

von

Dr. Franz von Liszt,
ord. Professor der Rechte in Halle a/S.

Zweiter Band, 2. Heft.

Rosenfeld: Welche Strafmittel können an die Stelle der kurzzeitigen Freiheitsstrafe gesetzt werden?

Berlin.
Verlag von J. Guttentag
(D. Collin).
1890.

Welche Strafmittel

können an die Stelle der

kurzzeitigen Freiheitsstrafe

gesetzt werden?

Von der Marburger juristischen Fakultät gekrönte Preisschrift.

Von

Ernst Rosenfeld.

Berlin.
Verlag von J. Guttentag
(D. Collin).
1890.

Vorwort des Verfassers.

Es hat seine Vorzüge und seine Nachteile, daſs die folgende Abhandlung in einer Zeit erscheint, deren Interesse sich den hier behandelten Fragen in stets verstärktem Maſse zuwendet. Das Buch wird vielleicht mehr beachtet, aber die Schwächen der Erstlingsarbeit treten auch um so schärfer hervor. Einen Mangel will der Verfasser hier zu entschuldigen suchen: die Ungleichmäſsigkeiten, die zu verschiedenen Malen in der Behandlung derselben Frage an getrennten Stellen des Buches hervortreten. Sie erklären sich daraus, daſs die Zeit der Bearbeitung mehr als ein Jahr umfaſst, und daſs der Verfasser dieser Abhandlung, deren Schwerpunkt in einer Orientierung über das vorhandene Material liegen soll, auch in den letzten Monaten während des Druckes um Berücksichtigung wenigstens des Hauptsächlichsten unter den massenhaften Erscheinungen sich bemühen muſste, ohne doch das Benutzte immer in eine organische Verbindung mit dem Ganzen bringen zu können. Mit dem bezeichneten Bestreben möge es auch entschuldigt werden, wenn Nebensächliches öfters erwähnt und manches Wichtigere kaum gestreift worden ist.

Es sei gestattet, an dieser Stelle zu bemerken, daſs die Abhandlung selbst nach ihren selbständig fortlaufenden Seitenzahlen (den eingeklammerten Ziffern) zitiert ist; sowie auf den störenden Druckfehler S. 155 Z. 7 v. o. aufmerksam zu machen, wo „Ausspruch“ statt „Anspruch“ zu lesen ist. —

Es bleibt mir nur noch übrig, meinen verehrten Lehrern, Herrn Professor von Lilienthal in Marburg und insbesondere Herrn Professor von Liszt in Halle, auch an diesem Orte meinen wärmsten Dank für die vielfältigste und liebenswürdigste Förderung meiner Arbeit auszusprechen.

Kirchhain, den 4. Juli 1890.

Ernst Rosenfeld.

Inhaltsverzeichnis.

Welche Strafmittel können an die Stelle der kurzzeitigen Freiheitsstrafe gesetzt werden?

> Le pene normali per i delitti sono e saranno sempre le carcerarie; la privazione della libertà è il mezzo principalissimo, di cui la società può oggi disporre, siccome quello che è più atto a soddisfare le esigenze repressive e preventive della penalità.
>
> Zanardelli.
> (Progetto. Rel. min. I. 77.)

Die Frage einer Änderung unserer Strafmittel und einer Umgestaltung unseres Strafvollzugswesens ist gegenwärtig eine brennende Frage, die durch Aufsätze, auch in nicht fachwissenschaftlichen Zeitschriften, und durch Artikel in unsern gelesensten Tagesblättern, immer weitere Kreise auch der Laienwelt ergreift. Man kann sagen, daſs sich von Tag zu Tag die Anzeichen eines Sturmes mehren, der unser ganzes bestehendes System mit seiner „am falschen Ende aufgezäumten“ Gefängnisreform wegfegen wird, um Platz zu schaffen für einen neuen Bau, dessen Grundlagen den Forderungen moderner Kriminalpolitik entsprechen. Es gilt dann vor allem zu scheiden, und abzusondern sind in erster Linie jene Unglücklichen, die Opfer teils der Unkenntnis des Richters, teils des Zuchthauslebens, welche noch immer einen nicht ganz unerheblichen Bruchteil der Strafhausinsassen ausmachen, die verbrecherischen Geisteskranken und die geisteskranken Verbrecher. Die übrigen trennen sich in Gewohnheits- und Gelegenheitsverbrecher, — falls man diese althergebrachten und wohl öfters [1]) angefochtenen, aber m. E. noch nicht durch bessere ersetzten Bezeichnungen beibehalten will; — die genaue Fassung der Eigenart dieser Stufen (die man vielleicht durch eine längere Reihe aufeinanderfolgender ersetzen könnte) und ihre richtige Erkenntnis durch den Richter ist Vorbedingung jeder wirksamen Bekämpfung.

[1]) Dr. Otto Binswanger-Jena, Über Geistesstörung und Verbrechen, Vortrag, gehalten auf der Kölner Naturforscherversammlung 1888, sub III. Abgedr. Deutsche Rundschau, Dez.-Heft 1888.

Für jede Stufe wäre eine besondere Behandlungsweise angezeigt: Unschädlichmachung bei unverbesserlichen Rückfälligen, — Erziehung im Sinne der Lammaschschen[1]) Vorschläge und Abschreckung bei jenen, welchen das Verbrechen noch nicht zur zweiten Natur geworden ist, die noch zu mehr oder weniger nützlichen Mitgliedern der Gesellschaft umgewandelt werden können, — Abschreckung, oft nur eindringliche Warnung in mancherlei Gestalt bei den Anfängern, den first offenders, die einer Besserung nicht bedürfen. Nach den Stufen verschieden sind in der praktischen Ausführung zwei Forderungen zu erfüllen: richtige Anwendung und Vollstreckung der langdauernden Freiheitsstrafen einerseits, — Reform, besser: Ersatz, der kurzzeitigen Freiheitsstrafen anderseits.

Diese letztere Aufgabe, deren Berechtigung und deren Inangriffnahme näher zu beleuchten, Zweck dieser Arbeit ist, steht der andern an Wichtigkeit durchaus voran: sie ist bei uns nicht nur unvollkommener gelöst, als jene, sie ist überhaupt noch nicht von mafsgebender Stelle aus in Angriff genommen und sogar durch die bisherigen Mafsregeln, die das Gegenteil dessen bewirken, was mit ihnen beabsichtigt wird, aufs äufserste erschwert. Sie ist ferner auch an numerischer Masse von Fällen, in welchen ihr Problem einer Entscheidung harrt, jener andern Aufgabe oder Gruppe von Aufgaben überlegen. Denn unser Strafensystem wird beherrscht und charakterisiert durch die kurzzeitige Freiheitsstrafe. Diesen Satz an der Hand der Reichskriminalstatistik und, soweit möglich, teilweise einzelstaatlicher und ausländischer Kriminalstatistik zu erhärten, wird unser erstes Bemühen sein. Ist so festgestellt, dafs das Werturteil über unser Strafensystem mit dem über die kurzzeitige Freiheitsstrafe steht und fällt, so werden wir zeigen, dafs es fällt, dafs die kurzzeitige Freiheitsstrafe keine Existenzberechtigung hat.

[1]) Zeitschrift für die gesamte Strafrechtswissenschaft Bd. IX S. 433 f.

Um sie aber auch nicht als Lückenbüſser mangels eines Besseren gelten zu lassen, werden wir endlich auf die Reihe vortrefflicher Ersatzmittel zu reden kommen, die teils erst vorgeschlagen, teils aber auch schon gesetzgeberisch erprobt sind, und werden ihre prinzipielle Anwendbarkeit für unsere Verhältnisse und den Umfang des in der deutschen Strafgesetzgebung ihnen etwa einzuräumenden Gebietes besprechen.

I. Statistischer Teil.

A. Reichskriminalstatistik.

Das wichtigste Material, welches uns die Reichskriminalstatistik bietet, ist in der folgenden Tabelle (2.) zusammengetragen. Die Statistik giebt ein Bild der Strafrechtspflege in den Jahren 1882—1887, und zwar der Bestrafung von ungefähr einem Fünftel bis zu einem Viertel der im deutschen Reiche abgeurteilten Strafthaten. Abgesehen von den Doppelstrafen, von welchen nur die schwerere registriert ist, wurden nämlich folgende Kategorieen nicht berücksichtigt:

(Tabelle 1.)

im Jahre	1882.	1883.	1884.	1885	waren unter
Strafsach. im g.	2 011 997	1 851 245	1 702 155	1 643 572	ausgeschieden:
Forst- u. Feldrügesachen	675 823	639 334	588 013	542 770	
Übertretungen	305 205	266 779	242 352	237 329	
Amtsrichterl. Strafbefehle	609 187	526 367	442 068	444 819	
d. h. im ganzen	1 590 215	1 432 480	1 272 433	1 224 918	Strafsachen
	= 79,03 %	= 77,38 %	= 74,75 %	= 74,53 %	aller Strafsach.
Von dem Rest	20,97 %	22,62 %	25,25 %	25,47 %	kommen noch
nach überschlägiger Berechnung[1]) als Vergehen gegen die Landesgesetze in Abzug:	1,96 %	2,12 %	2,36 %	2,38 %;	demnach blei-
ben für die Reichskriminalstatistik:	19,01 %	20,50 %	22,89 %	23,09 %	all. Strafsachen.

[1]) Der Grundsatz für diese annähernde Berechnung (als 9,36 %) ist angegeben in der Kriminalstatistik für das Jahr 1882, Erläuterungen, S. 8, linke Hälfte.

(Tabelle 2.)

Reichskriminalstatistik. Übersicht der in den Jahren 1882—1887 bei d

Verurteilungen wegen Verbrechen und Vergehen gegen:	Spalte I. Anzahl der Verurteilungen (abgeurteilten Personen) im ganzen: 1882	1883	1884	1885	1886	1887
I. Reichsgesetze überhaupt.	329 968 = 100,00	330 128 = 100,00	345 977 = 100,00	343 087 = 100,00	353 000 = 100,00	356 357 = 100,00
II. Paragraphen des RStGB., und zwar im einzelnen:	323 839 = 98,14	324 410 = 98,27	340 181 = 98,32	336 259 = 98,01	345 628 = 97,91	348 613 = 97,83
III. 1) §§. 242, 248. Einfacher Diebstahl.	79 116 = 23,98	76 929 = 23,30	74 293 = 21,47	69 241 = 20,18	68 479 = 19,40	65 297 = 18,32
2) §§. 244. 248. Einf. Diebstahl im wiederholten Rückfalle.	12 016 = 3,64	12 191 = 3,69	11 865 = 3,43	11 275 = 3,29	11 306 = 3,20	10 901 = 3,06
3) §§. 243, 248. Schwerer Diebstahl.	8 972 = 2,72	7 841 = 2,38	7 893 = 2,28	7 207 = 2,10	6 658 = 1,89	6 885 = 1,93
4) §§. 244, 248. Schwerer Diebstahl mit wiederh. Rückfalle.	2,946 = 0,89	2 672 = 0,81	2 669 = 0,77	2 675 = 0,78	2 373 = 0,67	2 324 = 0,65
5) §§. 246, 248. Unterschlagung.	14 577 = 4,42	14 568 = 4,41	14 630 = 4,23	14 432 = 4,21	14 731 = 4,17	14 504 = 4,07
6) §§. 263—265. Betrug, auch im wiederholten Rückf.	11 969 = 3,63	12 387 = 3,75	12 690 = 3,67	12 618 = 3,68	13 609 = 3,86	14 560 = 4,09
7) §§. 258—262. Alle Formen der Hehlerei, auch in wiederholtem Rückfall.	8 522 = 2,58	7 974 = 2,42	7 695 = 2,22	7 416 = 2,16	6 952 = 1,97	6 974 = 1,96
8) §§. 174, 176—178. Unzüchtige Handlungen.	2 918 = 0,88	2 771 = 0,84	2 797 = 0,81	2 896 = 0,84	3 221 = 0,91	3 169 = 0,89
9) §§. 223, 228. Leichte Körperverletzung.	16 527 = 5,01	17 166 = 5,20	18 718 = 5,41	18 620 = 5,43	19 334 = 5,48	19 202 = 5,39
10) §§. 223a, 228. Gefährliche Körperverletzung.	38 291 = 11,60	40 933 = 12,40	48 188 = 13,91	51 449 = 15,00	53 759 = 15,23	55 821 = 15,66
11) §§. 224—226, 228. Schwere Körperverletzung.	573 = 0,17	544 = 0,16	592 = 0,17	663 = 0,19	637 = 0,18	549 = 0,15
12) §§. 153—161. Meineid.	1 011 = 0,31	871 = 0,26	923 = 0,27	940 = 0,27	827 = 0,23	867 = 0,24
13) §§. 306—308. Brandstiftung.	644 = 0,20	627 = 0,19	609 = 0,18	573 = 0,18	552 = 0,16	524 = 0,15

Verurteilungen wegen Verbrechen und Vergehen gegen:	Z U C H T H A U S — Spalte II. über fünf Jahre: 1882	1883	1884	1885	1886	1887	Spalte III. von zwei bis zu fünf Jahren (ausschliefsl.): 1882	1883	1884	1885	1886	1887
I. Reichsgesetze überhaupt.	1129 0,34	939 0,28	1561 0,45	1479 0,43	1511 0,43	1533 0,44	4112 1,25	3884 1,18	5082 1,47	4879 1,42	4716 1,34	4876 1,37
II. Paragraphen des RStGB., und zwar im einzelnen:	1128 0,35	937 0,29	1560 0,46	1474 0,44	1508 0,44	1547 0,45	4098 1,27	3867 1,19	5064 1,49	4853 1,44	4698 1,36	4853 1,39
III. 1) §§. 242, 248. Einfacher Diebstahl.	—	[1]	—	—	—	—	[2]	[3]	—	[1]	[1]	—
2) §§. 244. 248. Einf. Diebstahl im wiederholten Rückfalle.	58 0,48	39 0,32	139 1,17	90 0,80	139 1,23	126 1,16	774 6,44	780 6,40	1425 12,01	1286 11,41	1320 11,68	1458 13,37
3) §§. 243, 248. Schwerer Diebstahl.	88 0,99	73 0,93	109 1,38	102 1,42	81 1,22	99 1,44	484 5,39	372 4,75	507 6,42	437 6,06	419 6,29	464 6,74
4) §§. 244, 248. Schwerer Diebstahl mit wiederh. Rückfalle.	291 9,88	232 8,68	384 14,39	382 14,28	353 14,87	419 18,03	1157 39,27	1121 41,95	1274 47,73	1286 48,08	1115 46,99	1018 43,81
5) §§. 246, 248. Unterschlagung.	—	—	—	—	—	—	—	—	—	—	—	—
6) §§. 263—265. Betrug, auch im wiederholten Rückf.	25 0,21	18 0,15	33 0,26	37 0,29	37 0,27	56 0,38	134 1,12	131 1,06	189 1,49	202 1,60	198 1,45	243 1,67
7) §§. 258—262. Alle Formen der Hehlerei, auch in wiederholtem Rückfall.	4 0,05	4 0,05	4 0,05	8 0,11	20 0,29	15 0,22	59 0,69	41 0,51	78 1,02	96 1,29	80 1,15	91 1,31
8) §§. 174, 176—178. Unzüchtige Handlungen.	86 2,95	79 2,85	118 4,22	123 4,25	186 5,77	159 5,02	374 12,82	399 14,40	439 15,69	462 15,95	552 17,14	539 17,01
9) §§. 223, 228. Leichte Körperverletzung.	—	—	—	—	—		—	—	—	—	—	—
10) §§. 223a, 228. Gefährliche Körperverletzung.	—	—	—	—	—	—	[2]	[2]	[1]	—	[1]	[1]
11) §§. 224—226, 228. Schwere Körperverletzung.	81 14,31	83 15,26	130 21,96	143 21,57	122 19,15	116 21,13	64 11,17	93 17,10	58 9,80	42 6,34	56 8,79	41 7,47
12) §§. 153—161. Meineid.	50 4,95	30 3,44	87 9,43	76 8,08	67 8,10	63 7,27	376 37,19	314 36,05	451 48,86	488 46,60	383 46,31	405 46,71
13) §§. 306—308. Brandstiftung.	99 15,37	81 12,92	126 20,69	117 20,42	112 20,29	114 20,23	207 32,14	205 32,70	202 33,17	173 30,19	161 29,17	164 31,30

Verurteilungen wegen Verbrechen und Vergehen gegen:	Spalte IV. bis zu zwei Jahr[e]: 1882	1883	1884
I. Reichsgesetze überhaupt.	8188 2,48	7541 2,28	5383 1,56
II. Paragraphen des RStGB., und zwar im einzelnen:	8171 2,52	7516 2,32	5369 1,58
III. 1) §§. 242, 248. Einfacher Diebstahl.	99 0,12	74 0,10	63 0,09
2) §§. 244. 248. Einf. Diebstahl im wiederholten Rückfalle.	3688 30,69	3594 29,48	2673 22,53
3) §§. 243, 248. Schwerer Diebstahl.	1438 16,02	1117 14,25	775 9,82
4) §§. 244, 248. Schwerer Diebstahl mit wiederh. Rückfalle.	575 19,52	491 18,38	160 5,99
5) §§. 246, 248. Unterschlagung.	42 0,29	34 0,23	31 0,21
6) §§. 263—265. Betrug, auch im wiederholten Rückf.	277 2,31	262 2,11	242 1,91
7) §§. 258—262. Alle Formen der Hehlerei, auch in wiederholtem Rückfall.	210 2,47	158 1,98	177 2,30
8) §§. 174, 176—178. Unzüchtige Handlungen.	602 20,63	547 19,74	348 12,44
9) §§. 223, 228. Leichte Körperverletzung.	7 0,04	9 0,05	7 0,04
10) §§. 223a, 228. Gefährliche Körperverletzung.	17 0,04	30 0,07	41 0,09
11) §§. 224—226, 228. Schwere Körperverletzung.	11 1,92	9 1,65	3 0,50
12) §§. 153—161. Meineid.	456 45,10	418 47,99	247 26,76
13) §§. 306—308. Brandstiftung.	87 13,51	101 16,11	48 7,88

Anmerk.: 1. Todesstrafe und Festungshaft haben zu geringe Bedeutung für unsern Zweck und sind weggelassen.

2. Jedes Fach enthält zwei Zahlen, deren obere die absolute Anzahl der betr. Verurteilten angibt, z. B. wurde nach Spalte VIII, Zeile (III 10) gegen 31 280 Personen im Jahre 1887 wegen gefährlicher Körperverletzung auf eine Gefängnisstrafe unter 3 Monaten erkannt.

3. Die untere Zahl ist in Spalte I mit *rücktiegenden* Ziffern geschrieben; sie bezeichnet dort Prozente von den in Zeile I ebendort stehenden Zahlen; so sind in Zeile (III 10) z. B. die Zahlen 53 759 (1886) bezw. 55 821 (1887) 15,23 bezw. 15,66 % von den in Zeile I stehenden 353 000 bezw. 356 357.

Verurteilungen wegen Verbrechen und Vergehen gegen:	Spalte IX. Zuchthaus überhaupt: 1882	1883	1884	1885	1886	1887
I. Reichsgesetze überhaupt.	13 429 4,07	12 364 3,74	12 023 3,48	11 543 3,36	11 373 3,22	11 495 3,23
II. Paragraphen des RStGB., und zwar im einzelnen:	13 397 4,14	12 320 3,80	11 993 3,58	11 494 3,42	11 330 3,28	11 443 3,29
III. 1) §§. 242, 248. Einfacher Diebstahl.	101 0,12	78 0,10	66 0,09	61 0,09	61 0,09	53 0,08
2) §§. 244, 248. Einf. Diebstahl im wiederholten Rückfalle.	4520 37,61	4413 36,20	4237 35,71	3943 34,98	3958 35,01	4011 36,79
3) §§. 243, 248. Schwerer Diebstahl.	2010 22,40	1562 19,93	1291 17,62	1221 16,94	1133 17,02	1161 16,86
4) §§. 244, 248. Schwerer Diebstahl mit wiederh. Rückfalle.	2023 68,67	2144 69,01	1758 68,11	1797 67,18	1607 67,73	1572 67,65
5) §§. 246, 248. Unterschlagung.	42 0,29	34 0,23	31 0,21	44 0,30	44 0,30	39 0,27
6) §§. 263—265. Betrug, auch im wiederholten Rückfalle.	436 3,64	411 3,32	484 3,66	456 3,61	499 3,66	599 4,11
7) §§. 258—262. Alle Formen der Hehlerei, auch in wiederholtem Rückfalle.	273 3,21	203 2,54	259 3,37	269 3,63	236 3,40	236 3,39
8) §§. 174, 176—178. Unzüchtige Handlungen.	1062 36,40	1025 36,99	905 32,35	936 32,32	1171 36,35	1056 33,33
9) §§. 223, 228. Leichte Körperverletzung.	7 0,04	9 0,05	7 0,04	6 0,03	8 0,04	9 0,05
10) §§. 223a, 228. Gefährliche Körperverletzung.	19 0,05	32 0,08	42 0,09	37 0,07	39 0,07	46 0,08
11) §§. 224—226, 228. Schwere Körperverletzung.	156 27,22	185 34,01	191 32,26	188 28,36	181 28,41	160 29,15
12) §§. 153—163. Meineid.	882 87,24	762 87,48	785 85,05	799 85,00	697 84,28	735 85,77
13) §§. 306—308. Brandstiftung.	393 61,02	387 61,73	376 61,74	337 58,81	316 57,25	356 56,87

Verurteilungen wegen Verbrechen und Vergehen gegen:	Spalte X. Gefängnis überhaupt: 1882	1883	1884	1885	1886	1887	Spalte XI. Gefängnis unter einem Jahr: 1882	1883	1884	1885	1886	1887
I. Reichsgesetze überhaupt.	228 136 69,13	224 490 68,00	231 431 66,89	225 472 65,72	229 244 64,94	228 095 64,01	223 101 67,61	219 733 66,56	222 562 64,94	216 438 63,09	220 080 62,34	218 147 61,22
II. Paragraphen des RStGB., und zwar im einzelnen:	227 823 70,11	223 460 68,89	230 212 70,93	224 016 66,62	227 787 65,91	226 710 65,03	222 027 68,56	218 745 67,43	221 403 68,34	215 054 63,95	218 682 63,27	216 839 62,20
III. 1) §§. 242, 248. Einfacher Diebstahl.	76 679 96,92	74 406 96,72	71 686 96,48	66 540 96,10	65 712 95,95	62 242 95,36	76 303 96,44	74 086 96,30	71 019 95,59	65,954 95,25	65 134 95,11	61 587 94,32
2) §§. 244, 248. Einf. Diebstahl im wiederholten Rückfalle.	7495 62,39	7778 63,80	7829 64,29	7333 65,02	7348 64,99	6891 63,21	7127 59,31	7433 60,97	6651 56,05	6373 56,51	6301 55,73	5694 54,06
3) §§. 243, 248. Schwerer Diebstahl.	8952 77,49	6273 79,99	6489 82,32	5981 82,96	5539 82,92	5721 83,07	6419 71,55	5773 73,62	5574 70,61	5042 69,93	4615 69,32	4674 67,89
4) §§. 244, 248. Schwerer Diebstahl mit wiederh. Rückfalle.	923 31,33	828 30,99	856 31,89	877 32,78	766 32,28	752 32,35	435 14,77	348 13,02	148 5,40	156 5,83	133 5,61	133 5,72
5) §§. 246, 248. Unterschlagung.	12 345 84,69	12 116 83,17	11 967 81,80	11 663 80,82	11 760 79,83	11 631 80,19	19 437 83,95	12 021 82,51	11 781 80,52	11 489 79,61	11 595 78,71	11 457 78,99
6) §§. 263—265. Betrug, auch im wiederholten Rückfalle.	10 329 86,30	10 664 86,08	10 745 84,67	10 619 84,14	11 391 83,71	11 970 82,21	9989 83,66	10 390 83,87	10 290 81,09	10 160 80,51	10 893 80,05	11 348 77,94
7) §§. 258—262. Alle Formen der Hehlerei, auch in wiederholtem Rückfalle.	10 105 94,75	7611 95,45	7226 93,90	6905 93,11	6515 93,71	6481 92,93	7997 93,84	7554 94,73	7088 92,11	6761 91,17	6374 91,68	6308 90,45
8) §§. 174, 176—178. Unzüchtige Handlungen.	1855 63,57	1746 63,01	1892 67,65	1960 67,68	2050 63,65	2112 66,64	1502 51,47	1434 51,75	1274 45,55	1272 43,92	1381 42,88	1414 44,62
9) §§. 223, 228. Leichte Körperverletzung.	9108 55,09	8956 52,33	9324 49,81	8819 47,37	9040 46,75	8725 45,44	9070 54,88	8941 52,24	9272 49,53	8781 47,16	9013 46,61	8679 45,20
10) §§. 223a, 228. Gefährliche Körperverletzung.	31 588 84,06	33 759 82,47	37 729 80,48	40 991 79,67	42 155 78,42	43 583 78,08	31 371 81,93	32 920 80,36	36 993 76,88	39 142 76,08	40 256 74,88	41 415 74,20
11) §§. 224—226, 228. Schwere Körperverletzung.	417 72,78	359 65,99	401 67,74	475 71,64	456 71,79	389 70,85	161 28,10	113 20,77	89 15,04	106 15,98	113 17,74	94 17,12
12) §§. 153—163. Meineid.	129 12,76	109 12,42	138 14,95	142 15,00	140 15,72	142 15,21	115 11,38	88 10,10	77 8,34	63 6,70	68 8,22	58 6,69
13) §§. 306—308. Brandstiftung.	247 38,35	240 38,27	233 38,26	234 40,84	237 42,75	226 43,13	139 21,58	108 17,22	101 16,58	92 16,05	86 15,40	84 16,03

Verurteilungen wegen Verbrechen und Vergehen gegen:	Spalte XII. H A[…]: 1882	1883	188[4]
I. Reichsgesetze überhaupt.	1447 0,44	1561 0,44	159[illegible] 0,4[illegible]
II. Paragraphen des RStGB., und zwar im einzelnen:	1434 0,44	1552 0,48	157[illegible] 0,4[illegible]
III. 1) §§. 242, 248. Einfacher Diebstahl.	12 0,02	8 0,01	[10[illegible] 0,0[illegible]
2) §§. 244, 248. Einf. Diebstahl im wiederholten Rückfalle.	—	[2 ?] —	—
3) §§. 243, 248. Schwerer Diebstahl.	—	—	[1 [illegible] —
4) §§. 244, 248. Schwerer Diebstahl mit wiederh. Rückfalle.	—	—	—
5) §§. 246, 248. Unterschlagung.	2 0,01	1 0,01	[illegible]
6) §§. 263—265. Betrug, auch im wiederholten Rückfalle.	[1]	—	[illegible]
7) §§. 258—262. Alle Formen der Hehlerei, auch in wiederholtem Rückfalle.	—	—	—
8) §§. 174, 176—178. Unzüchtige Handlungen.	—	[1 ?] —	—
9) §§. 223, 228. Leichte Körperverletzung.	12 0,07	29 0,07	1[illegible] 0,0[illegible]
10) §§. 223a, 228. Gefährliche Körperverletzung.	3 0,01	7 0,02	[illegible] 0,0[illegible]
11) §§. 224—226, 228. Schwere Körperverletzung.	—	—	—
12) §§. 153—163. Meineid.	—	—	—
13) §§. 306—308. Brandstiftung.	—	—	—

Anmerk.: 6. Es ist zu beachten, dafs im Fall des §. 74 RStGB. bei allen aufgeführten Delikten Zuchthaus eintreten kann und so sich auch häufig die Nebenstrafe des Ehrverlustes erklärt.

7. Haft und Geldstrafe beim einfachen Diebstahl geht wohl auf §. 370, Z. 5 u. 6. RStGB.

8. Ungewöhnliche Milderungen sind denkbar z. B. bei Beihilfe zum Versuch, bei versuchten Delikten oder Beihilfehandlungen seitens nicht voll Strafmündiger.

…tsächlichsten Delikten vorgekommenen Verurteilungen und erkannten Strafen.

…lich)	Spalte V. GEFÄNGNIS von zwei Jahren und mehr						Spalte VI. GEFÄNGNIS von einem bis zu zwei Jahren (ausschliefsl.)					
1887	1882	1883	1884	1885	1886	1887	1882	1883	1884	1885	1886	1887
5066 1,42	1199 0,36	1108 0,34	2125 0,61	2108 0,61	2218 0,63	2496 0,70	3836 1,16	3644 1,10	6744 1,95	6926 2,02	6946 1,97	7452 2,09
5043 1,45	1189 0,37	1097 0,34	2112 0,62	2095 0,62	2204 0,64	2482 0,71	3807 1,18	3616 1,12	6697 1,97	6867 2,05	6901 2,00	7389 2,12
53 0,08	70 0,09	61 0,08	136 0,18	122 0,18	112 0,16	143 0,22	306 0,39	259 0,34	531 0,71	464 0,67	466 0,68	512 0,78
2427 22,26	32 0,27	31 0,25	75 0,63	70 0,62	77 0,68	90 0,83	337 2,81	314 2,58	903 7,61	890 7,89	970 8,58	907 8,32
598 8,68	77 0,86	56 0,71	128 1,62	139 1,93	138 2,07	161 2,31	456 5,08	444 5,66	796 10,09	800 11,10	768 11,53	886 12,87
135 5,81	68 2,31	48 1,80	124 4,65	125 4,67	132 5,56	126 5,42	420 14,25	432 16,17	584 21,84	596 22,28	501 21,11	493 21,21
39 0,27	32 0,22	16 0,11	37 0,25	40 0,28	34 0,23	35 0,24	76 0,52	79 0,54	149 1,03	134 0,93	131 0,89	139 0,96
300 2,06	105 0,88	79 0,64	120 0,95	125 0,98	115 0,85	162 1,11	235 1,96	195 1,57	335 2,63	334 2,65	383 2,81	460 3,16
130 1,86	10 0,12	8 0,10	27 0,35	21 0,28	13 0,19	39 0,56	68 0,79	49 0,62	111 1,44	123 1,66	128 1,84	134 1,92
358 11,30	58 1,99	44 1,59	123 4,40	133 4,59	133 4,13	164 5,17	295 10,11	268 9,67	495 17,70	555 19,17	536 16,64	534 16,85
9 0,05	12 0,07	2 0,01	6 0,03	7 0,04	5 0,03	8 0,04	26 0,16	13 0,08	46 0,25	31 0,17	22 0,11	38 0,20
45 0,08	201 0,52	185 0,45	464 0,96	443 0,86	493 0,92	581 1,04	616 1,61	664 1,62	1272 2,64	1406 2,73	1406 2,62	1587 2,84
3 0,55	148 25,83	143 26,29	217 36,65	247 37,26	237 37,21	201 36,61	108 18,85	103 18,93	95 16,05	122 18,40	106 16,64	94 17,12
267 30,79	—	3 0,35	3 0,33	5 0,53	5 0,61	5 0,58	14 1,38	18 2,07	58 6,28	74 7,77	57 6,89	69 7,96
28 5,34	32 4,97	50 7,97	61 10,02	68 11,87	73 13,22	81 15,46	76 11,80	82 13,08	71 11,66	74 12,92	78 14,13	61 11,64

Spalte VII. GEFÄNGNIS drei Monate bis ein Jahr (ausschl.)						Spalte VIII. GEFÄNGNIS bis zu drei Monaten (ausschl.)					
1882	1883	1884	1885	1886	1887	1882	1883	1884	1885	1886	1887
30 321 9,19	29 050 8,80	37 283 10,78	36 946 10,77	36 885 10,44	38 519 10,81	192 780 58,42	190 688 57,76	185 279 53,55	179 492 52,32	183 195 51,90	179 628 50,41
30 134 9,31	28 893 8,91	37 029 11,14	36 593 10,88	36 443 10,54	38 165 10,95	191 893 59,25	189 852 58,52	184 374 57,20	178 461 53,07	182 239 52,73	178 674 51,25
3531 4,46	3142 4,08	4371 5,88	4260 6,15	3994 5,83	4090 6,26	72 772 91,98	70 944 92,22	66 648 89,71	61 694 89,10	61 140 89,28	57 497 88,06
5478 45,59	5676 46,56	6379 53,76	6091 54,01	6032 53,35	5669 52,00	1649 13,72	1757 14,41	272 2,29	282 2,50	269 2,38	225 2,06
4291 47,83	3851 49,11	4400 55,73	3932 54,54	3590 53,92	3598 52,26	2128 23,72	1922 24,51	1174 14,88	1110 15,39	1025 15,40	1076 15,63
408 13,85	326 12,20	128 4,80	145 5,42	124 5,23	126 5,42	27 0,92	22 0,82	20 0,60	11 0,41	9 0,38	7 0,30
807 5,54	704 4,83	985 6,73	1012 7,01	990 6,72	1034 7,13	11 430 78,41	11 317 77,69	10 796 73,79	10 477 72,60	10 605 71,99	10 423 71,86
1463 12,22	1404 11,33	1630 12,85	1643 13,02	1803 13,25	1909 13,11	8526 71,24	8986 72,54	8660 68,24	8517 67,49	9090 66,80	9439 64,83
756 8,87	773 9,69	942 12,24	870 11,73	874 12,57	875 12,55	7241 84,97	6781 85,04	6146 79,87	5891 79,94	5500 79,11	5433 77,90
1162 39,82	1129 40,74	1053 37,65	1009 34,84	1124 34,90	1148 36,23	340 11,65	305 11,01	221 7,90	263 9,08	257 7,98	266 8,39
504 3,05	422 2,47	594 3,17	538 2,89	563 2,91	607 3,16	8566 51,83	8519 49,77	8678 46,36	8243 44,27	8450 43,70	8072 42,04
5558 14,52	5797 14,16	8767 18,22	9180 17,84	9216 17,14	10 135 18,16	25 813 67,41	27 113 66,24	28 226 58,66	29 962 58,24	31 040 57,74	31 280 56,04
114 19,90	90 16,54	78 13,18	90 13,57	96 15,07	79 14,89	47 8,20	23 4,23	11 1,86	16 2,41	17 2,67	15 2,73
112 11,08	84 9,64	73 7,91	61 6,49	65 7,86	58 6,69	3 0,30	4 0,46	4 0,43	2 0,21	3 0,36	—
95 14,75	79 12,60	64 10,51	65 11,34	62 11,23	45 8,59	44 6,83	29 4,62	37 6,07	27 4,71	24 4,17	39 7,44

4. Dagegen beziehen sich die in Spalte II—XVI befindlichen (unter den absoluten Angaben stehenden Verhältniszahlen auf die absoluten Zahlen der Spalte I. Setzt man also Spalte I, Zeile (III 10) 1887 die 55 821 = 100 %, so sind die 31 280 der Spalte VIII, Zeile (III 10) 1887 = 56,04 % und die 41 415 der Spalte XI, Zeile (III 10) 1887 = 74,20 %.

5. Die Auswahl der Delikte geschah im Anschlufs an die Reichskriminalstatistik fur 1882. Eine Vermehrung erschien wegen der grofsen Unbequemlichkeit der Zusammentragung der absoluten und Ausrechnung der Prozentzahlen, während an dem Resultat sich nichts ändert, nicht angezeigt; einige Nachweise bringt Tabelle (7.) S. 12 für 1886.

	Spalte XIII. GELDSTRAFE						Spalte XIV. VERWEIS					
1887	1882	1883	1884	1885	1886	1887	1882	1883	1884	1885	1886	1887
1177 0,30	83 562 25,83	88 930 26,70	98 118 28,10	101 696 29,36	107 952 30,58	111 949 31,15	3196 0,97	3447 1,04	3644 1,04	3858 1,12	4048 1,14	4533 1,26
1170 0,34	78 594 24,27	84 296 25,98	93 583 27,51	96 384 28,66	102 082 29,54	105 646 30,30	3193 0,97	3445 1,06	3643 1,07	3855 1,15	4040 1,17	4526 1,30
[7]	46 0,06	77 0,03	82 0,02	111 0,03	78 0,01	77 0,01	2278 2,88	2439 3,14	2553 3,40	2633 3,78	2726 3,94	3011 4,59
—	—	[28 ?] —	[4 ?] —	—	[3 ?] —	[3 ?] —	—	—	—	—	—	
—	[1 ?] —	[4 ?] —	—	[1 ?] —	[2 ?] —	—	[9:0,10] ?	[7:0,08] ?	[6:0,06] ?	[9:0,10] ?	[13:0,06] ?	[4:0,04] ?
—	—	[4 ?] —	[7 ?] —	[6 ?] —	[11 ?] —	[9 ?] —	—	—	—	—	—	—
—	2040 13,99	2276 15,51	2489 16,91	2572 17,76	2720 18,39	2645 18,18	148 1,02	158 1,09	158 1,08	164 1,12	216 1,47	201 1,36
[2]	1147 9,58	1299 9,99	1397 10,91	1472 11,56	1631 11,94	1886 12,83	56 0,47	77 0,61	98 0,76	91 0,69	93 0,68	124 0,85
—	30 0,35	15 0,14	30 0,30	19 0,15	16 0,13	22 0,17	144 1,69	149 1,87	187 2,43	231 3,11	193 2,76	245 3,51
—	—	[1 ?] —	—	[1 ?] —	—	[1 ?] —	[1 ?] —	—	—	—	—	[1 ?] —
5 0,03	7355 44,51	8180 47,26	9442 49,78	9833 52,19	10 327 52,83	10 479 54,04	45 0,27	51 0,29	64 0,34	70 0,37	69 0,36	91 0,47
13 0,02	6007 15,69	7176 17,22	9416 19,21	10 507 20,00	11 614 21,22	12 245 21,54	74 0,19	94 0,23	103 0,21	134 0,26	158 0,29	166 0,30
—	—	—	—	—	—	—	—	—	—	—	—	—
—	—	—	—	—	[3 ?] —	—	—	—	—	—	—	—
—	[3 ?] —	[4 ?] —	[1 ?] —	—	[1 ?] —	—	[1 ?] —	—	[2 ?] —	—	—	—

Spalte XV. NEBENSTRAFE der Aberkennung der bürgerl. Ehrenrechte						Spalte XVI. NEBENSTRAFE der Zulässigkeit von Polizeiaufsicht					
1882	1883	1884	1885	1886	1887	1882	1883	1884	1885	1886	1887
20 491 6,21	19 085 5,78	18 915 5,47	18 187 5,30	17 398 4,93	17 839 5,01	8238 2,50	7486 2,21	7469 2,16	7154 2,09	6700 1,90	6911 1,94
20 392 6,30	18 999 5,86	18 825 5,53	18 103 5,38	17 299 5,01	17 734 5,09	8238 2,54	7486 2,31	7468 2,20	7149 2,13	6699 1,94	6906 1,98
1226 1,55	1030 1,34	969 1,30	876 1,26	808 1,18	854 1,31	59 0,07	21 0,03	24 0,03	18 0,03	[2]	9 0,01
6451 53,68	6499 53,81	6469 54,52	6140 54,48	5000 52,15	5768 52,91	3537 21,11	3338 27,38	3334 28,10	3133 27,79	3097 27,39	3121 28,36
3182 35,47	2602 33,18	2464 31,22	2205 30,60	1937 29,09	1990 28,90	1313 14,65	1017 12,97	977 12,38	864 11,99	757 11,37	772 11,21
2319 78,72	2096 78,44	2133 79,92	2097 78,39	1836 77,37	1840 79,17	1809 61,41	1595 59,69	1558 58,87	1635 61,12	1404 59,17	1397 60,11
294 2,02	238 1,63	274 1,87	247 1,71	229 1,55	237 1,63	—	[1 ?] —	—	—	—	—
768 9,76	1017 8,21	1053 8,30	1040 8,24	1079 7,93	1305 8,96	52 0,43	51 0,41	63 0,50	52 0,41	56 0,41	75 0,52
594 6,97	639 8,01	621 8,07	581 7,83	521 7,49	561 8,04	457 5,36	484 6,07	478 6,21	456 6,15	403 5,80	434 6,22
1111 38,07	1121 40,45	1033 36,93	1089 37,60	1260 39,12	1212 38,25	5 0,17	12 0,43	7 0,25	11 0,38	12 0,37	5 0,16
1 0,01	—	—	—	—	—	—	—	—	—	—	—
14 0,04	7 0,02	[2]	—	[2]	—	[2 ?] —	[2 ?] —	—	—	—	—
98 17,10	120 20,06	130 21,96	149 22,47	130 20,41	123 22,40	40 0,70	1 0,18	1 0,17	—	—	—
881 87,14	776 89,09	808 87,54	833 88,62	725 87,67	755 87,08	3 0,30	14 1,61	1 0,11	6 0,64	1 0,12	2 0,23
382 59,32	378 60,29	359 58,95	336 58,64	307 55,62	297 56,68	165 25,62	182 29,03	183 30,05	172 30,02	154 27,90	135 25,76

9. Ganz unerklärliche Strafen sind mit einem Fragezeichen versehen. Vielleicht sind sie, wie auch die Fälle in Anmerkung 8 wenigstens teilweise, soweit eine zu milde Strafe angewendet ist, mit Hilfe des StPO. §§ 372 u. 398, Abs. 2 (Verbot der reformatio in pejus) zu erklären. Fälle von Polizeiaufsicht bei Körperverletzung aus § 223a StGB. werden wohl ganz rätselhaft bleiben müssen.

10. In Klammern stehen solche Zahlen, die einen zu unbedeutenden Prozentsatz darstellen.

Für die Jahre 1886 und 1887 sind nur die Endzahlen zu annähernd 23,27 bezw. 24,06 % angegeben. Das Fehlen besagter 80—75 Prozente beeinträchtigt das Resultat nicht im geringsten, verstärkt es vielmehr noch in seiner Tragweite, da die ausgeschiedenen Deliktsarten überhaupt nur mit Geldstrafe neben kurzzeitiger Freiheitsstrafe bedroht sind, die letztere aber schon an sich erfahrungsgemäfs überwiegt und noch mehr Übergewicht durch den nach seiner absoluten Häufigkeit nicht zu bestimmenden, aber relativ oft eintretenden Fall erhält, dafs die Geldstrafe nicht beizutreiben ist. Unter diesen Voraussetzungen, die für das Zustandekommen eines Überwiegens kurzer Gefängnisstrafen nicht sehr günstige zu sein scheinen, giebt uns die Tabelle (2) ein Bild von der Häufigkeit der Anwendung der verschiedenen Strafarten und Strafstufen bei Verbrechen und Vergehen im allgemeinen (Zeile I und II), sowie bei einer Reihe besonderer Deliktsarten (Zeile III, 1—13). Jedes Fach enthält zwei Zahlen, deren obere die absolute Zahl der in dem betreffenden Jahr vorgekommenen Fälle der Art angibt, während die untere in den Spalten II bis XVI die Verhältniszahl ist und Prozente der in Spalte I genannten absoluten Zahl bedeutet; z. B. ist nach Spalte VIII, Zeile III 1 im Jahre 1886 in 89,28 Fällen unter 100 auf eine Gefängnisstrafe unter 3 Monaten bei einfachem Diebstahl erkannt worden, absolut in 61 140 Fällen unter 68 479. Die in Spalte I befindlichen, mit rückliegenden Ziffern geschriebenen Verhältniszahlen bezeichnen die Häufigkeit des Vorkommens einer bestimmten Deliktart und sind mit den in Zeile I dieser Spalte aufgeführten absoluten Zahlen zu verbinden; z. B. befanden sich unter 100 Verurteilten im Jahre 1886: 97,91 wegen Verbrechens oder Vergehens gegen das RStGB., 19,40 wegen einfachen, 1,89 wegen schweren Diebstahls Verurteilte.

Die Tabelle weist alle jene schon öfters[1]) beobachteten

[1]) Zuletzt in den beiden noch sehr oft zu citierenden Abhandlungen

Erscheinungen auf: steigende Zahl der Verbrechen überhaupt, Abnehmen der Delikte gegen das Eigentum, erschreckende Zunahme der Roheitsdelikte, namentlich bedeutende Vermehrung der Körperverletzungen; Wachsen der Anzahl erkannter Geldstrafen und Verminderung der Freiheitsstrafen bei gleichbleibender Reihenfolge der Strafarten; abnehmende Tendenz in der Häufigkeit der Anwendung der Nebenstrafen. Vor allen Dingen aber — und das allein interessiert uns hier — wird mit unerbittlicher Deutlichkeit aus der Übersicht klar, daſs zwei Drittel aller erkannten Strafen Gefängnisstrafen sind, daſs auch bei fast allen Deliktsarten dieses und meist ein noch ungünstigeres Verhältnis obwaltet, daſs von den Gefängnisstrafen der weitaus gröſste Teil, gegen 90 % im Durchschnitt, kürzer als ein Jahr ist, und daſs unter dieser Klasse wieder am zahlreichsten die Strafen unter drei Monaten sind, die einen wirklich geringen Prozentsatz nur ausmachen bei schwerem Diebstahl im wiederholten Rückfall, Brandstiftung und Meineid (den einzigen schwereren Vergehen in unserer Tabelle, bei denen überhaupt die Zuchthausstrafe überwiegt), ferner noch bei schwerer Körperverletzung und den Sittlichkeitsvergehen der §§. 174, 176—178 StGB.; — hingegen ist der Anteil der kürzeren als dreimonatlichen Gefängnisstrafen ein ganz gewaltiger bei gefährlicher Körperverletzung (nicht ganz so bei leichter, wo die Geldstrafe viel stärker konkurriert), bei Betrug, Unterschlagung, Hehlerei und besonders beim einfachen Diebstahl (90 %), wie überhaupt über die Hälfte aller Strafen Gefängnisstrafen unter drei Monaten sind. Im Durchschnitt der Jahre 1882—86 betragen die Gefängnisstrafen 67 % aller Strafurteile, von dem Rest von 33 % die Geldstrafe 28 %, die übrigen 5 %

von v. Liszt: Kriminalpolitische Aufgabe, Abschnitt V u. ff. Z IX 737 ff., X 51 ff. und von Aschrott: Ersatz kurzzeitiger Freiheitsstrafen, Eine kriminalpolitische Studie, Nordwestdeutscher Verein für Gefängniswesen, Heft XIX, 178 ff. (S. A. Hamburg 1889).

verteilen sich so, dafs auf Zuchthaus $3^1/_2$, auf Verweis 1, auf Haft, Festungshaft und Todesstrafe zusammen $^1/_2$ % kommen. Ein Bild von der Verteilung innerhalb der Strafarten geben folgende Zahlen: von je 100 zu Zuchthaus bezw. zu Gefängnis verurteilten Personen wurden verurteilt zu:

Tabelle (3).

	Zuchthaus von			Gefängnis von			
	5 Jahren und mehr	2—5 J.	unter 2 Jahren	2 Jahren und mehr	1—2 J.	3 Monaten bis 1 Jahr	unter 3 Monaten
1887:	13,51	42,42	44,07	1,09	3,27	16,89	78,75
1886:	13,28	41,47	45,25	0,97	3,08	16,04	79,91
1885:	12,81	42,27	44,92	0,93	3,07	16,39	79,61
1884:	12,98	42,26	44,76	0,92	2,91	16,11	80,06

Vergleicht man die Zahlen der Vorjahre, so zeigt sich in diesen ein nur geringes Schwanken ohne bestimmte Tendenz, während 1887 ein ebenso entschiedenes Heruntergehen der Häufigkeit kurzzeitiger Freiheitsstrafen, wie eine steigende Anwendung der anderen Strafen zu konstatieren ist. Die Reichskriminalstatistik sagt diesem auffallenden Umstand gegenüber: „Die Gründe der Erscheinung entziehen sich einem sicheren statistischen Nachweise. Sie können ebensowohl in der Zunahme schwerer Deliktsarten oder schwererer Fälle innerhalb derselben Deliktsarten, als in strengerer richterlicher Strafbemessung liegen. In Verbindung mit anderen Thatsachen erscheint es jedoch nicht unwahrscheinlich, dafs eine strengere Auffassung bei den aburteilenden Gerichten Platz zu greifen beginnt.“ [1])

Aber noch mehr, auch von den kürzesten der angeführten Stufen ist wieder der gröfste Teil von kürzerer als einmonatlicher Dauer. Die Reichskriminalstatistik berücksichtigt in den Berichten über das Jahr 1886 zum erstenmal die geringeren

---

[1]) Dies glaubt auch unter den Praktikern behaupten zu können: Aschrott, Ersatz u. s. w., a. a. O. XIX, 181.

Abstufungen ausführlich, während sie für 1885 und jetzt wieder für 1887 nur wenige Zahlen angibt. Diese Ergebnisse führt folgende Übersicht vor:

(Tabelle 4.)

Von je 100 überhaupt Verurteilten waren verurteilt zu Gefängnis unter 3 Monaten:

wegen Vergehen gegen RStGB.		überhaupt	1 bis 3 Monaten	8 Tage bis 1 Monat (exkl.)	4 bis 8 Tagen (exkl.)	1, 2, 3 Tagen
I. überhaupt (§§. 49a, 80 bis 359)	1886:	51,90	10,02	18,26	11,00	12,62
II. §. 242. Einfacher Diebstahl	1887:	88,06	10,38	24,89	18,48	34,31
	1886:	89,29	10,03	24,81	18,82	35,63
	1885:	89,10	10,16	24,86	18,96	35,12
§. 246. Unterschl.	1886:	71,99	10,70	25,41	16,92	18,96
	1885:	72,60	10,67	25,36	17,32	19,25
§§. 263 bis 265. Betrug	1886:	66,80	11,95	26,53	15,21	13,11
	1885:	67,49	12,27	27,37	14,39	18,46
§§. 258 bis 262. Hehlerei	1886:	79,11	11,58	23,68	15,95	27,90
§§. 223, 228. Einf. Körperverl.	1886:	43,70	7,11	18,26	10,74	7,59
§§. 223a, 228. Gefährl. Körperverletzung	1887:	56,04	20,41[1])	22,78	8,70	4,15
	1886:	57,74	20,50	23,55	8,85	4,84
	1885:	58,24	20,75	22,78	9,62	5,09

Diese Tabelle zeigt, dafs über ein Drittel der Gefängnisstrafen eine Woche nicht überstieg, dafs von 100 zu Gefängnis Verurteilten 15,43 einen bis drei Monate, — 28,11 acht Tage bis einen Monat, — 16,94 vier bis acht Tage, — 19,43 weniger als vier Tage zu verbüfsen hatten. Am auffälligsten sind die Zahlen für den Diebstahl: mehr als ein Drittel der Strafen beträgt 1, 2, 3 Tage, mehr als die Hälfte höchstens eine Woche. Während das Gesetz einen Spielraum bis zu fünf Jahren läfst, sind fast 4/5 der Strafen (78,63 %) unter einem Monat. Zudem kommen fast 4 % blofs auf Verweis, so dafs Gefängnis von mindestens einem Jahr noch nicht 1 % ausmacht. Bei der gefährlichen Körperverletzung (StGB. §§. 223a, 228) waren die

[1]) und zwar 12,35 % zu 2—3 Monaten, 8,06 % zu 1—2 Monaten.

Prozentsätze für die verschiedenen Strafarten und Strafstufen folgende: es kommen auf

(Tabelle 5.)

Zuchthaus	0,07 %	20,75 % (Zuchthaus und Gefängnis über drei Monate)	41,25 % (Zuchthaus bis Gefängnis von einem bis drei Monaten)
Gefängnis über drei Monate (einschliefslich)	20,68 %		
Gefängnis von einem bis drei Monaten	20,50 %	79,25 % (Gefängnis von einem bis drei Monaten bis Verweis)	
Gefängnis von 8 Tagen bis zu einem Monat	23,55 %		58,75 % (Gefängnis von 8 Tagen bis zu einem Monat bis Verweis)
Gefängnis unter 8 Tagen	13,69 %		
Geldstrafen	21,22 %		
Verweis	0,29 %		

Mancherlei zeigen auch die Zahlen über die durchschnittliche Dauer der Zuchthaus- (in Jahren und Tagen angegeben) und Gefängnisstrafe (in Tagen), die letztere beträgt 2 Monate!

Durchschnitt der	(1883)	(1884)	(1885)	(1886)	(1887)
Zuchthausstrafe:	2^{184}	2^{189}	2^{184}	2^{193}	2^{203}
Gefängnisstrafe:	59	58	60	59	64

Für die dreizehn in der Tabelle (2) aufgeführten Deliktsarten finden sich in der Reichskriminalstatistik für 1886 folgende Zahlen:

(Tabelle 6.)

Vergehen gegen: StGB.	Gesamtdauer in Jahren. Zuchth.-Strafe:	Gef.-Strafe:	Unter 100 verurteilt zu Zuchthaus:	Gefängnis:	Durchschnittliche Dauer der Zuchth.-Strafe:	Gef.-Strafe:
1) § 242, 248:	18	4140	0,09	95,96	0^{108}	23
2) 244, 248:	7020	3920	35,01	64,99	1^{282}	195
3) 243, 248:	2349	2884	17,02	82,92	2^{27}	191
4) 244, 248:	5668	1036	67,72	32,28	3^{192}	494
5) 246, 248:	9	1037	0,30	79,83	0^{75}	32
6) 258, 259:	38	698	0,54	96,47	1^{20}	39
260, 261:	419	24	85,11	14,89	2^{35}	250
7) 263, 265:	51	1398	0,39	85,70	1^{23}	48
264:	973	556	36,11	63,89	2^{57}	254
8) 174, 176—178:	3162	1607	36,36	63,64	2^{256}	286
9) 223, 228:		617	0,04	46,76		25
10) 223a, 228:	14	8673	0,07	78,42	0^{131}	75
11) 224—226, 228:	1040	952	28,41	71,59	5^{272}	762
12) 153—158, 161:	1808	114	84,28	15,72	2^{217}	320
13) 306—308:	1293	328	57,07	42,75	4^{38}	507

Eine analoge Übersicht für 1887 ist die folgende:

(Tabelle 6a.)

Vergehen gegen RStGB.	Gesamtdauer in Jahren: Zuchth.-Strafe	Gesamtdauer in Jahren: Gef.-Strafe	Unter 100 verurteilt zu: Zuchthaus	Unter 100 verurteilt zu: Gefängnis	Durchschnittsdauer der: Zuchth.-Strafe	Durchschnittsdauer der: Gef.-Strafe
1) §§. 242, 248:	15	4449	0,08	95,32	0^{103}	26
2) §§. 244, 248 (Einf. D.):	7211	3751	36,79	63,21	1^{291}	199
3) §§. 243, 248:	2552	3178	16,86	83,10	2^{72}	203
4) §§. 244, 248 (Schw. D.):	5791	1008	67,64	32,36	3^{250}	489
5) §§. 246, 248:	4	1078	0,27	80,19	0^{87}	34
6) Betrug: 263, 265:	61	1565	0,42	84,38	1^{40}	52
§. 264:	1239	664	37,29	62,71	2^{101}	265
7) §§. 258, 259:	26	786	0,36	95,83	1^{30}	44
§§. 260, 261:	464	23	90,21	9,79	2^{69}	365
8) 174, 176—178:	2964	1682	33,32	66,65	2^{294}	291
9) §§. 223, 228:	1	636	0,05	45,44	0^{41}	27
10) §§. 223a, 228:	17	9640	0,08	78,08	0^{135}	81
11) 224—226, 228:	986	805	29,14	70,86	6^{59}	755
12) §§. 153—163:	1873	120	84,78	15,22	2^{200}	332
13) §§. 306—308:	1246	342	56,87	43,13	4^{66}	552

Recht interessant sind schliefslich auch noch die Zahlen für das Verhältnis der Strafen bei einigen andern Delikten, die als Ergänzung zu Tabelle (2) und (4) in der folgenden Übersicht für das Jahr 1886 zusammengestellt sind.

(Tabelle 7.)

Verurteilt zu: von 100 überhaupt Verurteilten wegen Vergehen gegen RStGB. §§.:	Zuchthaus, Jahre: 5 u. mehr	Zuchthaus, Jahre: 2—5	Zuchthaus, Jahre: 1—2	Gefängnis: 2 J. u. mehr	Gefängnis: 1—2 J.	Gefängnis: 3 M. — 1 J. exkl.	Gefängnis (unter 3 Monaten): 1—3 Mon. exkl.	Gefängnis (unter 3 Monaten): 8 Tg. — 1 M. exkl.	Gefängnis (unter 3 Monaten): 4—8 Tg. exkl.	Gefängnis (unter 3 Monaten): 1—4 Tg. exkl.	Geldstrafe
113, 114, 117—119	0,01	0,11	0,19	0,07	0,84	12,46	22,07	39,45	7,79	3,60	13,36
123 (Hausfriedensbr.)	—	—	0,06	—	0,03	0,83	3,23	18,58	22,20	8,80	45,99
137 (Arrestbruch)	—	—	—	—	0,06	1,30	4,00	21,15	24,15	48,92	—
185—187, 189 (Beleidig.)	—	—	0,02	—	0,04	0,79	22,26				74,02
180, 181 (Kuppelei)	—	1,62	4,09	0,65	1,78	19,66	72,20				—
240, 241 (Nötig. Bedroh.)	—	—	0,09	—	0,14	4,07	10,64	26,92	14,74	9,01	34,30
267—273 (Urkundenf.)	0,51	3,46	4,61	2,78	7,30	31,24	47,15				2,75
KO. 209 (Betrüg. Bkr.)	1,46	11,68	9,49	8,76	16,79	50,36	1,46				—
KO. 210 (Einf. Bankr.)	—	—	0,21	—	0,83	9,91	89,05				—

Zum Schlufs seien unsere Beobachtungen noch kurz dahin zusammengefafst, dafs im Durchschnitt der sechs Jahre 1882 bis 1887 von sämtlichen überhaupt erkannten Strafen die Freiheitsstrafen allein 70 %, die Freiheitsstrafen unter 3 Monaten 53 % ausmachen. Es erübrigen, nach Abzug sonstiger Strafarten, für die Freiheitsstrafen von 3 Monaten und mehr 16 % aller Strafen oder 23 % aller Freiheitsstrafen. An solche Resultate knüpft die Reichskriminalstatistik, die überhaupt zum öftern das Vorherrschen der kurzzeitigen Freiheitsstrafe und deren Unzulänglichkeit betont, im Jahrgang 1884 S. 41, unten, die folgenden Betrachtungen:

„Erwägt man, dafs von den zu Geldstrafe Verurteilten ein nicht unbeträchtlicher Bruchteil wegen Unbeitreiblichkeit der Geldstrafe eine Freiheitsstrafe erleidet, die nur selten 3 Monate erreicht, dafs ferner den wegen Verbrechen oder Vergehen gegen Reichsgesetze zu einer geringeren als 3monatlichen Freiheitsstrafe verurteilten Personen, ganz abgesehen von den auf Grund von Landesgesetzen mit einer solchen Strafe bestraften, noch die zahlreichen Personen hinzutreten, gegen welche wegen Übertretung eine Haftstrafe vollzogen wird, so ergiebt sich, dafs unter allen zu vollziehenden Strafen neben den Geldstrafen die kurzzeitigen Freiheitsstrafen weitaus den gröfsten Raum einnehmen. Dafs durch die letztere Strafe die regelmäfsigen Strafvollzugszwecke nur in viel unvollkommnerer Weise erreicht werden, als durch länger dauernde Freiheitsstrafen, bedarf keiner Ausführung. Es folgt dies zum Teil daraus, dafs dieselben häufig in kleinen Lokalgefängnissen vollstreckt werden, welche der Natur der Sache nach nur in geringem Mafse der Natur von Strafanstalten, wie sie die moderne Gefängniswissenschaft entwickelt hat, genügen. Für einen grofsen Teil der Verurteilten bedeutet ferner der Aufenthalt in der Strafanstalt gegenüber dem Zustande, an den sie in Freiheit gewöhnt sind, in materieller Hinsicht keine Verschlechterung, als empfindliche Strafe wird überhaupt nur Freiheitsstrafe mit streng durchgeführtem Arbeitszwang empfunden, aber auch diese nur, wenn sie nicht auf kurze Zeit eintritt. Dafs endlich eine Besserung des Gefangenen in einer Zeit von weniger als 3 Monaten nur ausnahmsweise erzielt werden kann, liegt auf der Hand. Die Thatsache, dafs von allen bereits mit Freiheitsstrafe vorbestraften Verurteilten 68,5 % zuletzt mit weniger als drei Monaten bestraft wurden, dient zur Bestätigung dieses Satzes.“ —

Wir haben damit einen Teil der Kritik vorweggenommen, und werden sowohl auf die allgemein gefafste Verwerfung, wie auf die einzelnen geltend gemachten Gründe gegen die kurzzeitige Freiheitsstrafe noch im zweiten Teil zurückkommen müssen.

B. Statistik der Einzelstaaten.

Wir finden hier meist nur ein sehr dürftiges Material. Die neueren Zahlen über Verbrechen und Vergehen sind der Reichskriminalstatistik entnommen; die Zahlen der vorgekommenen Übertretungen haben einige Wichtigkeit, wenn wir uns erinnern, dafs an die Stelle eines grofsen Teiles der Geldstrafen kurzzeitige Haft tritt, und somit mehr als die Hälfte der Übertretungsfälle mit kurzer Freiheitsstrafe geahndet wird.

I. Bayern.

Die „Ergebnisse der Zivil- und Strafrechtspflege und Bevölkerungsstand der Gerichtsgefängnisse und Strafanstalten des Königreichs Bayern“ geben uns in den Tabellen XII (S. 71) folgende Übersicht der wegen Verbrechen und Vergehen gegen die Reichsgesetze in den Jahren 1882—86 bestraften Personen.

(Tabelle 8.)

	Verurteilte	Zuchthaus, Jahre (exkl.) überh.	über 5	2 bis 5	unt. 2	Gefängnis überh.	über 2 J.	1 bis 2 Jahre	Gefängnis 3 Mon. bis 1 J.	unter 3 Mon.	Geldstrafe
1886:	49 660	1378	225	500	653	37 017	237	685	5055	31 040	10 725
1885:	48 921	1339	193	521	625	36 325	225	752	5110	30 238	10 764
1884:	47 682	1308	216	517	574	36 002	233	713	5120	29 936	9 689
1883:	45 307	1477	173	500	804	34 433	167	742	4290	29 534	8 690
1882:	43 751	1484	—	—	—	33 883	—	—	—	—	7 534

Die Haftstrafen betrugen der Reihe nach: (1886) 555, (1885) 577, (1884) 613, (1883) 623, (1882) 602; auf Verweis wurde in 211, 173, 195, 221, 207 Fällen erkannt. Es machte im Jahr 1886 von allen Strafen aus: Zuchthaus 2,8 %; Haft 1,1 %; Verweis 0,4 %; Geldstrafe 21,5 %; Gefängnis 74,2 %. Die Zuchthausstrafen verteilten sich folgendermafsen: 5 Jahre und mehr 16,3 %; 2 bis 5 Jahre 36,3 %; unter 2 Jahren 47,4 %; — die Gefängnisstrafen dagegen: 2 Jahre und mehr 0,6 %; 1 Jahr und bis zu 2 Jahren: 1,8 %; 3 Monate bis 1 Jahr: 13,7 %; unter 3 Monaten: 83,9 %.

Für die wegen Übertretung im ordentlichen Verfahren Verurteilten finden sich folgende Zahlen (Tab. XIII S. 72):

(Tabelle 9.)

Übertretungen:	1887	1886	1885	1884	1883	1882	1881	1880
A. RStGB. überh.:	170 719	179 271	178 538	174 462	172 498	184 962	195 500	200 003
Insbesondere §. 361:	73 937	75 791	75 621	72 450	77 149	85 719	96 258	101 493
§. 360_{11} (grober Unfug):	37 064	42 139	41 014	41 450	39 057	37 250	40 011	38 880
§. 360_{13} (Tierquälerei):	1 542	1 618	1 433	1 292	1 236	1 398	1 384	1 261
§. 363 (Fälschung von Leg.):	2 151	2 620	2 819	2 968	2 710	2 614	2 239	1 810
§. 365 (Bruch der Pol.St.):	9 223	9 075	8 968	9 088	8 444	8 777	8 898	9 911
B. Polizei-StGB. Abt. III:	65 452	69 520	75 101	71 242	73 771	74 001	74 733	70 542
C. Spezialgesetze:	10 628	11 234	11 814	11 055	11 066	11 364	10 782	11 749
Übertretung. überh.:	246 799	260 025	265 453	256 759	257 335	270 327	281 015	282 294
Haftstrafen:	121 677	129 204	132 457	129 093	128 161	137 189	149 310	—
Geldstrafen:	124 869	130 425	132 713	127 366	128 943	131 849	131 514	—
Verweise:	253	396	283	300	231	289	191	—

Endlich seien noch die Ergebnisse des Forstrügeverfahrens herangezogen (Tab. XIV S. 74): die Geldstrafen betragen hier über 99 %, Gefängnis wird nur bei Gewohnheitsfrevlern angewendet, Haft in etwa 2 % aller Rückfälligen. Die Zahlen umfassen die Verurteilungen wegen Forstpolizeiübertretungen (nur mit Geldstrafe geahndet), wegen Forstfrevel und wegen Zuwiderhandlungen gegen RStGB. §. 361 Ziffer 9.

(Tabelle 10.)

	Verurteilte	Geldstrafen		Verurteilte	Geldstrafen
1887	114 486	113 823	1883	138 531	137 777
1886	128 870	128 115	1882	140 848	139 840
1885	128 272	127 371	1881	162 714	161 679
1884	125 709	124 876	1880	169 573	168 626

In früheren Jahren wurden wegen Forstpolizeiübertretungen und Forstfrevel verurteilt: (1872) 144 701, (1873) 136 918, (1874) 166 095, (1875) 166 434, (1876) 180 628, (1877) 155 862, (1878) 128 056, (1879) 141 177; dieselben Zahlen für die neueren Jahre sind: (1880) 149 909, (1881) 143 521, (1882) 126 682, (1883) 125 969, (1884) 114 102, (1885) 116 107, (1886) 114 742, (1887) 101 750.

Auch diese Zahlen sind ganz lehrreich: die Forstfrevler sind doch meist unbemittelte Leute und wir können ganz gut drei Viertel, mindestens aber die Hälfte der Geldstrafen unter die kurzzeitigen Freiheitsstrafen rechnen. — Im ganzen erhalten wir folgendes Endresultat:

In den Jahren 1882—1886 kamen in Bayern im Durchschnitt 441 490 Strafsachen jährlich vor, von diesen wurden bestraft mit einer Freiheitsstrafe unter drei Monaten 162 807 = 36,88 %, mit Geldstrafe 271 333 = 61,46 %. Für Freiheitsstrafe von drei Monaten und mehr, sowie für andere Strafarten blieben 1,66 %. Mit Berücksichtigung der Fälle uneinbringlicher Geldstrafen können wir von den andern 98,34 % auf die wirklich vollzogene kurzzeitige Freiheitsstrafe mit Fug und Recht mindestens 66 % rechnen, d. h. zwei Drittel aller überhaupt vollstreckten Strafen. Wir sind durch die Betrachtung der bayrischen Statistik also einen Schritt weiter gekommen: wir brauchen uns nicht auf die Behauptung zu beschränken: „Wir wenden unter den Mitteln, Verbrechen und Vergehen zu bekämpfen, in den weitaus meisten Fällen die kurzzeitige Freiheitsstrafe an;" wir können sagen: „Langdauernde Freiheitsstrafe kommt bei nicht 2 % aller Strafthaten zur Anwendung, alles andere beherrscht die kurzzeitige Freiheitsstrafe oder die Geldstrafe (in Gestalt der kurzzeitigen Freiheitsstrafe)."

2. Preufsen.

Die einzigen, halbwegs brauchbaren Zahlen für unsere Zwecke finden sich aufser in einem Bericht über das Jahr 1881,[1]) aus dem die in Tabelle 11 auf der folgenden Seite gegebene Übersicht gezogen ist, in den Jahrbüchern für die Amtliche Statistik des preufsischen Staates,[2]) dem statistischen Handbuch für den preufsischen Staat (Jahrgang I 1888),[3]) endlich der Statistik der zum Ressort des Königlich Preufsischen Ministerium des Innern gehörenden Straf- und Gefangenen-Anstalten, 51 an der Zahl. Ganz lehrreich sind zunächst folgende Zahlen für das Jahr 1881:

(Siehe Tab. 11 S. 18.)

Die aus dieser Übersicht sich ergebenden Schlüsse stimmen völlig überein mit den aus der Reichskriminalstatistik gezogenen, und an die dort gegebenen Zahlen und Verhältnisse schliefsen sich diese preufsischen Ziffern sehr gut an, an sie reihen sich

[1]) Die von Starke als Ergänzungsheft XIV zur Zeitschrift des königl. preufs. stat. Bureaus veröffentlichten „Ergebnisse der Strafrechtspflege im Königreich Preufsen (einschl. der nicht preufs. Gebietsteile in den Ober-Landesgerichts-Bezirken Naumburg, Kassel, Celle, Köln, Hamm) und im Bezirk des gemeinschaftlichen Ober-Landesgerichts Jena, 1881".

[2]) Jahrg. IV (1876) sub V; Jahrg. V (1882) sub XVI, XVII.

[3]) sub XV, XVI.

(Tabelle 11.)

Verbrechen und Vergehen gegen:	Verurteilte überhaupt	Zuchthaus			Gefängnis			Haft	Geldstrafe
		über 5 Jahre	2 bis 5 J. inkl.	bis 2 J. inkl.	über 1 Jahr	3 Mon. bis 1 Jahr inkl.	bis zu 3 Mon. inkl.		
Reichsgesetze:	224 987	802	2943	5951	3104	18 763	123 782	573	50 127
Landesgesetze:	34 667	—	—	—	—	27	23 677	153	30 463
Reichsstrafgesetzb.:	221 416	802	2941	5944	3099	18 702	123 413	519	46 970
Einfacher Diebst.:	59 447	—	1	48	308	2 518	54 866	5	89
Schwerer Diebst.:	6 810	56	346	1190	325	3 083	1 754	2	—
Diebst. im wiederholten Rückfalle:	10 573	244	1530	3323	490	3 579	1 383	14	5
Unterschlagung:	10 653	—	—	16	82	496	6 807	3	1 480
Betrug (263—5):	6 499	15	66	97	136	614	3 908	7	645
Hehlerei (258—262):	6 698	4	41	151	71	673	4 848	1	31
Unzüchtige Handl. (174,176—8):	1 403	54	187	298	178	528	132	—	1
Einf. Körperverl.:	10 529	—	—	7	23	384	5 460	7	4 436
Gefährl. Körperverl.:	18 083	—	2	18	525	3 158	11 558	7	2 699
Schwere Körperverl. (224—226):	551	63	75	26	188	124	67	—	2
Meineid:	583	41	213	245	6	49	11	—	1
Brandstiftung:	486	71	134	74	67	74	44	—	4

in naturgemäfser Entwicklung die Zahlen für 1882 ff. — Sehr wenig ergiebig sind hingegen die Zahlen über die Bewegung des Personals der zum Ressort des Königlich Preufsischen Ministerium des Innern gehörenden Straf-, Gefangenen- und Besserungsanstalten, zumal sie ja nur über den zwanzigsten Teil aller Anstalten berichten, 51, gegenüber 947 Gerichtsgefängnissen, welche letztere vorzugsweise zur Verbüfsung kurzzeitiger Strafen dienen. Von Interesse ist die mittlere Detentionsdauer (in Tagen) der Zuchthaus- bezw. Gefängnis- (und Haft-) Gefangenen, wie sie aus den Zahlen für die Anzahl der Gefangenen und der Detentionstage sich ergiebt:[1])

---

[1]) Im Jahrb. f. d. Amtl. Stat. d. preufs. St. V 1883 sub XVII S. 724/5.

(Tabelle 12.)

Es betrug die Gesamtzahl	1877/78	1878/79	1879/80	1880/81	1881/82
der Detinierten überh.:	125 078	132 475	128 569	143 478	153 751
der Zuchthausgefangenen:	25 201	26 697	27 035	28 666	30 531
der Gefängnis- (u. Haft-) Gefangenen:	54 934	60 095	56 834	67 157	78 300
der Detentionstage überhaupt:	9 199 319	9 744 040	9 863 091	10 094 804	10 882 381
entfallend auf Zuchthausgefangene:	6 397 897	6 698 170	6 924 256	7 114 665	7 691 905
entfallend auf Gefängnis- (u. Haft-) Gefang.	1 920 326	2 212 784	2 134 345	2 149 793	2 481 415
die mittlere Dauer der Detention überh.:	73,55	73,55	76,89	70,36	70,78 Tg.
für Zuchthausgefangene:	253,87	250,90	256,13	248,19	251,94 Tg.
für Gefängnis- (u. Haft-) Gefangene:	34,96	36,32	37,55	32,01	31,69 Tg.

Aus dieser Zusammenstellung [1]) erhellt jedenfalls zur Genüge, dafs selbst in diesen für länger dauernde Freiheitsstrafen bestimmten Anstalten die kurzzeitige einen grofsen Platz einnimmt, in den meisten Fällen sechs Wochen nicht erreicht und den Durchschnitt so weit herabdrückt, dafs er zwei Monate nicht weit überschreitet. Gegen diese Folgerungen liefsen sich mancherlei Einwendungen erheben, die sich auf die Behauptung stützen könnten, dafs die Gefängnisstrafe an sich länger sei, aber in das betreffende Jahr allerdings nur ein so kurzer Teil

[1]) Ergänzung zu Tabelle (12): Die folgenden Jahrgänge trennen Gefängnis- und Haftstrafe. Nach denselben Grundsätzen berechnet, betrug die Dauer der Detention

	1882/83	1883/84	1884/85	1885/86	
für alle Gefangenen überhaupt	74,26	81,20	82,24	78,21	Tage,
für die Zuchthausgefangenen	249,63	253,17	253,48	254,39	„
für Gefängnis- (u. Haft-) Gef.	35,50	39,38	39,62	40,76	„
für Gefängnisgefangene	77,54	80,63	79,96	82,84	„
für Haftgefangene	9,22	10,26	10,15	9,79	„
und zwar für Gefangene in einfacher Haft			7,27	5,41	„
für Gefangene in geschärfter Haft			10,97	10,55	„

falle. Dann müfste von den meisten Gefängnisstrafen ein Teil in das eine, ein andrer in das folgende Rechnungsjahr gehören, mithin um die Jahreswende die Tagesfrequenz recht stark sein. Einerseits ist dies aber nicht der Fall,[1]) anderseits sprechen dagegen die folgenden Zahlen der Jahre 1880—1884:[2]) es waren verurteilt von der Gesamtzahl der im Jahre detinierten

(Tabelle 13.)

	1880/1	1881/2	1882/3	1883/4
Gefängnis- (nicht auch Haft-) Gefang.:	33 355	26 369	26 834	25 116
zu 15 Jahren und mehr:	31	34	36	38
zu 10—15 Jahren (ausschliefslich):	38	33	32	30
„ 5—10 „ („):	147	136	146	170
„ 3— 5 „ („):	413	416	460	480
„ 2— 3 „ („):	631	628	731	759
„ 1— 2 „ („):	1 902	1 959	2 410	2 357
zu 6 Monaten bis 1 Jahr (ausschliefsl.):	3 067	3 440	3 721	3 721
zu 3—6 Monaten (ausschliefslich):	3 899	4 487	4 263	3 962
zu 3 Monaten und weniger:	23 227	15 236	15 035	13 599

Noch evidenter folgt dasselbe Resultat, wenn auch in kleinerem Mafsstabe, aus den 1878 im Oberlandesgerichtsbezirk Kiel vorgekommenen Straffällen wegen einfachen Diebstahls: von 997 Personen wurden verurteilt zu 1 Tag Gefängnis 68 = 6,8 %; zu 2 und 3 Tagen 123 = 12,3 %; zu 4 bis 7 Tagen 163 = 16,4 %; zu 8 bis 14 Tagen 220 = 22,1 %; zu 15 bis 30 Tagen 127 = 12,7 %; mithin zu Tagen und Wochen 70 %; zu 1 bis 3 Monaten 196 = 19,7 %; zu 3 Monaten bis 1 Jahr 88 = 8,8 %; zu mehr als 1 Jahr 12 = 1,2 %. Endlich zeigen noch die von Illing (Zahlen der Kriminalität in Preufsen 1854—84) und im Bericht 1884/85

---

[1]) Gefängnisgefangene waren am Jahresanfang (1877/78) 5259, (1878/79) 5622, (1879/80) 6454, (1880/81) 5411, (1881/2) 6789, (1882/3) 5755, (1883/4) 5711, (1884/5) 5654, (1885/6) 5563; in denselben Jahren war der tägliche Durchschnittsbestand: 5386,75, 6062,40, 5831,55, 5889,86, 6789,37, 5833,88, 5538,56, 5418,15, 5682,61.

[2]) Die Jahrgänge 1884/85 und 1885/86 bringen nur eine Personalstatistik des Gefangenenbestandes am Jahresschlusse, nicht aller im Jahre Detinierten.

über die unter dem Ministerium des Innern stehenden Strafanstalten, S. 41, angeführten Fälle, wie unsere Praxis in erschreckender Weise dazu neigt, selbst notorische Gewohnheitsverbrecher nach dutzendmaliger Bestrafung immer wieder auf wenige Monate ins Gefängnis oder für eine wenigstens in der Nähe des Minimums sich haltende Zeit ins Zuchthaus zu schicken. Aus der reichen Menge von Beispielen seien einige auch hier erwähnt: es war verurteilt: ein Sträfling in Wartenburg bei den ersten drei Diebstählen zu 1 Woche, 6 Wochen, 6 Monaten Gefängnis, dann viermal wegen Diebstahls zu Zuchthaus, beim 8. Diebstahl zu 1 Monat, beim 10. zu 6 Wochen Gefängnis, schliefslich beim 16. zu 2 Jahren Zuchthaus (10. Zuchthausstrafe); — ein Sträfling in Ratibor bei 8 Diebstählen zu 14 Tagen, 1 Monat, 1 Woche, 3—, 2—, 4—, 6 Monaten, 4 Wochen, beim 9. Diebstahl (seiner 31. Bestrafung) zu 9 Monaten Gefängnis; — ein Sträfling in Breslau in 11 Diebstahlsfällen zu 14 Tagen, 4 Wochen, 3 Tagen, 1 Woche, 4 Monaten, 3 Monaten, 6 Monaten, 1 Jahr, 9 Monaten, 1 Jahr Gefängnis, endlich (bei seiner 30. Verurteilung) zu 1 Jahr 6 Monaten Zuchthaus; — eine in Rhein detinierte, 27 mal wegen Diebstahls bezw. Unterschlagung vorbestrafte Diebin (12 mal im Zuchthaus gewesen) verbüfste 1879 eine 1 jährige Zuchthausstrafe und wurde in demselben Jahr verurteilt wegen zweier Diebstähle zu 2 Jahren Zuchthaus, wegen 2 anderer zu 1 Jahr (als Zusatzstrafe), 1882 wegen 5-maligen Diebstahls im Rückfall zu $1^1/_2$, 1884 beim 38. Diebstahl wegen zweier Diebstähle zu $1^1/_2$ Jahren Zuchthaus; — ein Gefangener in Graudenz hatte folgendes Strafregister: 1873 wegen Diebstahls Verweis, 1879 wegen Sachbeschädigung 14 Tage. Gefängnis, 1879 wegen Diebstahls 3 Tage Gefängnis, 1880 wegen Diebstahls 3 Monate, 1881 wegen Diebstahls 3 Monate, 1881 wegen Diebstahls 4 Monate Gefängnis, 1882 wegen Widerstandes gegen die Staatsgewalt (StGB. §. 113) 14 Tage Gefängnis, 1882 wegen Obdachlosigkeit 2 Tage, 1882 wegen Betteln 3 Tage

Haft, 1883 wegen Diebstahls 6 Monate, 1883 wegen Körperverletzung und Betrugs 10 Tage Gefängnis. Das illustriert die Sache zur Genüge und zeigt, was für einen Schlag von Leuten wir als „Stammgäste“ in den Anstalten auch für kurzzeitige Freiheitsstrafen antreffen.

Eine Statistik über Art und Höhe der Strafen für Übertretungen existiert nicht; die allein vorhandenen Ziffern über die Zahl der Übertretungen, der Strafbefehle, der Forstdiebstahlssachen sagen wenig genug aus, da man die Hauptsache — den Satz, daſs in den meisten derartigen Deliktsfällen eine kurzzeitige Freiheitsstrafe zur Vollstreckung gelangt — selber erst an das Material heranbringen muſs.

3. Baden.

Das Groſsherzogtum hat eine bis in das Jahr 1829 zurückreichende, als „Übersicht der Strafrechtspflege“ vom Justizministerium herausgegebene Kriminalstatistik. Dieselbe erlitt infolge der Ereignisse von 1848 eine vierjährige Unterbrechung und wurde erst 1852 in notwendig veränderter Gestalt fortgeführt, da inzwischen die bisher in ihrer Publikation verzögerten neuen Gesetze, das Strafgesetzbuch vom 6./III. 1845 und die neue, die Schwurgerichte einführende Prozeſsordnung vom 6./III. 1845, gemäſs den im Gesetz vom 5./II. 1851 getroffenen Abänderungen und Anordnungen, mit dem 1./III. 1851 in Wirksamkeit getreten waren. Den in jenen Berichten des Justizministeriums enthaltenen Zahlen ist die Übersicht der folgenden Seite entnommen,[1]) welche die Strafrechtspflege der Jahre 1852 bis 1871 veranschaulicht und, so gut es anging, auch für einige

[1]) und zwar mit Zusammenziehung der in den Tabellen I, X, XI der Übersichten für die Schwurgerichte, in den Tabellen XIV, XV, XXIV für die Hofgerichte (Kreisgerichte), und in den Tabellen XXV bezw. XXVI, XXVII für die Bezirksämter (Amtsgerichte) je besonders gegebenen Ziffern.

Einzeldelikte die Verurteilten und ihre Strafen angiebt. Zu den Strafen ist noch zu bemerken: eine Rolle spielen unter den peinlichen Strafen allein die zeitige Zuchthausstrafe in der Dauer von 3—20 Jahren (StGB. 1845 §. 14), in einer Reihe von Fällen (z. B. Diebstahl §§. 377 Ziffer 3, 381, 384) mit dem Mindestmafs von 1 Jahr, das ausnahmsweise noch erniedrigt werden kann; — unter den bürgerlichen Strafen die Arbeitshausstrafe (6 Monate bis 6 Jahre, StGB. §. 35); die Gefängnisstrafe, zu unterscheiden (§. 38) in Kreisgefängnisstrafe und Amtsgefängnisstrafe, erstere (§. 39) in der Dauer von 4 Wochen bis zu einem Jahr, letztere nicht über 8 Wochen (§§. 40 ff.); die Geldstrafe, bis zu 1000 Gulden, sowie allenfalls noch der Verweis (mündlich oder schriftlich).[1] Eine Änderung trat mit dem Jahre 1865 ein, indem die Übertretungen und die auf sie entfallenden Strafen ausführlicher registriert werden, und desgleichen über Polizeiübertretungen, Forstfrevel und die unter der Kompetenz der Bürgermeisterämter stehenden leichtesten Vergehen genauere Erhebungen mitgeteilt werden, wie dies Tabelle (15) für die Jahre 1865—1879 zeigt. Der Grund zu manchen Verbesserungen der Statistik lag in den Reformgesetzen der vorhergehenden Jahre: dem Polizeistrafgesetzbuch vom 31./X. 1863, der Gerichtsverfassung vom 19./V. 1864, nebst Vollzugsordnung vom 16./VII. 1864, der Strafprozefsordnung vom 18./III. 1864 und dem Gesetz vom 18./III. 1864, betreffend das Verfahren in Polizeistrafsachen. Die verschiedenen Gerichtsarten sind danach: das Oberhofgericht (Revisionsinstanz), die Schwurgerichte, die kreisgerichtlichen Strafkammern bei den Kreis- und Hofgerichten, die Amtsgerichte. Die Kreisgerichte dürfen nicht auf Zuchthaus erkennen (GVerf. §. 26), die Amtsgerichte schon seit dem Gesetz vom 5./II. 1851 (§§. 16, 17) nur auf (Amts-) Gefängnis bis zu 8 Wochen und Geldstrafe

[1]) Nur für leichte Ehrenkränkungen. StGB. de 1845 §§. 49, 291, 294. Diese niederste Stufe ist in unsrer Tabelle (14) nicht mit berücksichtigt.

(Tabelle 14.)

Jahr u. Delikte	Bestr. überhaupt	Zuchthaus	Arbeitshaus	Gefängnis Kreis-	Gefängnis Amts-	Geldstrafe	Zuchthaus über 3 J.	Zuchthaus bis zu 3 J.	Arbeitshaus über 3 J.	Arbeitshaus 1—3 J.	Arbeitshaus unt. 1 J.	Kreisgefängnis 6 Monate bis 1 Jahr	Kreisgefängnis Unt. 6 M. (4 Woch bis 6 Mon.)	Amtsgefängnis ausserdem bei den Amtsger. erkannten 4—8 Woch	Amtsgefängnis Unter 4 Wochen
1852 a. im ganzen	5330	312	531	4371		505	100	212	23	302	208	170	1011		
1852 b. Diebstahl	3159	223	317	581	2037	1	55	168	—	179	138	96	485		
1852 c. Körperv.	385	—	18	214	ca. 121	ca. 32	—	—	—	16	2	17	197		
1852 d. Beleidig.	336	–	1	14	ca. 229	ca. 82	—	–	—	–	1	3	11		
1853 a. im ganzen	5739	360	477	4278		631	137	223	16	257	204	170	1172		
1853 b. Diebstahl	2755	234	341	448	1728	3	83	141	5	186	150	74	374		
1853 c. Körperv.	582	—	14	309	ca. 127	ca. 32	—	—	1	8	5	26	283		
1853 d. Beleidig.	371	—	–	30	ca. 255	ca. 85	—	—	—	—	—	1	29		
1854 a. im ganzen	6547	346	569	887	4173	589	107	239	19	298	267	257	630	233	409
1854 b. Diebstahl	3627	233	399	380	2613	6	42	181	2	195	202	114	266	141	193
1854 c. Körperv.	370	1	18	89	ca. 234	ca. 28	1	—	—	12	6	26	63	36	92
1854 d. Beleidig.	400	—	—	10	ca. 301	ca. 87	—	—	—	—	—	1	9	7	26
1855 a. im ganzen	6188	219	532	894	3723	535	70	149	20	249	263	212	672	207	478
1855 b. Diebstahl	3173	157	381	309	2325	3	38	119	9	163	209	96	213	117	202
1855 c. Körperv.	435	—	6	81	ca. 304	ca. 44	—	—	—	5	1	11	70	32	109
1855 d. Beleidig.	430	—	2	4	ca. 359	ca. 93	—	—	—	1	1	1	3	7	54
1856 a. im ganzen	4791	171	371	725	2935	516	54	105	12	173	186	134	591	177	426
1856 b. Diebstahl	1878	105	258	169	1344	5	27	48	2	116	140	42	127	64	102
1856 c. Körperv.	652	1	12	169	ca. 415	ca. 54	1	—	—	3	9	19	150	59	164
1856 d. Beleidig.	454	—	—	5	ca. 434	ca. 113	—	—	—	—	—	1	4	13	81
1857 a. im ganzen	4717	152	294	617	3014	525	58	94	13	148	133	162	455	159	453
1857 b. Diebstahl	1923	109	206	177	1429	1	33	76	1	103	102	61	116	42	87
1857 c. Körperv.	791	—	13	186	ca. 522	ca. 62	—	—	—	7	6	30	156	67	220
1857 d. Beleidig.	575	—	—	10	ca. 346	ca. 121	—	—	—	—	—	3	7	12	96
1858 a. im ganzen	4802	166	299	612	3105	572	61	105	15	152	132	134	478	235	558
1858 b. Diebstahl	1685	104	183	134	1263	1	18	86	4	83	96	42	92	67	76
1858 c. Körperv.	975	—	5	198	ca. 695	ca. 68	—	—	—	4	1	24	174	123	319
1858 d. Beleidig.	678	—	1	8	ca. 518	ca. 149	—	-	—	—	1	1	7	14	76
1859 a. im ganzen	4397	104	262	472	2922	603	34	75	8	59	195	49	422	196	531
1859 b. Diebstahl	1493	76	167	109	1141	—	9	67	—	16	151	11	98	45	70
1859 c. Körperv.	974	—	5	178	ca. 716	ca. 75	—	—	—	—	5	10	168	103	309
1859 d. Beleidig.	709	—	—	4	ca. 548	ca. 156	—	—	—	—	—	—	4	7	79
1860 a. im ganzen	4778	125	270	507	3240	634	35	90	9	64	197	60	447	249	611
1860 b. Diebstahl	1719	79	167	158	1312	4	10	69	—	25	142	19	141	80	58
1860 c. Körperv.	963	—	5	156	ca. 737	ca. 65	—	—	—	—	5	12	141	129	369
1860 d. Beleidig.	734	—	—	10	ca. 572	ca. 150	—	—	—	—	—	-	10	7	119
1861 a. im ganzen	4664	138	240	524	3125	617	57	81	5	66	169	62	462	211	543
1861 b. Diebstahl	1699	92	165	154	1286	6	19	73	—	40	131	21	133	50	75
1861 c. Körperv.	924	—	6	165	ca. 677	ca. 76	—	—	—	2	4	8	157	101	309
1861 d. Beleidig.	668	—	—	10	ca. 596	ca. 161	—	—	—	—	—	—	10	14	111

Jahr	Delikte	Bestr. überhaupt	Zuchthaus	Arbeitshaus	Gefängnis: Kreis-	Gefängnis: Amts-	Geldstrafe	Zuchthaus: über 3 J.	Zuchthaus: bis zu 3 J.	Arbeitshaus: über 3 J.	Arbeitshaus: 1—3 J.	Arbeitshaus: unt. 1 J.	Kreisgefängnis: 6 Monate bis 1 Jahr	Kreisgefängnis: Unt. 6 M. 4 Wochen bis 6 Mon.	Amtsgefängnis ausserdem bei den Amtsger. erkannten: 4—8 Woch.	Amtsgefängnis ausserdem bei den Amtsger. erkannten: Unter 4 Wochen
1862	a. im ganzen	4982	111	335	520	3291	702	30	81	8	73	254	48	391	218	660
	b. Diebstahl	1727	72	222	144	1286	3	11	63	—	29	193	25	118	59	90
	c. Körperv.	1093	—	13	164	ca. 823	ca. 93	—	—	—	3	10	5	159	120	379
	d. Beleidig.	864	—	—	6	ca. 672	ca. 185	—	—	—	—	—	—	6	5	128
1863	a. im ganzen	4978	112	309	529	3328	665	36	86	6	57	246	39	490	219	795
	b. Diebstahl	1586	78	203	125	1177	3	7	71	—	27	176	11	114	49	86
	c. Körperv.	1268	—	12	185	ca. 968	ca. 102	—	—	—	2	10	12	173	134	501
	d. Beleidig.	883	—	—	4	ca. 672	ca. 204	—	—	—	—	—	—	4	4	128
1864	a. im ganzen	4820	135	235	503	3290	647	59	76	3	72	160	30	474	181	630
	b. Diebstahl	1525	82	161	119	1162	2	22	60	—	39	122	5	114	41	83
	c. Körperv.	1088	—	7	167	ca. 829	ca. 86	—	—	—	4	3	8	159	102	334
	d. Beleidig.	935	—	—	4	ca. 724	ca. 207	—	—	—	—	—	—	4	5	121
1865	a. im ganzen	5614	139	282	497	3504	989	61	71	5	125	152	43	442	100:252	289:2862 *)
	b. Diebstahl	1794	78	192	142	1329	9	8	64	—	72	120	17	122	32: 89	6[illegible]:1148
	c. Körperv.	1144	2	5	145	797	114	2	—	—	1	4	5	140	33: 62	84: 618
	d. Beleidig.	965	—	—	4	663	236	—	—	—	—	—	—	4	1: 5	76: 581
1866	a. im ganzen	6088	143	334	552	3757	1115	59	76	7	149	178	37	502	107:210	315:3118
	b. Diebstahl	1995	86	203	122	1534	8	12	69	—	69	134	15	106	37: 97	66:1331
	c. Körperv.	1277	1	15	166	893	105	1	—	—	8	7	8	158	28: 45	104: 751
	d. Beleidig.	891	—	—	4	647	202	—	—	—	—	—		4	—: 3	59: 585
1867	a. im ganzen	6313	151	373	620	3716	1247	53	89	5	157	211	47	567	83:272	275:3083
	b. Diebstahl	2360	95	275	209	1696	10	9	81	—	106	169	19	189	27:137	72:1459
	c. Körperv.	1123	—	4	162	751	116	—	—	—	1	3	8	154	24: 38	74: 614
	d. Beleidig.	795	—	—	4	553	199	—	—	—	—	—	—	4	4: 5	62: 482
1868	a. im ganzen	5993	144	382	621	3889	851	74	66	24	188	170	186	421	108:382	301:3088
	b. Diebstahl	2247	78	267	162	1690	10	15	59	19	114	134	50	109	44:159	78:1402
	c. Körperv.	1349	—	11	177	932	184	—	—	—	8	3	51	126	31:118	80: 703
	d. Beleidig.	851	—	—	4	595	216	—	—	—	—	—	3	1	2: 10	64:519
1869	a. im ganzen	6603	151	379	723	3971	1137	60	91	7	185	187	53	654	112:371	337:3143
	b. Diebstahl	2036	70	240	151	1521	4	7	72	—	102	141	18	131	17:122	70:1310
	c. Körperv.	1611	—	12	244	1095	222	—	—	—	8	4	12	132	57:134	212: 492
	d. Beleidig.	1060	—	—	4	678	306	—	—	—	—	—	—	4	8: 9	59: 602
1870	a. im ganzen	5580	137	398	634	3489	912	60	77	4	170	224	34	586	106:520	332:2524
	b. Diebstahl	1840	77	264	146	1349	10	8	69	1	97	166	17	128	23:275	64: 986
	c. Körperv.	1451	—	9	185	1042	214	—	—	—	2	7	5	180	39:137	131: 735
	d. Beleidig.	804	—	—	2	465	292	—	—	—	—	—	—	2	—: 7	54: 404
1871	a. im ganzen	6073	169	383	625	3995	908	70	99	8	150	225	26	582	110:141	354:3385
	b. Diebstahl	2255	100	269	160	1721	7	8	92	4	90	175	8	150	37: 61	105:1517
	c. Körperv.	1483	—	7	199	1126	147	—	—	—	3	4	6	193	35: 34	122: 935
	d. Beleidig.	835	—	—	—	551	232	—	—	—	—	—	—	—	4: —	56: 491

*) Erst von hier ab konnten auch die Zahlen für die bei den Amtsgerichten (Bezirksämtern) erkannten Gefängnisstrafen mit aufgenommen werden, sie sind in den letzten beiden Spalten durch : mit den andern verbunden.

(Tabelle 15.)

	Amtsgerichte							Bürgermeisterämter		
	Polizeiübertretungen			Forstfrevel				Erkenntnisse wegen		Polizeistrafen
	Bestrafte	Gefängnis	Geldstrafe	Verurteilt	Gefäng. nisstr.	Arbeitsstrafe	Geldstrafe	Ehrenkränk.	Körperv.	
1865	21747	9403	13174	143076	1816	51829	89931	1844	316	63464
1866	22410	9937	13182	134146	1669	46246	86231	1930	350	116732
1867	25220	11208	14693	115017	2654	41473	70890	1733	291	122687
1868	24586	11274	14103	119922	2027	44628	73267	1742	324	116682
1869	24217	9671	15488	113397	1615	38915	72867	1772	337	107258
1870	35681	15917	21882	109922	1323	39871	68728	1368	264	98781
1871	40168	16415	24876	116271	1194	39640	75437	1870	246	114120

	Polizei-Uebertretungen			Wegen Forstfrevels wurden verurteilt zu				Wegen Beleidigung		Übertretungsstrafe
	Bestrafte	Gefängnis	Geldstrafe	Strafe überh.	Haft	Arbeitsstrafe	Geldstrafe	Haft	Geldstrafe	
1872	44898	15629	30545	95872	421	32745	62706	416	1450	113531
1873	47820	15013	34288	91385	278	27775	63332	260	1646	112511
1874	52052	16177	37470	108880	541	29724	78615	255	1627	108893
1875	55156	17874	39063	94233	507	25798	67928	273	1690	105932
1876	61196	21445	41578	114356	373	28304	85679	242	1973	110343
1877	64854	27026	39583	103253	364	30137	72752	232	1712	114773
1878	72736	34871	39807	93204	648	33209	59347	221	1639	111351
1879 1./I. bis 1./X.	71046	37942	34665	79004	540	29930	48534	167	1184	112046

(Tabelle 16.)

Jahr		Bestrafte überhaupt	Zuchthaus überhaupt	Zuchthaus bis 3 Jahre	Zuchthaus über 3 Jahre	Gefängnis überhaupt	Gefängnis bis 3 Monate	Gefängnis über 3 Monate	Haft	Verweis	Geldstrafe	Speziell b. den Amtsgerichten: Bestrafte überhaupt	Speziell b. den Amtsgerichten: Gefängnis bis zu 6 Wochen	Speziell b. den Amtsgerichten: Geldstrafe
1872	a. im ganzen	6845	237	192	45	5120	4369	751	247	29	1241	5462	4049	1048
	b. Diebstahl	2687	154	144	10	2457	2037	420	50	26	2	2033	1910	—
	c. Körperv.	950	6	—	6	739	681	58	10	1	175	876	661	173
	d. Beleidig.	1035	—	—	—	313	310	3	114	2	606	1032	309	605
1873	a. im ganzen	8072	209	179	30	6138	5538	600	194	24	1521	6496	4943	1216
	b. Diebstahl	2948	138	134	4	2767	2408	359	16	10	22	2312	2218	17
	c. Körperv.	1183	3	—	3	826	803	23	9	4	341	1126	766	332
	d. Beleidig.	1266	—	—	—	569	568	1	112	1	584	1259	559	583
1874	a. im ganzen	8490	267	229	38	6356	5539	817	222	11	1664	6785	5076	1352
	b. Diebstahl	2901	166	162	4	2695	2260	435	24	11	9	2195	2100	6
	c. Körperv.	1333	5	1	4	926	866	60	6	—	396	1270	838	395
	d. Beleidig.	1409	—	—	—	617	612	5	112	—	682	1404	611	681
1875	a. im ganzen	9195	219	186	33	6754	5901	853	171	16	2060	7385	5417	1617
	b. Diebstahl	2820	127	123	4	2657	2247	410	9	9	20	2232	2126	17
	c. Körperv.	1577	3	—	3	1163	1062	101	11	1	400	1483	1030	396
	d. Beleidig.	1571	—	—	—	666	663	3	117	1	787	1563	659	785
1876	a. im ganzen	9985	250	209	41	7637	6812	825	163	15	1958	7594	5694	1574
	b. Diebstahl	3109	131	122	9	2946	2578	368	11	13	9	2458	2343	9
	c. Körperv.	1890	1	1	—	1442	1289	153	11	1	441	1233	790	400
	d. Beleidig.	1641	—	—	—	680	680	—	114	—	820	1611	669	818
1877	a. im ganzen	11413	309	261	48	8990	7750	1240	164	24	1991	7826	5874	1586
	b. Diebstahl	3358	148	142	6	3167	2680	487	14	12	18	2600	2474	17
	c. Körperv.	2646	6	—	6	2117	1817	300	5	—	531	1082	646	430
	d. Beleidig.	1606	—	—	—	735	730	5	108	2	790	1604	702	789
1878	a. im ganzen	11664	314	272	42	9047	7592	1455	219	18	2138	9223	6734	1861
	b. Diebstahl	3310	159	153	6	3110	2584	526	15	12	18	2493	2380	13
	c. Körperv.	2739	4	—	4	2087	1696	391	42	1	628	2472	1541	608
	d. Beleidig.	1491	—	—	—	584	576	8	100	2	805	1487	575	803
1879 1/I.—1/X.	a. im ganz.	9423	206	167	39	7494	6301	1193	181	27	1550	7642	5682	1358
	b. Diebst.	2723	123	120	3	2550	2121	429	12	17	25	2097	1961	23
	c. Körperv.	1940	3	—	3	1421	1129	292	34	3	500	1826	1097	496
	d. Beleidig.	1111	—	—	—	471	456	15	101	—	539	1110	456	538

bis zu 300 Gulden. Polizeiübertretungen können durch Strafbefehl, Forstfrevelsachen durch summarische Verhandlung ohne Schöffenzuziehung erledigt werden (GVerf. §§. 15—17; Pol.-Straf-Prozefs-O. §§. 1, 2, 5, 6, 17). Uneinbringliche Geldstrafe wird bei letzteren in Arbeitsstrafe verwandelt. Endlich können die Bürgermeister wegen Ehrenkränkung, Selbsthilfe, leichter Körperverletzung (in diesen drei Fällen nach erhobener Privatklage), sowie wegen leichterer Polizeiübertretungen auf (Verweis) Geldstrafe bis zu 5 Gulden und Gefängnis bis zu 48 Stunden erkennen. Einige Änderungen erleidet dies wieder, seit mit dem 1./I. 1872 das RStGB. in Kraft getreten. Die Kreisgerichte können bis zu 3 Jahren Zuchthaus, die Bürgermeister wegen Beleidigungen (bei Privatanklage) und leichter Übertretungen auf Haftstrafen bis zu 2 Tagen oder Geldstrafen bis zu 5 Gulden erkennen (EinfGes. zum RStGB. vom 23./XII. 1871, Artt. 16, 18I, 18II). Mit der Einführung der grofsen Reichsjustizgesetze endlich, mit dem 1. Oktober 1879, bricht die badische Kriminalstatistik ab. Über die Strafrechtspflege in den Jahren 1872—1879, also seit derselben das Strafensystem unseres RStGB. zu Grunde liegt, bietet eine Übersicht die Zusammenstellung in Tabelle (16). Zeigen die Zahlen seit 1852 bezw. 1865 schon zur Genüge, welch eine wichtige Rolle in der Bestrafung der Übertretungen die Freiheitsstrafe von wenig Tagen spielt, und wie der gröfste Teil der gegen Verbrechen und Vergehen gerichteten Strafmittel als Amtsgefängnis sich unter 8 Wochen hält und über vier Fünfteile dieser Strafen wiederum 4 Wochen nicht übersteigt, so liefern auch die in Tabelle (16) für 1872—1879 gegebenen Nachweise kein anderes Resultat. Vielmehr berechnet sich für den Durchschnitt dieser 8 Jahre folgendes: von allen von Amtsgerichten Verurteilten (77,80 % aller Bestraften) erlitten Gefängnisstrafe unter 6 Wochen 74,43 %, d. h. 57,90 % aller überhaupt Bestraften. Die Gefängnisstrafe macht 76,63 % aller Strafen aus, und von je 100 Gefängnisstrafen überstiegen 86,56 nicht drei Monate, wie überhaupt die drei Monate und weniger dauernde Freiheitsstrafe 68,41 % aller Strafen ausmacht. Wären endlich nur von Amtsgerichten Personen zu einer Freiheitsstrafe bis 6 Wochen aufwärts verurteilt, so würden diese Bestrafungen doch noch 87,30 % aller Gefängnisstrafen unter drei Monaten ausmachen, in Wirklichkeit werden es also über neun Zehntel sein. Das sind die eklatanten Ergebnisse der Betrachtung der badischen Strafstatistik, die uns unser Resultat — die Kennzeichnung unseres Kampfes gegen das Verbrechen durch das Mittel kurzdauernder Einsperrung — in einem noch allgemeineren Lichte erscheinen läfst, nämlich nicht beschränkt auf die Zeit der Reichskriminalstatistik oder auf die letzten Jahrzehnte, sondern als ein Übel, das schon Menschenalter hindurch sich fortschleppt.

4. Sachsen.

Das zu Gebote stehende Material ist keineswegs ausreichend, um ein anschauliches Bild der sächsischen Strafrechtspflege während einer längeren Periode zu gewähren. Die Statistik seit der Mitte des Jahrhunderts bis in die sechziger Jahre zeigt in vereinzelten Heften der „Zeitschrift des statistischen Büreaus des königl. sächs. Ministeriums des Innern“ [1]) hauptsächlich nur die Bewegung des Gefangenenpersonals in den Strafanstalten zu Waldheim (wo die Zuchthausstrafen verbüfst werden), Zwickau (Arbeitshaus für männliche Verbrecher), Hubertusburg (Arbeitshaus für weibliche Verbrecher), sowie im Landesgefängnis zu Hubertusburg, wo die vier Monate übersteigenden Gefängnisstrafen vollstreckt werden, während der Vollzug der übrigen nach Art. 17 Abs. 1 StGB. de 1855 in den Gerichtsgefängnissen vor sich geht. Das Mindestmafs der Strafen ist (Art. 32 Abs. 2)

---

[1]) Jahrg. I 1855 Nr. 6, Jahrg. VII 1861 Nr. 8, 9, Jahrg. VIII 1864 Nr. 4, 5.

bei Zuchthaus 1 Jahr, bei Arbeitshaus 4 Monate, bei Gefängnis 1 Tag, besondere Fälle ausgenommen.

Wir entnehmen nun jenen Nachweisen folgende Notizen: Es betrug in Waldheim, Zwickau und Hubertusburg die Zahl der Eingelieferten überhaupt (in Klammern steht daneben die Zahl der im Landesgefängnis Untergebrachten), sowie die Anzahl der darunter mit Freiheitsstrafen bis zu einem Jahr und von 1—2 Jahren Belegten:

(Tabelle 17.)

in den Jahren	Eingelieferte	bis zu 1 Jahr	1 bis 2 Jahre
1840—1854	15 846 (531)	8210	3832
1855	1 613 (32)	949	354
1856	1 612 (31)	919	461
1857	2 026 (37)	971	783
1858	2 009 (48)	1085	675
1859	1 765 (35)	864	724

Eine ziemlich fragwürdige Methode zur Ermittelung der Detentionszeit des einzelnen Gefangenen zieht die Zeitschrift im April-Mai-Heft des 8. Jahrganges (S. 46) heran, es heifst dort: „Vergleicht man die Zahlen der Eingelieferten mit den Beständen, so giebt dies einen ungefähren Mafsstab für die durchschnittliche Strafdauer; denn es ist klar, dafs das Verhältnis des Bestandes am Schlusse eines Jahres zu den in demselben Jahr stattgehabten Einlieferungen eine um so gröfsere Zahl darstellen mufs, je mehr Personen nur für kürzere Zeit eingeliefert, also noch innerhalb des Jahres wieder entlassen worden sind. Würden alle Strafen gerade ein Jahr dauern, so müfste, abgesehen von den Todesfällen und Entweichungen, bei gleichbleibender Zahl der Verbrecher auch die Zahl der Einlieferungen der Zahl des Bestandes gleich sein. Man kann nun zwar, da die Jahre ineinander übergreifen und mancherlei Zufälligkeiten in dem einen Jahr die Einlieferung einer gröfseren Zahl zu längerer Strafe Verurteilter herbeiführen können, als in dem andern, diese Verhältnisse niemals so benutzen, dafs man daraus Jahr für Jahr die mittlere Strafdauer ableiten wollte, aber in Durchschnitten mehrerer Jahre läſst sich schon etwas daraus schlieſsen. Zunächst sieht man sofort, daſs die durchschnittliche Strafdauer im Zuchthaus groſs ($2^1/_2$ bis 3 Jahre), im Arbeitshaus kleiner (unter 1 Jahr), im Landesgefängnis am kleinsten ist ... Setzt man den Bestand am Jahresschlusse = 100, so verhalten sich die Zahlen der Eingelieferten zu den Bestandeszahlen in folgenden Zeitabschnitten für die einzelnen Strafanstalten im Durchschnitt:

(Tabelle 18.)

	Zuchthaus.		Arbeitshäuser.		Landesgefängnis.	
	Männer.	Weiber.	Männer.	Weiber.	Männer.	Weiber.
1840—1843	34,0	33,2	122,3	114,6	215,8	254,6
1844—1847	29,3	20,9	121,3	115,1	166,7	225,0
1848—1851	36,0	20,3	102,3	112,9	165,1	212,5
1852—1855	30,3	25,4	112,8	121,8	198,8	235,7
1856—1859	37,9	34,9	114,1	122,3	157,4	154,6
1860—1863	36,1	34,1	110,8	123,1	148,5	152,6.“

Immerhin reichen diese Zahlen aus, um die Bedeutung zu erkennen, welche unter den Strafen von 4 Monaten bis zu 30 Jahren (s. Art. 32 Abs. 2 StGB. de 1855) der Freiheitsstrafe von 4 Monaten bis zu einem Jahr zukommt: sie betrug unter 31 533 dieser schwereren Freiheitsstrafen in den Jahren 1840—63 18 021 = 57,13 %, woran sich die Freiheitsstrafe bis zu 2 Jahren aufwärts anschlieſst mit 7819 = 24,80 %. Am ausgedehntesten ist natürlich auch hier die Freiheitsstrafe unter 4 Monaten, die in den Gerichtsgefängnissen vollstreckt wird. Sie berechnet sich durch Abzug der im Landesgefängnis Eingelieferten von den überhaupt zu Gefängnis Verurteilten. Danach ergiebt sich mit Benutzung einer von Schwarze für die Jahre 1860—1862 zusammengestellten Übersicht folgende kleine Tabelle (19):

(S. Tab. 19 S. 32.)

Im Durchschnitt dieser drei Jahre betrug demnach die Gefängnisstrafe 80,12 % aller Freiheitsstrafen, die Gefängnisstrafe bis zu 4 Monaten inkl. 79,53 % aller Freiheitsstrafen oder 99,27 %.

(Tabelle 19.)

	1860	1861	1862
Verurteilte Personen überh. :	9363=100 %	9360=100 %	9856=100 %
Zu Freiheitsstrafe verurteilt :	8628= 92,15 %	8623= 92,13 %	9048= 91,80 %
Zu Gefängnis verurteilt :	6922= 73,93 %	6849= 73,17 %	7300= 74,07 %
Zu Gef. unt. 4 Mon.[1]) verurt. :	6879= 73,47 %	6795= 72,60 %	7243= 73,49 %

der Gefängnisstrafen allein. Mithin derselbe Zustand hier, wie anderswo!

Über sonstige Einzelstaaten waren keine Ziffern zu erlangen; aber wie es in den grofsen (mit Ausschlufs von Württemberg) zu sehen war, so wird es in den kleinen (die zum Teil unter den preufsischen Zahlen für 1881 mitbegriffen sind) nicht anders sein: überall dominiert die kurze und kürzeste Freiheitsstrafe.

C. Statistik fremder Staaten.

I. Frankreich.

Der "Compte général de l'administration de la justice criminelle en France et en Algérie" giebt in den Jahren 1883 bis 1886 folgende Zahlen über die bei den 86 Cours d'assises und den 359 Tribunaux correctionnels vorgekommenen Verurteilungen:[2])

(Siehe Tab. 20 S. 33.)

Daraus folgt für den Durchschnitt der genannten Jahre ein etwas kleinerer Prozentsatz als bei uns, nämlich für Gefängnis 61,92 % aller Strafen (Deutschland 66,32 %), für Gefängnis bis zu 1 Jahr 58,13 % (Deutschland 64,24 %); von 100 Gefängnis-

---

[1]) einschliefslich vier Monate.

[2]) wobei die für die beiden Gerichtsarten getrennt — für die erstere in den Tabellen IX, X, für die letztere in den Tabellen XXXV, XXXVIII; 1886: XXX, XXXIII — gegebenen Zahlen zusammengerechnet worden sind.

(Tabelle 20.)

	1883	1884	1885	1886
Verurteilte überhaupt (prévenus ohne acquittés):	200 506	208 807	214 825	213 933
Darunter Minderjährige (âgés de moins de 16 ans):	3 600	3 682	3 736	3 891
Gefängnis (emprisonnement) überh.:	125 549	129 795	131 692	131 903
Einsperrung und Zwangsarbeit (réclusion und travaux forcés):	1 462	1 418	1 507	1 667
Geldstrafe (amende):	71 518	75 597	79 565	78 354
Gefängnis von 1 Tag bis zu 5 Tagen:	10 916	11 527	12 369	12 931
„ „ 6 Tagen bis zu 1 Jahr:	106 442	109 866	111 448	111 701
„ „ 1 Tag bis zu 1 Jahr:	117 358	121 393	123 817	124 632
„ „ 1 Jahr 1 Tag bis zu 5 Jahren:	7 733	8 108	7 448	6 885
„ „ mehr als 5 Jahren:	458	495	427	386

strafen waren unter einem Jahr 93,88; von 100 unter einem Jahr betrugen 1—5 Tage 9,74. Rechnen wir nach der Angabe von Bonneville de Marsangy[1]) 40 000 zu einer Gefängnisstrafe von 6—15 Tagen Verurteilte jährlich, so betragen die Gefängnisstrafen bis zu einem halben Monat 43 % derer bis zu einem Jahr und 40 % aller Gefängnisstrafen überhaupt. Eine weit gröfsere Anzahl kurzzeitiger Freiheitsstrafen wird natürlich für Übertretungen verhängt: die (2679) Tribunaux de simple police Frankreichs dürfen nach Art. 137 des Code d'instruction criminelle nur auf emprisonnement bis zu 5 Tagen oder amende bis zu 15 francs erkennen. Das Verhältnis beider Strafarten war folgendes:

es wurde erkannt auf	1883	1884	1885	1886
amende in Fällen:	405 382	423 853	404 773	403 577
emprisonnement in Fällen:	45 258	46 469	44 901	47 282

Die erste Rolle spielt danach die Geldstrafe, sie macht 73,04 % aller überhaupt (von cours d'assises, tribunaux correctionnels und tribunaux de simple police zusammen) Verurteilten aus, dann folgt die Gefängnisstrafe mit 26,42 bezw. die Gefängnisstrafe

[1]) Bulletin de la société générale des prisons 1887, XI 312.

bis zur Dauer eines Jahres mit 25,22 %. Für Freiheitsstrafen von längerer als einjähriger Dauer und andere Strafarten bleiben nur $1^3/_4$ %. Selbst unter allen verhängten Strafen im ganzen beträgt emprisonnement de moins de six jours 8,71 % oder 32,96 % aller Gefängnisstrafen, von denen auf je 100 95,48 bis zu einem Jahre kommen. Das praktische Resultat ist die stete Vermehrung der Rückfälligen, deren Prozentsatz seit 1871 von 37 auf 45 gestiegen ist.

2. Belgien.

Ganz ähnliche Thatsachen führt Ad. Prins in seinem berühmten Buche: Criminalité et répression[1]) für sein Vaterland an. Er sagt daselbst: Nicht die Freiheit des Richters ist zu bedauern, sondern dafs er keine Richtschnur hat (qu'il manque de boussole). Weder sein Gesetzbuch noch Praxis oder Theorie ziehen eine feste Linie für sein Verhalten, und wenn er Nachsicht und Strenge bisweilen ein bischen dem Zufall überläfst, so spiegelt sich darin nur die juristische Unvollkommenheit seines Falles wieder." Nach Prins' Angaben sind nun in der Zeit von 1876—1880 in Belgien 90 000 Freiheitsstrafen verhängt worden, von denen 577 unter die peines criminelles, 77 346 unter die peines correctionnelles, 14 000 unter die peines de simple police fallen. Darunter waren neben 4505 Gefängnisstrafen von 6 Monaten bis zu 1 Jahr 70 210 solche von höchstens 6 Monaten, und zwar unter 8 Tagen 4009, von 8 Tagen bis zu 1 Monat 35 685, von 1 Monat bis zu 6 Monaten 26 795, zu 6 Monaten 3723. „Mit Schrecken fragt man sich," so fährt Prins fort, „was ist der Nutzen dieser 40 000 Verurteilungen zu Gefängnis unter einem Monat gewesen? Und ferner, wie viele unter jenen Verurteilten sind nicht unverbesserliche Gewohnheitsverbrecher, die man auf lange einsperren müfste?"

---

[1]) chap. IV, II. Imperfection de la loi pénale belge, p. 91 s.

Zum Teil andere, interessante Zahlen bringt ebenfalls Prins in der Révue de Belgique (bei Gelegenheit der Besprechung des Gesetzes vom 31./V. 1888). Er macht dort folgende Angaben:

1. für das Steigen der Kriminalität und insbesondere der Rezidivität: Wie das Mittel der ersteren 1826—78 in Frankreich von 100 auf 254 stieg, so vermehrten sich auch in Belgien die Sachen vor Zucht- und einfachen Polizeigerichten von 43 954 (1836) auf 153 476 (1881); in Brüssel kamen zur Aburteilung 1869: 934, 1883: 1788 Verbrechen gegen die Person; 1869: 1826, 1883: 5015 Verbrechen gegen das Eigentum. Die Zahl der Rückfälligen betrug in Frankreich: (1861—65) 48 890, (1866—70) 58 075, (1871—75) 62 042, (1876—80) 72 387, (1881 bis 85) 85 397;

2. für das Vorherrschen kurztägiger Freiheitsstrafen: Das Résumé statistique de la Justice criminelle et civile 1876—1880 (p. 105) zeige, dafs die Polizeigerichte 1880 18 143 Gefängnisstrafen bis zu 15 Tagen ausgesprochen hätten, also nach Abzug von 6—7000 Vagabondagefällen etwa 12 000 gewöhnliche Übertretungsstrafen. Dieselben verteilten sich folgendermafsen:

zu 1 Tag	: 2940	zu 5 Tagen	: 2715
„ 2 Tagen	: 3313	„ 6 „	: 252
„ 3 „	: 3088	„ 7 „	: 2600
„ 4 „	: 628	„ 8—15 „	: 2647

Im selben Jahr sprachen die Zuchtpolizeigerichte 802 Verurteilungen unter 8 Tagen, 7000 von 8 Tagen bis zu 1 Monat aus.

3. England.

In England [1]) liegt die Sache nicht ganz so schlimm: die Gefängnisstrafe (Imprisonment with or without hard labour) ist in stetig sinkender Anwendung, mit infolge des Prison Act de 1877, trotz vieler neuer Delikte sowohl, wie einer Abnahme der Verur-

[1]) vgl. Aschrott, Strafensystem und Gefängniswesen in England, S. 91/94.

teilungen zu Strafknechtschaft (penal servitude). Immerhin werden jährlich von den Summary Jurisdiction Courts, deren Kompetenz im höchsten Falle (Diebstahl eines Erwachsenen) 6 Monate Gefängnis (mit harter Arbeit), Jugendlichen gegenüber immer nur 3 Monate umfafst, 150—155 000 Gefängnisstrafen ausgesprochen (einschliefslich der nicht beitreibbaren Fines und Recognizances). Überhaupt (also auch von den Assisengerichtshöfen) wurden 1879—85 zu Gefängnis verurteilt pro Mille der Bevölkerung: (1879) 6,18 ‰, (1880) 6,30 ‰, (1881) 5,82 ‰, (1882) 6,17 ‰, (1883) 6,19 ‰, (1884) 5,96 ‰, (1885) 5,42 ‰. Desgleichen erhellt die Abnahme des imprisonment aus den Ziffern der Durchschnittsbelegung der Gefängnisse: 1876/7: 20 361; 1877/8: 20 833; 1878/9: 19 818; 1879/80: 19 835; 1880/1: 18 027; 1881/2: 17 798; 1882/3: 17 876; 1883/4: 17 194; 1884/5: 16 619; 1885/6: 15 375. Die Dauer der Strafe zeigt folgende Übersicht: am 31./III. 1886 befanden sich in den local prisons

(Tabelle 21.)

Strafgefangene überhaupt: 12 365; davon hatten zu verbüfsen:

über 2 Jahre (nur ausnahmsweise)	6	1672	1227	
2 Jahre	222			
18 Monate bis 2 Jahre	999			
1 Jahr 1 Tag bis 18 Monate	445			
1 Jahr	1414	10 593	8419 = 68,09 %	
9 Monate bis 1 Jahr	676			7042 = 56,95 %
6 bis 9 Monate	1561			
3 „ 6 „	1946			
2 „ 3 „	844			
1 „ 2 „	1978			
unter 1 Monat	2274			

Unter einer Woche sind überhaupt nur 80 Strafen verhängt; denn hier sind Geldstrafe und Friedensbürgschaft am Platze, wie denn die Geldstrafe etwa $^3/_4$ aller von Gerichtshöfen mit summarischer Jurisdiktion erkannten Strafen ausmacht. In England sind also schon einige energische Schritte gethan, um mit dem Mifsbrauch kurzzeitiger Freiheitsstrafe aufzuräumen.

4. Österreich.

Kaum irgendwo tritt das Mifsverhältnis zwischen kurzer Einsperrung und sonstigen Strafarten und Strafgraden so grell zu Tage, wie in der Österreichischen Kriminalstatistik.[1]) Wir geben gesondert die Statistik für Verbrechen, Vergehen und Übertretungen. Die erstern sind mit Kerkerstrafe (StGB. vom 27./V. 1852 §§. 12, 14 ff.) bedroht, welche „in der Regel“ die Dauer von 6 Monaten bis zu 20 Jahren hat (§. 17 Abs. 1). Ausnahmen läfst insbesondere §. 54 StGB. zu:

> „Bei Verbrechen, für welche die Strafzeit nicht über fünf Jahre bestimmt ist, kann (sowohl der Kerker in einem gelinderen Grad verändert, als) die gesetzliche Dauer selbst unter sechs Monate verkürzt werden, in dem Falle, dafs mehrere und zwar solche Milderungsumstände zusammentreffen, welche mit Grund die Besserung des Verbrechers erwarten lassen.“

Der gleichen Abkürzung, jedoch mit Verschärfung zum Ersatz (vgl. §. 19 StGB.) giebt §. 55 Raum, falls die Maximalstrafe des Verbrechens 5 Jahre nicht übersteigt, der Thäter Familie hat, diese „schuldlos“ ist, und „durch die längere Dauer der Strafe“ (also nicht durch die — von der Dauer unabhängige — Strafe überhaupt) in ihrem Erwerbungsstande wichtigen Schaden leidet. Von diesen Vergünstigungen macht die Praxis den ausgiebigsten Gebrauch. Was die Vergehen und Übertretungen anbetrifft, so sind die hauptsächlichsten Strafen „um Geld“ und „mit Arrest“ (StGB. §§. 240, 244 ff.). Der Arrest dauert von 24 Stunden bis zu 6 Monaten (mit seltenen Ausnahmen, StGB. §§. 247, 260, 266).

---

[1]) Je das VI. Heft des Statistischen Jahrbuchs, herausgegeben von der K. K. Statistischen Zentral-Kommission.

(Tabelle 22.)

Verurteilt wurden	1874	1875	1876	1877	1878	1879	1880	1881	Durchschnitt
wegen Verbrechen	28 155	29 165	31 279	32 758	31 468	29 046	32 588	33 469	100 %
Kerkerstrafe über									
2 Jahre[1])	2 236	2 059	2 120	2 070	2 331	2 134	2 259	2 207	7,02 %
„ 1—2 „	2 948	2 876	3 100	3 133	3 102	3 008	3 553	3 476	10,16 %
„ 6—12 Mon.	3 604	3 613	3 907	4 126	4 126	4 032	4 795	4 768	13,30 %
„ 3— 6 „	5 572	5 457	6 277	6 201	6 693	6 298	7 272	7 744	20,78 %
„ 1— 3 „	8 708	10 091	10 518	11 503	10 975	9 911	10 904	11 307	33,85 %
„ unt. 1 Mon.	5 015	4 973	5 254	5 614	4 239	3 656	3 800	3 966	14,73 %

Die oben bezeichneten aufserordentlichen Milderungen wurden also angewendet in 69,36 von 100 Fällen. Über 1/4 Jahr betrug die Kerkerstrafe in 51,26 %, davon blieben 34,08 % zwischen 3 und 12 Monaten; unter 3 Monaten hielt sie sich in 48,58 %. Und das bei den schwersten Delikten überhaupt, den Verbrechen! Bei den Vergehen wurden Arreststrafen verhängt:

(Tabelle 23.)

in der Dauer	1874	1875	1876	1877	1878	1879	1880	1881	Durchschnitt
überhaupt:	1149	1438	1717	1720	1586	1605	2241	3126	100,00 %
über 3 Monate:	96	106	114	112	138	102	115	133	6,28 %
1—3 Monate:	175	270	403	351	365	360	341	353	17,95 %
9 Tg.—1 Mon.:	436	574	661	771	629	697	942	859	38,19 %
1—8 Tage:	442	488	539	486	454	446	843	1781	37,58 %

Hier also haben wir sogar 75,76 % für Strafen unter einem Monat, d. h. bei Verbrechen und Vergehen zusammengenommen sind 45,25 % aller Freiheitsstrafen unter einem Monat. Von je 100 Freiheitsstrafen sind unter 3 Monaten (bei Verbrechen und Vergehen zusammengenommen) 71,15 %, während dieselbe Zahl für das Deutsche Reich (im Durchschnitt der Jahre 1882 bis 87) nur 54,06 % ausmacht. An der erschreckenden Perspektive, welche diese Zahlen eröffnen, wird nichts geändert durch das Gesetz vom 1./IV. 1872, betr. die Vollziehung von Freiheitsstrafen in Einzelhaft; denn das Problem, jede Freiheits-

[1]) bis zu 20 Jahren und lebenslänglich.

strafe unter 8 Monaten in Einzelhaft zu vollstrecken (§. 2 des Gesetzes), scheitert vorläufig an der Unerfüllbarkeit der Klausel im §. 1: „soweit die Räumlichkeiten ausreichen“, Worte, welche die Bedeutung des Gesetzes sehr abschwächen. Von 20 Strafanstalten sind nur 4, von 863 Gerichtsgefängnissen bei Bezirksgerichten nur 5 für Verbüfsung der Strafen in Einzelhaft eingerichtet.[1])

Noch ergiebiger sind die Zahlen für die Übertretungen; sie enthält folgende Übersicht:

(Tabelle 24.)

	Verurteilte überhaupt:	zu: Arrest über 3 Mon.	1—3 Mon.	9 Tage bis 1 Monat.	1—8 Tge.	Geldstrafe.
1874	275 935	569	6 843	45 724	193 347	28 631
1875	296 054	475	6 549	46 161	200 158	42 457
1876	337 625	548	7 995	51 637	228 514	48 394
1877	378 745	597	8 561	60 178	260 634	48 587
1878	376 091	608	8 983	59 280	261 750	45 223
1879	392 016	961	10 089	61 542	279 797	49 242
1880	427 679	763	11 170	70 866	291 499	53 117
1881	437 720	748	10 549	70 028	303 429	52 675
Durchschn.:	100,00 %	0,18 %	2,42 %	15,93 %	69,10 %	12,61 %

Strafen unter einem Monat sind mithin in 100 Übertretungsfällen 85 verhängt worden; sie betragen mit der Geldstrafe zusammen 97½ %, so dafs Strafen von längerer Dauer als ein Monat nur in 2½ % vorkommen.

Fassen wir sämtliche Verurteilungen (für Verbrechen sowohl, als auch für Vergehen und für Übertretungen, — also die in den Tabellen (22) bis (24) enthaltenen Zahlen) zusammen, so erhalten wir, selbst unter der Voraussetzung, dafs von den wegen Verbrechens verhängten Kerkerstrafen unter einem Monat keine kürzer als 9 Tage war, für Freiheitsstrafen in der Dauer von 1—8 Tagen den Prozentsatz 53,34 %. Von sämtlichen kurz-

[1]) v. Holtzendorff u. v. Jagemann, Handbuch des Gefängniswesens Bd. I S. 250/255.

zeitigen Einsperrungen machen die unter einem Monat 58,51 %, die über einem, aber unter drei Monaten 18,08 % aus, mithin entfallen auf Freiheitsstrafen unter drei Monaten 76,59 v. H. Der Rest, längere Freiheitsstrafen und alle andern Strafarten zusammen, beträgt nur 23,41 %. Das Überwiegen der kurzzeitigen Freiheitsstrafe ist also im österreichischen Kaiserstaate noch bedeutend stärker, als bei uns in Deutschland.

Alle bisherigen Betrachtungen dienten nur dazu, die Bedeutung der uns gestellten Frage in das rechte Licht zu setzen, darzuthun, wie kein europäischer Staat der alles beherrschenden kurzen Freiheitsstrafe sich entziehen konnte, wie diese von Jahrzehnt zu Jahrzehnt sich tiefer eingenistet hat. Von jetzt ab tritt an die Stelle der Aufgabe des Statistikers die des Kriminalpolitikers. Wir werden zuerst die Dringlichkeit der Frage darzuthun und dann die Möglichkeit einer Lösung zu prüfen haben.

Dafs zu dem häufigen Vorkommen kurzzeitiger Inhaftierung sowohl das „Legitimitätsprinzip“, als namentlich der Umstand vieles beitragen, dafs der Richter keine Wahl hat (Aschrott, Ersatz kurzz. Fr., Nordwestdeutscher Verein f. Gef.-Wesen XIX. 180 ff.), diese Erwägung wird uns an geeigneter Stelle manches erklären helfen.

Fest im Auge zu behalten ist immer, wie nochmals betont sei, die **Allgemeinheit** kurzer Freiheitsstrafe!

II. Kritik der kurzzeitigen Freiheitsstrafe.

Wie haben wir uns nun zu der kurzzeitigen Freiheitsstrafe zu stellen? Welches ist ihr Wert oder Unwert? Und wie lautet demnach das Urteil über unsere gesamte heutige Strafrechtspflege? — Zur Beantwortung dieser Fragen genügt nicht die ausschliefsliche Beachtung des Richterspruches, dieser ist an sich toter Buchstabe; es mufs der Strafvollzug hinzutreten, dann gewinnt er Leben, Kraft und Wirkung, dann wird der wahre Inhalt der richterlichen Sentenz klar und deutlich. Der Richter mit seinem Urteil gleicht in der That — um das Bennecke'sche Gleichnis [1]) anzuwenden — einem Arzt, der seinem Kranken ein Heilmittel verschreibt —, und darum hat er die gleiche Pflicht, die Kraft seiner Medikamente zu kennen, über Grund und Wesen ihrer Wirksamkeit sich im Reinen zu sein. Ob das der Richter ist, ob hinter den Mauern des Gefängnisses, an denen sein Weg endet, nicht eine terra incognita für ihn liegt, ob er wirklich einen Blick in die „monde des prisons" gethan —, ist nicht unsere Sache, zu untersuchen: laut genug und bitter genug klagen viele, viele Stimmen aus der Gefängnispraxis, und man soll nur bedenken, dafs dem Strafanstaltsbeamten durch die Entscheidung des Gerichts die Hände gebunden sind, dafs er oft müfsig zusehen mufs, wie ein Neuling rettungslos untergeht. „A l'audience d'un tri-

[1]) Bemerkungen zur Kriminalstat. des Grofsh. Hessen, Festschrift zum 25./VIII. 1889 S. 10.

bunal," — so betont Prins (Rév. de Belg.) diesen Unterschied — „le juge pourrait dire encore: «Il s'agit d'appliquer un article de loi à un délit déterminé, et dès que j'ai constaté la responsabilité juridique, mon devoir est accompli.» Mais dans la prison, le problème sélargit. Il ne s'agit plus d'un délit, il s'agit uniquement d'un délinquant, et dans la conception actuelle, on espère retirer du séjour de ce délinquant dans la prison des résultats appréciables."

Freilich wird, Gott sei Dank, auch bei den richterlichen Beamten diese Erkenntnis immer klarer, auch aus diesen Kreisen dringen Rufe nach Fallenlassen der schädlichen Milde; dringen Klagen über das „Walten von Fleisch und Blut innerhalb der gesetzlichen Willkür", über den bestimmenden Einflufs von Temperamenten, „Grundsätzen, Vorurteilen, Stimmungen der allerungreifbarsten Beschaffenheit" und allen jenen Elementen, auf die weder die ideale noch die gesetzliche Strafgerechtigkeit sich gründen kann;[1]) dringen Zweifel, ob man nicht so und so viele durch seinen Spruch auf die Verbrecherlaufbahn gestofsen. Und wie schlimme Befürchtungen man auch a priori haben mag, durch die Wirklichkeit werden sie noch übertroffen. Es ist bezeichnend, dafs unter den Hunderten, ja Tausenden von Stimmen, die sich alle bei der grofsen Abstimmung über die kurzzeitige Freiheitsstrafe hören liefsen und hören lassen, keine auch nur die leiseste Rechtfertigung vorzubringen versuchte, —höchstens dafs die eine oder andere, statt mitzureden, schwieg, dafs hier und da eine überängstliche Redaktion die kernigsten Sätze auch eines berufenen Kritikers strich und uns eines wichtigen Zeugnisses aus dem Mund eines Praktikers beraubte. Die Abstimmung kann ruhig geschlossen werden, das Resultat steht unerschütterlich fest: der kurzzeitigen Freiheitsstrafe ist das Urteil gesprochen, und das Schicksal

---

[1]) Mittelstädt, Für und wider die Freiheitsstrafen, 1882. Z II 445.

unseres herrschenden Strafensystems ist besiegelt. Die Aufgabe war falsch gestellt, durch kurzzeitige Freiheitsstrafen konnte für Besserung oder auch nur Abschreckung nichts gethan werden, — was half da Reform und wieder Reform der Gefängnisse, sie war ja am falschen Ende aufgezäumt! Die Vermehrung der Delikte ging ihren sichern Gang, parallel den Vervollkommnungen der Gefängnistechnik. „Stellt man dem steten Fortschritt der Verbrechen den steten Fortschritt der durch den komplizierten Mechanismus der Strafjustiz verursachten Ausgaben gegenüber, denkt man daran, dafs überall in der Welt, bis nach Ceylon im Indischen Ozean, bis zu den Sandwichinseln im Stillen Meer sich Zellengefängnisse erheben, deren Baukosten und Verwaltungen schwer auf dem Staatssäckel lasten; und sieht man in diesen Anstalten neben ordentlichen Leuten, die das Gefängnis herabsetzt, unverbesserliche Gewohnheitsverbrecher mit Unterhalt, Heizung, Licht, Kleidern, Nahrung versehen und in Krankheit verpflegt, Löhnung und Wohnung erhalten in Zellen, von denen in manchen Städten jede ein Kapital darstellt, genügend, einem Unglücklichen 3—400 Franks Rente zu sichern, — so ist man vor den Kopf gestofsen. Man versteht v. Holtzendorff, der den Bankrott unseres Gefängniswesens ankündigt, man begreift M. Pirmez, der am 11./V. 1888 in der belgischen Kammer sagte: „Unter unseren Augen vollzieht sich der Zusammenbruch unseres Repressivsystems.“ (Prins u. a. O.)

Was haben wir bei der nun schon hundert Jahre alten „vexed question“, mit aller wordy discussion erreicht und mit allen den millions of pounds spent in building up, altering or pulling down prisons, je nachdem die landläufige Theorie war? Tallack[1]) giebt die Antwort: „einen sich immer noch verstärkenden Eindruck bei erfahrenen Beobachtern, dafs die Wirk-

[1]) Penological and Preventive Principles, London 1889, p. 50/51.

samkeit selbst des besten Gefängnissystems über alle Maſsen überschätzt worden ist und daſs man seine Nachteile, für den Staat wie für den Verbrecher, zu sehr auſser Augen gelassen hat.“ [1]) Aber fast ebenso alt, wie jene thörichten Experimente, mit denen man in künstlichen Brütanstalten eine Verbrechergeneration nach der andern ausbrütete, groſsfütterte, züchtete und flügge werden lieſs, um sich dann noch über das lichtscheue Gesindel von Nachtvögeln zu wundern, ebenso alt ist das verwerfende Urteil der Kassandrastimme, die seit bald hundert Jahren wieder und wieder erklang, um endlich zu übermächtigem Brausen widerstandslos anzuschwellen.

Es bedarf, um Hauptetappen zu bezeichnen, nur der Nennung eines v. Arnim, Bonneville de Marsangy, v. Valentini, Leonhardt, Illing, Krohne, v. Liszt, deren Äuſserungen über diese „Verführungspepinieren“, diese „véritable plaie de notre répression“, diese „Brutstätten des Lasters“, über das verrottete Gaunerleben in den Gerichtsgefängnissen, die „den Weg zu neuen Verbrechen bahnen“, ja die auf diesen Weg drängen, für ihn den Nachwuchs „erziehen“, so daſs „die Strafe eine Farce“ und ihre ungerechtfertigte Milde „eine der ganzen bürgerlichen Gesellschaft drohende Gefahr“ geworden ist, in aller Munde sind und stets von neuem wiederholt werden. Und dafür, wie sehr das Übel sich eingefressen, ist wohl bezeichnend, daſs den Worten eines Geoffrey Mynshull, der [2]) 1618 die englischen Gefängnisse in grellen Farben als a school of villany, a moral pesthouse, a sink of debauchery schildert, die von Krohne

---

[1]) Die Frage steht noch auf demselben Standpunkt der „guten, alten Zeit“. „Oui, l'ancien droit était barbare, le droit moderne est humain: le premier s'ingéniait à inventer des instruments de torture, nous nous ingénions à combiner des systèmes de cellules et des détails d'architecture. Mais il est triste de penser que notre philanthropie, pour coûter de nombreux millions, ne produit pas de meilleurs résultats que la rigueur de nos ancêtres.“ (Prins a. a. O.)

[2]) Essays and Character of a Prison and Prisoner; bei Aschrott, Strafensystem in England S. 75.

mehrfach[1]) entworfenen Bilder an Schärfe des Ausdrucks kaum nachstehen; und dafs selbst einer der ruhigsten, unparteiischsten, wohlwollendsten Beurteiler[2]) am Schlusse einer Untersuchung über den gegenwärtigen Stand der sachverständigen Meinung „das praktische Endresultat der Strafrechtspflege überall ein durchaus unbefriedigendes“ nennen mufste.

Bringen wir zunächst aufser den schon genannten Gewährsmännern, von denen v. Arnim bis 1803 zurückreicht, noch aus neuerer und neuester Zeit zusammenfassende Urteile von berufener Seite. Illing[3]) sagt 1885 von den kurzzeitigen Freiheitsstrafen: „sie haben schliefslich nur den einen Erfolg, dafs die Anfänger auf der Laufbahn des Verbrechens durch die Gemeinschaftshaft in den kleinen Gefängnissen für das Verbrechertum reif gemacht werden und sich nach und nach an die Gefängnisluft gewöhnen, während die fertigen Verbrecher, die Diebe von Profession, nach Verbüfsung der gegen sie erkannten kurzen Strafen den Krieg gegen das Eigentum ihrer Mitbürger mit ungeschwächtem Mute fortsetzen und nach wie vor die Umgebung, in der sie leben, moralisch verpesten, bis sie, immer wieder und wieder rückfällig, schliefslich das Zuchthaus als eine Art von Versorgungsanstalt ansehen.“ Dieser Zustand wirke depravierend. „Der gemeine Mann taxiert die Schwere der Verbrechen nach der Strenge der Strafen, und wenn die Strafe allzu gelind wird, so lernt er auch die Missethat gering anschlagen, wie das Kind zuletzt nicht mehr weifs, was Unart und Ungezogenheit ist, wenn die thörichte Mutter vergifst, dafs die Rute, zur rechten Zeit und mit Nachdruck gebraucht, zu einer Wohlthat für das ganze Leben wird.“ Recht drastisch

[1]) 1868, Organisation des Gefängniswesens, Denkschrift; 1885, Grundsätze für d. Bau u. d. Einr. v. Zellengef., S. 40 u. 42; 1889, Lehrb. d. Gefängniskunde, §. 44.

[2]) v. Holtzendorff, Gerichtssaal, Bd. XXXIX S. 1 ff.

[3]) Zahlen der Kriminalität in Preufsen, 1854—1884. Zeitschr. d. königl. preufs. stat. Bureaus.

ist auch das Gleichnis von Krohne[1]): „Das Schwert, das zum Holzhacken gebraucht wird, versagt seinen Dienst am Tage der Schlacht."

Unter unsern Praktikern seien ferner hier erwähnt Amtsrichter Schmölder[2]), der nachweist, dafs in Preufsen 1882/83 von 732 419 Personen vier Fünftel „in systematische Verschlechterungsanstalten eingesperrt" worden sind, und Strafanstaltsdirektor Sichart in Ludwigsburg, der seine Schrift „Über die Rückfälligkeit der Verbrecher und über die Mittel zu deren Bekämpfung (Heidelberg 1881)" mit folgendem Appelle schliefst: „Der Kampf gegen die gefährlichsten Feinde der Rechtsordnung — Mangel an Verstand, Armut, Mangel an Bildung — wird erst mit der Menschheit selbst enden. Aber immerhin wird der Gesellschaft ein unschätzbarer Segen daraus erfliefsen, wenn wir einmal mit Ernst an das nur allzulange verzögerte Werk gehen werden, unsere staatlich organisierten Verbrecherschulen in Anstalten für Zucht und gute Sitte umzuwandeln." Auch Mittelstädt[3]) bekennt „der tollen Methode, sich in Freiheitsstrafen zu überbieten," gegenüber, dafs „das heutige Strafensystem nicht mehr vor der wachsenden Gefahr den Verschlechterung schütze". — Da wir hiermit uns der Theoretikern zugewendet haben, so seien von diesen noch zitiert v. Liszt:[4]) „Es sind die kleinen Gefängnisse neben verlotterten Herbergen, Schnapsbuden und Bordellen als die Hauptwerbestellen für das Gewohnheitsverbrechertum zu bezeichnen", und Lammasch, der im IX. Band der Zeitschrift für die gesamte Strafrechts-Wissenschaft sich dahin ausspricht, dafs nichts verderblicher wirke, als Haft ohne Arbeit und Disziplin. „Es läfst sich daher nicht

[1]) Lehrbuch a. a. O.

[2]) Die Strafen des deutschen StGB. und deren Vollzug. Berlin 1885.

[3]) Gegen die Freiheitsstrafen. Leipzig 1879.

[4]) Z III 40 und Abh. des krim. Sem. zu Marburg I. 1888.

leicht etwas Verfehlteres denken, als eine als ordentliches Strafmittel verwendete Freiheitsstrafe mit dem Maximum von 6 Wochen, wie die Haft des RStGB."

Nicht anders lautet das allgemeine Urteil im Auslande, wie es für Frankreich Michaux 1886 so zusammenfafst: [1]) „Das Strafgesetz soll in der über den Schuldigen verhängten Behandlung nach einem Mittel suchen, die Rechtsordnung zu schützen und die Gesellschaft gegen Wiederkehr und Häufigkeit der Übelthaten sicher zu stellen. Nun sind aber die heutigen Kriminalisten darin einig, dafs das Gefängnis, gewissermafsen das eigentliche Fundament unseres Strafmittelsystems, in den meisten Fällen ein diametral entgegengesetztes Resultat erzielt." Ähnliche und längere, zum Teil später noch zu berührende, Ausführungen sind bei Prins, Desportes, Almqvist, Haussonville, Yves Guyot, Ribot, Voisin, Reybert, Bérenger, bei Tallack und unzählbaren anderen zu lesen. Der Prinz Oskar von Schweden (Strafen und Gefängnisse) sagt u. a.: „Gerade im Innern der Gefängnisse, wo nur Reue und Schmerz herrschen sollten, bildet der Gefangene seine Geschicklichkeit aus, um neue Verbrechen zu begehen, und um Bündnisse zu schliefsen, welche ihn für die allgemeine Sicherheit immer gefährlicher machen." J. Léveillé vergleicht (BSG. XIII 921) die pure Einsperrung gegenüber den modernen Bedürfnissen gesellschaftlichen Schutzes mit der alten Flinte mit Steinschlofs gegenüber den neuen Anforderungen unserer Vernichtungskriege.

Kein Wunder, dafs die Frage auch schon wiederholt Gegenstand der Debatte auf Versammlungen von Gefängnisvereinen, sowie besonders auf mehreren der internationalen Gefängniskongresse gewesen ist, sowohl auf dem Londoner von 1872, als mit besonderer Ausführlichkeit auf dem Römerkongrefs 1885, wo die erste Sektion als zweite Frage die folgende zu behandeln

[1]) Bull. d. l. Soc. Gén. des Pris. X, 255 bei Begründung seines Gesetzvorschlags über Aussetzung der Strafvollstreckung.

hatte: „Könnte man nicht mit Nutzen die Gefängnis- und Haftstrafe für gewisse Delikte durch eine andere die Freiheit beschränkende Strafe ersetzen, wie Arbeit in einem öffentlichen Arbeitshause ohne Einsperrung, zeitweise Untersagung des Aufenthaltes an einem bestimmten Ort; oder im Fall eines leichten ersten Vergehens auch wohl Verweis?“ Zwar wurde (infolge mangelhafter Leitung der Verhandlungen) eine Einigung nicht erzielt; aber „trotzdem waren die Verhandlungen nicht fruchtlos; konnte man doch aus ihnen die allgemeine Übereinstimmung darüber entnehmen, daſs die Freiheitsstrafen von wenigen Tagen oft mehr verderben, als nützen“.[1]) Worauf sich die Überzeugung von den bedauerlichen Wirkungen einer kurzzeitigen Freiheitsstrafe auf denjenigen, der wegen eines unbedeutenden Vergehens zum erstenmal vor den Schranken des Gerichts erscheinen muſs, worauf sich diese Voraussetzung der gestellten Frage gründete, faſst in hübscher Weise Jacquin[2]) so zusammen: „Leur crainte [la crainte de ceux qui ont posé la question] est que, par suite de la déconsidération que l'emprisonnement jettera sur le condamné aux yeux de ses concitoyens, soit par suite de la promiscuité que celui-ci pourra rencontrer dans le lieu de détention, on ne le détourne définitivement de la voie du bien, d'où il ne s'est écarté qu'accidentellement, et qu'on augmente ainsi l'armée des malfaiteurs. Une autre de leurs préoccupations a été qu'en infligeant trop fréquemment et sans nécessités sérieuses les peines privatives de liberté, on ne porte atteinte à leur efficacité. Ils pensent en outre que les peines d'emprisonnement de courte durée ne sont d'aucun effet moralisateur,

---

[1]) v. Kirchenheim, Allg. konserv. Monatsschrift f. d. christl. Deutschland, Bd. 43, Januarheft.

[2]) Damals Abteilungsdirektor im Justizministerium. Actes du Congrès Pénitentiaire International de Rome, tome I, p. 193. (Quatrième séance, 21. nov. 1885.)

le temps manquant pour exercer une action bienfaisante sur les détenus.“ Von den gleichen Gedanken geleitet, hat man für den Petersburger Allgemeinen Gefängniskongreſs (Mai 1890) die Besprechung des richterlichen Verweises und der Strafaussetzung auf das Programm gesetzt, und hat die am 7. und 8. August vorigen Jahres in Brüssel abgehaltene Erste Versammlung der Internationalen kriminalistischen Vereinigung sich mit der bedingten Verurteilung und sonstigen Maſsregeln zur Einschränkung der kurzzeitigen Freiheitsstrafe in ihren ersten beiden Sitzungen zu beschäftigen gehabt.[1] Und von derselben Einstimmigkeit in der Frage nach der Wirksamkeit dieser Einsperrungen ausgehend, widmete die am 26. März dieses Jahres in Halle eröffnete Erste deutsche Landesversammlung der Internationalen kriminalistischen Vereinigung ihre erste Sitzung der Besprechung einer einzuführenden „Verurteilung mit bedingtem Strafvollzuge“.

Wenn wir jetzt den speziellen Gründen, die zur Verwerfung der kurzzeitigen Freiheitsstrafe führen, näher treten, so soll für die Reihenfolge, in welcher wir unsere Zeugnisse und Gewährsmänner vorführen, ein Wort v. Holtzendorffs maſsgebend sein, das die Freiheitsstrafe kürzerer Dauer als entweder nur wirkungslos oder als geradezu schädlich bezeichnet. Dreyfus (Advokat in Paris) präzisiert die Unbrauchbarkeit (l'inconvéniant) der kurzzeitigen Freiheitsstrafen in ähnlicher Weise dahin,[2] daſs sie wegen Überhäufung der Gefängnisse entweder „unwirksam oder illusorisch“ seien, oder „verdürben statt zu bessern“.

Wirkungslos ist die kurzzeitige Freiheitsstrafe, weil eine Besserung nicht zu erreichen ist; denn die „Einwirkung auf den sittlichen Zustand des Thäters ist teils vergeblich, teils bis-

[1]) Mitteilungen der Int. krim. Vereinigung Heft 1; vgl. Köln. Zeit. 10. Aug. 1889, Abend-Ausg.

[2]) Actes du Congrès Pén. Int. de Rome, t. I p. 187.

weilen selbst unpassend". [1]) Da eine Abschreckung infolge des üblichen Vollzuges in den kleinen Gefängnissen auch nicht eintritt, eine Besserung bei bisher unbescholtenen, anständigen Bürgern nicht nötig ist, so wirkt die Strafe hart, sie ist ungerecht, — „inutile, par conséquent injuste, irritante", sagt Bonneville de Marsangy, [2]) um weiterhin „ces légères pénalités" als verderblich (funestes) zu bezeichnen, da sie „profondément illibérales et illogiques" seien — „illibérales", weil dem Grundsatz widersprechend: moneat lex antequam feriat; „illogiques", weil der „surélévation" beim Rückfall kein „surabaissement" beim ersten Delikt entspreche. Sehr energisch verwahrt sich gegen Besserungsbestrebungen in solchen Fällen Dr. Otto Mittelstädt (Gegen die Freiheitsstrafen. S. 64/65): „Es giebt der in einem verhängnisvollen Augenblick des Lebens, in einem Temperamentsfehler, in mehr zufälligen als fahrlässigen Verschuldungen wurzelnden Missethaten genug, welche immerhin vor der irdischen Gerechtigkeit durch Strafe zu sühnen sind, die aber mit der gewöhnlichen Sittlichkeit, mit Bildung und Unterricht in so ungreifbarem Zusammenhang stehen, daſs nur eine unvernünftige Grausamkeit darauf verfallen kann, sie dem prophylaktischen Heilverfahren besserungseifriger Gefängnisbeamten preiszugeben." Solche Leute für die „allertrivialsten Rechtsverletzungen" ins Gefängnis zu stecken, statt sie davon fern zu halten, entspricht allerdings (Krohne, Lehrb. a. a. O.) dem, wie es scheint, in den meisten Ländern und namentlich in Deutschland geltenden verkehrten Grundsatz: „möglichst viele Leute ins Gefängnis zu bringen, und zwar möglichst oft, zu

---

[1]) Dr. Friedrich Oskar v. Schwarze, Die Freiheitsstrafe. Lpzg. 1880. S. 34.

[2]) geb. in Mons 1802, der Senior der französischen Schriftsteller über unsere Frage, Conseiller honoraire à la Cour d'appelle de Paris, officier de la Légion d'honneur; — bei Gelegenheit seiner Rede gegen die casiers judiciaires. Séance de la Société Générale des Prisons du 16 mars 1887. Bulletin XI, 311.

möglichst kurzen Strafen, damit sie sich an das Gefängnis gewöhnen.“ So kann eine gute Wirkung um so viel weniger erzielt werden, als derselben immer das Gefühl erlittener Schande und eines Makels für alle Zeit entgegensteht. Deshalb „sollte eine richtige Strafökonomie mit Verhängung dieser gerade für den Unbescholtenen besonders harten Strafe, welche ihn rücksichtslos in die Gemeinschaft der schweren und gewohnheitsmäfsigen Rechtsverletzer weist, welche ihn durch sein ganzes Leben, beim Eintritt ins Militär, beim Verhör vor Gericht unerbittlich verfolgt, vorsichtiger sein“. (Krohne a. a. O.) Mit Recht weist deshalb Prins (Crim. et répr. p. 106) unsere Richter, die, „à l'égard de ceux qui débutent dans la criminalité“, zu streng seien, auf das Wort Jeremias Benthams hin: „Könnte man den Missethäter durch die Zahlung eines Schillings treffen, so wäre der Tod eine unsühnbare Grausamkeit, das Gefängnis eine Ungeheuerlichkeit.“ — Nehmen wir aber einen der Besserung bedürftigen und fähigen Menschen, so ist auch hier die kurzzeitige Freiheitsstrafe ohne Nutzen: es fehlt eben an Zeit, mit Erfolg an seiner moralischen Wiedergeburt zu arbeiten (vgl. Nocito auf dem Römerkongrefs, S. 182, t. I); es ist Unverstand, in einigen Monaten durch rationelle „edukatorische“ Thätigkeit heilen zu wollen, was Jahrzehnte sittlicher Verwahrlosung verschuldet haben.[1]) Selbst die Arbeitsamkeit (wo ausnahmsweise Arbeitszwang besteht) kann in der kleinen Frist nicht anerzogen werden, häufig nicht einmal äufserlich, denn die im Gefängnis verdienten paar Pfennige helfen höchstens über die ersten Tage der Freiheit weg, und im übrigen ist das Verbrechen (die kleinen Diebstähle, der Bettel) unvergleichlich einträglicher: „by resuming his thievish habits he can supply himself in a few hours with more money, than months of honest hard work

[1]) so, wenn auch, um überhaupt den Besserungszweck zu diskreditieren, Mittelstädt a. a. O.

would bring him" — sagt der in allen Gefängnisfragen eifrig thätige William Tallack, Secretary of the Howard Association, in dem „Prisons Systems generally Unsatisfactory" betitelten Kapitel seines neuesten Werkes.

Unsere Gründe nahmen nicht viel Rücksicht auf den Vollzug der Strafe, sie erleiden unter Voraussetzung eines Vollzugs in Einzelhaft wenig Einbuſse. Das Isoliersystem schlieſst zwar die Schäden der Gemeinschaftshaft aus, aber die Begeisterung für seine sonstige Wirksamkeit erlischt mehr und mehr. Die Meinungen variieren stark: preist auf der einen Seite Felix Voisin[1]) diese Methode in ihrer Anwendung auf kurze Strafen als einzigen, sich endgültig empfehlenden Vollzugsmodus an, weil er von den Unverdorbenen lebhaft gewünscht, von den Rückfälligen mit Schrecken gefürchtet werde (— freilich sei eine unerschütterliche Festigkeit in seiner Handhabung erste Bedingung —) und schlieſst sich Sichart der ähnlich formulierten Resolution deutscher Strafanstaltsbeamten durchaus an,[2]) so sind auf der andern Seite Heinrich Heines Rufe über die „unerhörte Grausamkeit" einer „Absperrung in Zellen"[3]) auf dem

[1]) Conseiller à la Cour de cassation. Album des Römerkongr. (s. u.) p. 646.

[2]) Rückfälligkeit der Verbrecher u. s. w. S. 71.

[3]) In einem kleinen, wenig bekannten, „Gefängnisreform und Strafgesetzgebung" betitelten Aufsatze vom Juli 1843 (Werke, Hamburg, Cotta 1887, X, 98/103) findet sich neben manchen Ausfällen auf die verschiedenen Strafrechtstheorieen der folgende in mehr als einer Richtung bezeichnende Passus: „In (Frankreich,) diesem Lande der Soziabilität wäre die Absperrung in Zellen, die pennsylvanische Methode, eine unerhörte Grausamkeit, und das französische Volk ist zu groſsmütig, als daſs es je um solchen Preis seine gesellschaftliche Ruhe erkaufen möchte. Ich bin daher überzeugt, selbst nachdem die Kammern eingewilligt, kommt das entsetzliche, unmenschliche, ja unnatürliche Zellulargefängniswesen nicht in Ausführung, und die vielen Millionen, welche die nötigen Bauten kosten, sind, gottlob, verlorenes Geld. Diese Burgverlieſse des neuen Bürgerrittertums wird das Volk ebenso unwillig niederreiſsen, wie es einst die adlige Bastille zerstörte. So furchtbar und düster dieselbe von auſsen gewesen sein mochte, so war sie doch gewiſs nur ein heiteres Kiosk, ein sonniges Gartenhaus im Vergleich mit jenen kleinen schweigenden amerikanischen Höllen."

Römerkongreſs in der Stimme des Conte de Foresta wieder erklungen, der sich in schroffen Gegensatz zu dem Zellensystem stellte, das der Gerechtigkeit, moralischen Besserung des Verurteilten und Sparsamkeit im Staatshaushalt zuwiderliefe. Das Richtige liegt, wie oben angedeutet, in der Mitte: wir werden mit v. Liszt nicht in Abrede stellen, „daſs durch die Zellenhaft die gegenseitige Verpestung der Gefangenen fast völlig vermieden werden kann"; das wird aber auch alles sein, was wir zugeben.[1]) Ein „effet de préservation sociale" (Michaux BSG. X 255) kann nur erzielt werden, wenn die Zeit lang genug ist, um die sittliche Wiederaufrichtung (redressement moral) des Betreffenden in Angriff zu nehmen und durchzuführen; diese Bedingung fällt aus bei einer nach Tagen und Wochen bestimmten Freiheitsstrafe. Die abschreckende Wirkung ist auch nicht ganz sicher und ziemlich illusorisch[2]) auf „verkommene oder verkommende Naturen" (v. Liszt a. a. O.). Demnach kann es uns nicht wunder nehmen, wenn auch in dem gepriesenen Lande der Einzelhaft, in Belgien, wo bekanntermaſsen nach dem Gesetz vom 4./III. 1870 jede Freiheitsstrafe in strenger Isolierung bis zu 10 Jahren[3]) vollstreckt wird, ihre Durchführung schon stockt. Bis zu 8000 Frank sind schon die Kosten für die einzelne Zelle gestiegen, und man wird immer miſstrauischer gegen seine eignen Schöpfungen.[4]) [5]) Wir sind in Deutsch-

[1]) Z IX 751.

[2]) d. h., wie Schütze, Die sog. bed. Verurt. u. verw. Reformen, Wien 1890, S. 3 anmerkt: „im buchstäblichen Sinn: dem Spott verfallen".

[3]) Neuerdings für die Regel auf 5 Jahre herabgesetzt. BSG. XIII 832.

[4]) vgl. v. Liszt, im Handb. des Gefängniswesens, Holtzendorff-Jagemann, 1888, S. 278.

[5]) Doch mehren neuerdings die Freunde der Isolierhaft sich wieder stark, vgl. BSG. XIII 912 van Hamel auf dem II. Internat. Anthropol. Kongr., XIII 103, 210 Voisin, Stevens, XIII 839 A. Rivière (Les Prisons de St. Gilles et de Louvain). An letzterem Ort heiſst es: Quelle que soit la joie manifestée en France par les adversaires du système cellulaire [vgl. Le Temps 9./IX. 1889], il serait téméraire d'en conclure que l'épreuve faite en Belgique a avorté, que le système succombe devant les faits et

land glücklicherweise noch nicht auf die langwierige und so viele finanzielle Schwierigkeiten bietende Bahn geraten und werden ja wohl auch davor bewahrt bleiben, seitdem die Warnungen, die Isolierhaft „zum Schiboleth zu machen", in ihr „une panacée universelle" zu erblicken, immer eindringlicher werden.[1]) Mögen sich auch Wegeners Bedenken,[2]) daſs mit zunehmender Entkräftung und Willenserschlaffung die im Anfang zuwege gebrachte Besserung verringert, ja oft ganz zerstört wird, eben nur auf eine allzulange Zellenhaft beziehen, mag nur eine solche von Bérengers und Herbettes Worten[3]) getroffen werden, nur für sie Beltrani-Scalias Vergleich und Prins' Ausführung von der äuſseren Ähnlichkeit und der inneren furchtbaren Ungleichheit mit dem Trappistenleben[4]) gelten, nur für sie des letzteren bittere Bemerkung, es gäbe nicht zwei sittliche Leben, eins für die Welt und eins in der Zelle[5]) — so viel ist auch, abgesehen vom Kostenpunkt, abgesehen von der Unanwendbarkeit bei gewissen Verbrecherklassen,[6]) für die in Einzelhaft vollzogene kurzzeitige Freiheitsstrafe klar, daſs neben der Isolierung, sei sie auch wirklich der „unerläſsliche Grundstein",[7]) Arbeit, Erziehung, Unterricht[8]) stehen müssen,

---

sous une réprobation unanime ou justifiée. C'est le contraire qui est le vrai. Vgl. BSG. XIII 832, 838.

[1]) v. Valentini, Das Verbrechertum im preuſs. Staat, Leipzig 1869, S. 135. Prins, Criminalité et répression, p. 124.

[2]) Gefängnisdirektor zu Vridslöselille (Schweden). Alb. Röm. Kongr. 727 (den i Begyndelsen tilvejebragte Bedring atter forringes, ja, ofte ganske tilintetgjoeres).

[3]) Sénats, Annales parlementaires, 22 mars 1884, p. 730, 757.

[4]) Beltrani-Scalia, Riforma penitenziaria in Italia, p. 126. Prins, Criminalité et Répression, p. 126/127.

[5]) Prins a. a. O. p. 129: La cellule ne donne que la pastiche de la vie morale. . . . Une vie morale renfermée dans un cadre aussi restreint, n'a plus rien de commun avec la moralité sociale.

[6]) so bei den, überhaupt in mehrfacher Beziehung psychopathologisch angehauchten, Brandstiftern, vgl. von Valentini, Verbrechertum u. s. w. 121.

[7]) Geh. Medizinalrat Dr. Georg Varrentrapp, Alb. d. Röm. Kongr. S. 726.

[8]) Tallack trug in das Album des Römerkongresses (Actes III 1, p. 684)

dafs demnach hier wieder unsere früheren Bedenken Platz greifen. Und sollte wirklich bei einer Anzahl von Personen eine Abschreckung zu konstatieren sein, so könnte dieser eine und immerhin fragwürdige Punkt doch nicht entscheidend sein für einen solchen Aufwand von Kosten, Aufsicht, Personal, mit einem Wort für die Beibehaltung des ganzen Institutes kurzzeitiger Freiheitsstrafen, namentlich wenn bessere Mittel zu Gebote stehen.

Wenden wir uns jetzt dem inhaltsreicheren Kapitel der Schädlichkeit der kurzzeitigen Freiheitsstrafen zu. Die Isolierung ist nur leider nicht durchführbar, aber für die meisten der uns interessierenden Fälle nichts positiv Schlechtes, jedenfalls hundertmal der Gemeinschaftshaft vorzuziehen, aus der die meisten, schlimmsten, unheilbarsten Schädlichkeiten resultieren. Sie ist es, die aus unsern kleinen Gefängnissen „Pflanzschulen für die Zuchthäuser", „Elementarschulen des Lasters", „fabriques de criminels", aus dem Verkehr ihrer Insassen Gaunergespräche, thieves conversaziones gemacht hat; dieser Zustand der Gefängnisse läfst die Gelegenheits- zu Gewohnheitsverbrechern werden und ist der erste Grund der Rückfälligkeit (Bérenger BSG. VIII 551). „Subie en commun" — sagt Michaux BSG. X 255) — „la prison est comme une sorte école du vice, où s'achève la dépravation du coupable et où se récrute l'armée du mal. Elle fait des criminels; à la place d'un délinquant, elle restitue souvent un scélérat." Und der Praktiker, der diese Behauptungen selbst als leider nicht bezweifelbar hinzustellen genötigt ist,[1]) kann doch nicht anders, als diese Strafe immer von neuem anwenden: auch ohne die Gleichgültigkeit der Strafverhängung, die Sucht, die allerleichtesten Ahndungen

---

als Forderung ein „Continuous separation from evil influences and companionship, but not mere solitude or isolation from good visitation."

[1]) s. den Artikel in der Nationalzeitung v. 31./VIII. 1889, Morgenausg.

zu wählen, den Hang zu Ausnahmestrafen,[1]) bleiben Tausende von Fällen, in denen der Richter „auf Grund der geltenden Normen jemanden wegen eines ersten geringfügigen Diebstahls, wegen einer unter ähnlichen Umständen begangenen Unterschlagung oder eines ebenso gearteten Betruges oder im Fall der Unvollstreckbarkeit einer Geldstrafe auch wegen einer Körperverletzung zu einer kurzzeitigen Freiheitsstrafe verurteilen mufs“, und in denen er „von der Überzeugung durchdrungen ist, dafs der Verurteilte durch diese Strafe und ihre Nachwirkungen gewifs nicht gebessert, wohl aber aller Wahrscheinlichkeit nach für alle Zukunft verdorben wird“.[2]) Von den gleichen trüben Befürchtungen oft erfüllt gewesen zu sein, bekennt auch Mr. Collins (auf dem Londoner Internat. Gef.-Kongr. Report, p. 155): „Gefängnis sollte zu einem Gegenstand der Furcht gemacht werden, indem man es mit Unannehmlichkeiten ausstattete und so selten als möglich dazu griffe. Oft hätte er in seiner richterlichen Thätigkeit Zweifel gehabt, ob er nicht manchen eher auf den Weg des Verbrechens verholfen, als sie davon abgeschreckt hätte, durch den nicht zu umgehenden Befehl des Gesetzes.“

Mr. Collins macht bei dieser Gelegenheit auch auf andere Übelstände aufmerksam, die übrigens bei jeder, auch der längern Gefängnisstrafe mit unterlaufen, Schädlichkeiten, die zu erwähnen fast als Sentimentalität ausgelegt werden könnte, die aber doch, wenn die kurzzeitige Freiheitsstrafe nun einmal — wie ja jetzt immer klarer wird — absolut keine Existenz-

---

[1]) Neigungen, über die Bennecke in der oben erwähnten Festschrift, S. 8, sich so äufsert: „Man kann, ohne viel zu übertreiben, sagen, dafs der Strafrichter vielfach geradezu schon das Nichtvorliegen besonders erschwerender Umstände als mildernden Umstand zu betrachten geneigt sei.“

[2]) Lammasch Z IX 448; vgl. BSG. XIII 894 (Le Temps, 9./XI. 89): „Das Korrektionshaus im hergebrachten Stil macht neunmal unter zehn ihre Entsittlichung vollkommen.“ Jacobs, Besserung des Verbrechers, Düsseldorf 1889, S. 49.

berechtigung hat, einfach Ungerechtigkeiten werden. Und zwar ist diese Ungerechtigkeit eine doppelte: gegen die Angehörigen des Delinquenten, die ihres Ernährers beraubt werden, und gegen diesen selbst, da seine fernerweite Existenz oft untergraben ist. In diesem Sinne weist Collins auf den tödlichen Schmerz hin, der einer achtbaren Familie zugefügt wird, wenn man ihr Haupt ins Gefängnis wirft und brandmarkt als einen, der „gesessen" hat (branded as a jail-bird). Ähnlich Michaux (a. a. O.): „War die Zeit zu kurz, um den Schuldigen zu bessern, so hat die Strafe ihn gebrandmarkt, er ist dem Miſstrauen ausgesetzt, gesellschaftlich gesunken (est déclassé) und darum gegen die Gesellschaft gereizt; endlich ist seine Familie, schlimm genug! des Ertrags seiner Arbeit während der Dauer seiner Strafe und oft darüber hinaus beraubt" — und Prins (Crim. et répr. p. 106): „Zu was Ende ohne zwingende Notwendigkeit einen Familienvater ins Gefängnis stecken, der Schande verfallen lassen, in den Augen seiner Arbeitsgenossen, seiner Frau, seiner Kinder herabsetzen? Heiſst das nicht gewissermaſsen diese Leute zur Verlassenheit, zur Schmach, zum Vagabundentum verurteilen? Heiſst es nicht dem vom Schicksal gewirkten Elend ein anderes hinzufügen, welches die Frucht der „Gerechtigkeit" ist? Heiſst es nicht endlich, den Übelthäter, dem man seine Ehre und seine Existenz raubt, den Einflüsterungen der Verzweiflung überlassen und Gefahr laufen, ihn unverbesserlich werden zu sehen?" [1]) Sehr energisch wies vor kurzem Prof. Berner (in einer Zuschrift an die National-

[1]) Derartige Äuſserungen auch sonst; z. B. sagt Fürst Krapotkin (der bekannte Anarchist): the wives and families of convicts often suffer greater punishment than their male relatives, by reason of the prolonged poverty and misery, insolved in their being deprived of their bread winners. Hence many of them are driven to prostitution and robbery; desgl. Tallack p. 62: the less depraved is worried by anxiety concerning the interests and support of his family, who are probably thrown upon charity for maintenance during his incarceration.

zeitung, 20./VI. 89) auf den Fall eines Selbstmordes eines jungen, wegen geringer uneinbringlicher Geldstrafe in Haft gewesenen Mannes als auf „ein Symptom für einen Krankheitszustand unseres Strafrechts" hin. Er wirft die Frage auf, „ob es sich verantworten läſst, die öffentliche Einsperrung, wie es täglich geschieht, wegen zahlreicher unbedeutender Verfehlungen aufzuerlegen, in welche jeder ehrenhafte Bürger verfallen kann. Jeder Mensch von gesundem Ehrgefühl empfindet die Freiheitsstrafe als eine Erniedrigung und Beschimpfung seiner Person, ist es gerecht gegen die Person und ist es der öffentlichen Wohlfahrt, welche zu ihrem Gedeihen eines allgemeinen, recht regen Ehrgefühls bedarf, nicht schnurstracks zuwider, eine solche Strafe wegen ganz unbedeutender Dinge aufzuerlegen?" Gewiſs heftet die Verurteilung zu Freiheitsstrafe noch in weiten Kreisen des Publikums oft zeitlebens einen Makel an, aber — auch dies ist eine schwere Schädigung — nicht mehr in allen: das gesunde Rechtsgefühl wird allmählich irregeleitet. Durch den Miſsbrauch kurzzeitiger Freiheitsstrafe ist (nach Krohne, Lehrbuch der Gefängniskunde, 1889, § 44) „in der Volksanschauung eine gefährliche Verwirrung der sittlichen Begriffe über die Auflehnung gegen die Rechtsordnung des Staates eingetreten. Das Volk miſst die Schwere des Verbrechens an der Strafe; wenn es nun den gemeinsten Diebstahl, den abgefeimtesten Betrug, Kuppelei, Sittlichkeitsverbrechen an Kindern mit derselben Strafe belegt sieht, wie eine Rauferei junger Leute auf dem Tanzboden, oder Übertretung der Jagdpolizei, wenn es die Hure und den Vagabunden mit dem Dienstmädchen, das die Gesindeordnung übertreten, und dem Kutscher, der zu schnell gefahren, oder dem Bäuerlein, das das Raupen unterlassen, in demselben Gefängnis, ja in demselben Raum eingesperrt sieht, so wird es unwillkürlich verleitet, alle diese Verbrechen und Personen auf gleiche Stufe zu stellen." [1]

[1]) Eine solche Gefahr der Schädigung der Rechtsanschauungen liegt

Hängen diese Nachteile mit der eigentlichen Vollziehungsart der Haft- und Gefängnisstrafe nur indirekt zusammen, so giebt es noch eine Reihe unmittelbar aus dieser resultierender und höchst schädlich wirkender Momente. Es gehört hierher die Verkehrung der Abschreckung geradezu in ihr Gegenteil, in eine gewisse Anziehungskraft; die Unthätigkeit und Faulenzerei, deren man sich dort erfreut; endlich die Angewöhnung an Genüsse, die man in der Freiheit nicht oder nicht halbwegs so mühelos hat. Zwar ist bis zu gewissem Grade eine bessere Ernährung, Kleidung, Wohnung der Sträflinge nötig, um sie das Gefängnisleben überdauern zu lassen; aber nur zu leicht *erscheint* das gegen den freien Arbeiter, wenigstens diesem selbst, ungerecht, zu leicht *wird* es auch wirklich ungerecht. Hören wir Tallack (a. a. O. S. 64), der sich auf seine ausgedehnte Erfahrung und wiederholte Erklärungen von Gefängnisbeamten berufen kann: „Wenn Delinquenten, namentlich jüngere, zum erstenmal in diese Mauern eintreten, werden sie von Furcht und Schrecken übermannt. Einige Tage, bisweilen selbst Wochen, halten diese Gefühle vor; dann greift allmählich eine Wandlung Platz. Sie beginnen, sich an die Tagesordnung zu gewöhnen, sie knüpfen Bekanntschaft mit ihren Haftgenossen an und gestehen, daſs im ganzen das Gefängnis nicht annähernd ein so schrecklicher Ort ist, wie sie es sich vorgestellt hatten. Im Gegenteil, sie finden, daſs es ihnen manche Annehmlichkeiten bietet, deren sie sich noch nie erfreut hatten. Der Schrecken ist verscheucht; und kommt der Tag der Entlassung,

---

namentlich auch in den für ein gesundes Gefühl unbegreiflichen milden Bestrafungen der Rückfälligkeit. In Frankreich ist die Verhandlung vor dem Strafrichter, wie es nach Planchert, bei Illing, Kriminalität in Preuſsen 1854—84 S. 92a Anm., fast scheinen könnte, einfach zur Posse herabgewürdigt, und nicht sehr viel besser schildert den lächerlich-pomphaften Aufwand von Scharfsinn und Mitteln, Apparat von Personen und Kräften bei der Verhandlung gegen einen Professionsdieb Edmund Benedikt, Aphorismen zum Strafrecht, Deutsche Wochenschrift 1884 Nr. 3 S. 9.

so ist ihre Furcht, das Gesetz zu brechen und sich seinen Strafen auszusetzen, nicht gröfser, sondern kleiner geworden, als zuvor." Die Frage bleibt noch kaum offen, ob das Gefängnis unter diesen Umständen nicht mehr Böses als Gutes, more harm than good, gestiftet habe. — Was die luxuriöse Beköstigung angeht, so können wir ja wohl lange nicht in dem Mafse über Verwöhnung klagen, als die Amerikaner,[1]) aber immerhin macht auch Bennecke (Festschrift S. 45) sich über „die Leckerbissen" lustig, „welche der sog. Wehlheidener Speisetarif den Zuchthäuslern in Preufsen gewährt", und desgleichen gesteht Illing,[2]) ein grofser Teil der Sträflinge finde in den Gefängnissen „ein Unterkommen und eine Verpflegung, wie sie ihnen in der Freiheit nicht zu teil wird". Er erwähnt dabei, was man ja sonst auch öfter hört, dafs gewisse Subjekte sich durch geringfügige Delikte absichtlich die Aufnahme in ein solches Versorgungshaus erzwingen; dafs sie mit der gröfsten Frechheit und komplettem Hohn „ins Vergnügen 'rin" gingen; dafs „ein nachhaltiger Eindruck" durch die kurzzeitige Freiheitsstrafe auf das Gros der Gefangenen nicht ausgeübt werden könne.

Zu dem schlimmsten, wundesten Punkte kommen wir aber jetzt erst, zu dem gegenseitigen Verkehr der Gemeinschaftshäftlinge untereinander. Was kann der Müfsiggang, dies dolce far niente, in dem man nicht zu arbeiten braucht, gefüttert wird und die amüsanteste Gesellschaft hat, anders bewirken,

---

[1]) Vgl. neben Aschrott, Aus dem Strafen- und Gefängniswesen Nordamerikas, Virchow-Holtz, Samml. gem.-wiss. Vortr. N. F. IV 76, die Äufserungen von Dr. F. H. Wines bei Tallack a. a. O. p. 82/83: The fare in some prisons is alarmingly good. At one jail he had found that, for breakfast, the inmates had beefsteaks, hot biscuits, butter, and, in general, a bill of fare that would do credit to an hotel. For dinner they often had pies, after a full list of substantials; and preserves were frequently given to the prisoners with their tea.

[2]) Sitzung der Bremer Versammlung des Vereins deutscher Strafanstaltsbeamten vom 17. IX. 1880. Ekert, Blätter für Gefängniskunde XV, 92.

als eben die Sucht, mit seinen eignen Schlechtigkeiten zu prahlen und die aufhorchenden Neulinge darin zu unterweisen. Man glaube nur nicht, dafs es ganz unmöglich sei, eine sorgfältige Erziehung in wenig Tagen mit den giftigsten Keimen zu durchsetzen und zu entkräften. Lessing in seinem Faustfragment läfst unter den Teufeln bekanntlich den als den schnellsten erscheinen, der dem Übergang vom Guten zum Bösen gleicht! Und wie viel Raum diese Kräfte zu ihrer Entfaltung haben, zeigt die Klage Schmölders [1]) über die kleinen Gefängnisse: „Selbst die beschränkte Trennung der einzelnen Gefangenen, des Nachts durch Schlafverschläge, des Tages durch Arbeit und Beaufsichtigung, ist hier fast durchweg nicht eingeführt. Arbeiten von geringem produktiven Wert, wie Tauzupfen, Federreifsen, liefsen sich auch hier stets beschaffen, und doch haben z. B. im Munizipalgefängnis zu Köln im Etatjahr 1885/86 5049 Gefangene, und zwar hauptsächlich Bettler, Landstreicher u. dgl., 29677 Tage ohne jede Beschäftigung, abgesehen von der geringen Hausarbeit, zugebracht. Dabei herrscht in diesen Anstalten vielfach eine wahrhaft erschreckende Überfüllung. In der Sitzung des Abgeordnetenhauses vom 4. Dezember 1882 wurde mitgeteilt, dafs die Belegschaft des gerichtlichen Gefängnisses zu Elbing, welches eine Belegfähigkeit von 94 Köpfen hatte, bis auf 220 Köpfe angewachsen sei. Von dem gerichtlichen Gefängnis zu Lyck wurde gleichzeitig die Belegfähigkeit auf 32, die Belegschaft auf 154 angegeben." Und in dieser „entsetzlichen Zusammenpferchung, wo Tag und Nacht jung und alt, ob sie die gemeinste oder verzeihlichste Übertretung begangen, in Müfsiggang und Schmutz, gelegentlich auch im Dunkeln eingesperrt sind", [2]) mufs ja auch das nicht räudige Schaf der Ansteckung mit Ungeziefer und Krankheit

[1]) Die Freiheitsstrafen und die Besserungstheorie, Preufs. Jahrbb. Bd. 58. Sep.-Abdr. Berlin 1889.

[2]) Jves Guyot, Révue Générale 1885.

und mit der schlimmsten sittlichen Fäulnis verfallen. „Übrigens genügt schon“ — wie Bérenger (B. S. G. VIII, 551) mit Recht bemerkt, und wie schon mancher Novellist zu schildern unternommen — „daſs den vorher Unbescholtenen ein schwacher Augenblick ein paar Tage lang hinter Schloſs und Riegel gebracht hat, daſs er, wieder in Freiheit, dem Geduztwerden, vielleicht den Angriffen der Elenden, die er dort getroffen, ausgesetzt ist“. Doch die meisten sinken auch selbst in sittlicher Beziehung; am nächsten liegt die Gefahr natürlich bei Jugendlichen, die trotz aller gesetzlichen Bestimmungen nicht immer gesondert gehalten werden, und jüngeren Personen überhaupt. Unzählige Schriftsteller, Gefängnisbeamte, Richter, Theoretiker, werden nicht müde zu berichten, zu schildern, psychologisch zu analysieren, wie der Neuling bald anders denken lernt, seiner Reue, des Hohns der ergrauten Verbrecher rechts und links von ihm sich schämt, allmählich hinhört, angereizt, gelockt wird, Gefallen findet, angeworben, gewonnen, angelernt wird, um endlich als hartgesottenes, ausgefeimtes, durch verbrecherische Verbindungen aller Art bereichertes Individuum das Gefängnis zu verlassen und später so gründlich verdorben und ausgeschämt in die Zellengefängnisse zu kommen, daſs an ihm auch die sorgfältigsten und eingehendsten Besserungsversuche scheitern.[1]) Aus der reichhaltigen Litteratur können natürlich nur wenige Proben gegeben werden. So schildert Alimena (Rivista Penale 1888, XXVII, 557) gleich zu Anfang seines „Kreuzzuges gegen die Freiheitsstrafen kurzer Dauer“ (crociata alle pene carcerarie brevi) einen Jüngling, „der, gewissermaſsen am Beginne seiner Lebenslaufbahn, ein Vergehen begangen hat und sich nun, nach Verlesung eines

[1]) Vgl. auſser vielen Äuſserungen auf dem Römerkongreſs, z. B. Garofalo, Correvon-Illing, Bl. f. Gef.-K. XV, 87 (Bremer Versammlung); Sichart, Rückfälligkeit und Bekämpfung S. 70, S 73; Mittelstädt, Gegen die Freiheitsstr. S. 68.

Urteils, das ihm vielleicht mehr Überraschung, als Schmerz entlockt, in ein Gefängnis eingeschlossen sieht. Und welche Genossen trifft er da an? Vielleicht die schlimmsten Verbrecher: freilich finden sich dort nicht die grofsen Missethäter vor, die berühmten Meuchelmörder, die gefeierten Strafsenräuber, aber dafür sind dort jene kleinen Delinquenten, die, wenn sie auch nur Körperverletzungen, Betrügereien, kleine Diebstähle begehen, doch vielfach rückfällig sind. Ich habe einige unter diesen kleinen Verbrechern getroffen, die, so blutjung sie waren, zum siebenten oder achten Male rückfällig waren. Und weiter, wie werden die Beziehungen zwischen den Novizen und Veteranen des Verbrechens sich gestalten? Es werden Verführungen jeder Art sein, Wetteifer in den häfslichsten Gemeinheiten, Geheimbündelei und Tyrannei, der die Neugekommenen zum Opfer fallen. Das Endergebnis wird die Verstockung und Verderbnis selbst des letzten Herzenswinkels sein, der noch ehrbar war. Der Mensch wird das Gefängnis, aus dem er schlechter herauskommt, nicht mehr los werden, er wird mit einem verhängnisvollen Heimweh daran gefesselt sein. Und wenn nun jenes Individuum, von der Gesellschaft schlechter gemacht, ein neues, ein schwereres Vergehen verübt, wird er nicht das Recht haben, zur Gesellschaft, die ihn anklagt, zu sagen, wie Kain bei Byron: Warum hast du mich nicht besser gemacht?" Und in noch viel grelleren Farben malt ein Émile Gautier[1]) (in Lacassagne und Garraud: Archives de l'Anthropologie criminelle et des Sciences Pénales, III, 1880, S. 417 ff., S. 541 ff.), der drei Jahre wegen politischer Verbrechen in den verschiedensten Gefängnissen zugebracht, das Leben, die elende Prahlerei mit nie begangenen

[1]) Er fafst sein Urteil schliefslich folgendermafsen zusammen: „En vérité, la prison, telle quelle est organisée, est un véritable cloaque épanchant dans la société un flot continu de purulences et de germes de contagion physiologiques et morales. Elle empoisonne, abrutit, déprime et corrompt. C'est à la fois une fabrique de phtisiques, de fous et de criminels."

Scheufslichkeiten, den auf stete Hintergehung aller Bewachung gegründeten Verkehr der Sträflinge; grausige Bilder enthüllt der Mörder Lacenaire in seiner Autobiographie. Aus dieser letzteren finden wir bei Lombroso(-Fränkel S. 425) folgenden Passus: „Was wird aus dem jungen Gefangenen, der zum ersten Male in diese unselige Gesellschaft verwiesen wird. Er hört die gräfsliche Sprache der Cartouche und der Poulailler, das Argot. Wehe ihm, wenn er sich nicht sofort ihnen gleichstellt und ihre Grundsätze und Sprache annimmt. Er würde nicht für würdig erachtet werden, an der Seite der „Freunde“ zu sitzen. Sein Widerspruch würde sogar auf die Wächter keinen Eindruck machen, die immer Partei für die Anführer nehmen, und hätte nur die Folge, den Kerkermeister zu erbosen, der gewöhnlich ein ehemaliger Zuchthäusler ist. Angesichts dieses Schmutzes in Worten und Wesen errötet der Unglückliche — es ist der letzte Rest von Schamgefühl und Unschuld, den er mitbrachte. Er bereut nun schon, nicht ebensoviel begangen zu haben, wie seine Mitbrüder, er fürchtet ihren Spott, ihre Verachtung — denn auch auf den Bänken der Galeeren kennt man Achtung und Mifsachtung und deshalb fühlen sich viele daselbst wohler, als in der Gesellschaft draufsen, wo man auf sie herabsieht, will doch niemand geringschätzig sich behandeln lassen. — Der junge Mann wird also, nach Anleitung der schönen Vorbilder, in wenigen Tagen ihre Sprache sprechen und nicht mehr für einen Einfaltspinsel gelten, — und dann werden auch die Freunde ihm die Hand reichen können, ohne sich etwas zu vergeben. Aber wohl zu merken! bis dahin ist es nur ein Anflug jugendlicher Eitelkeit, die sich schämt, für einen Neuling zu gelten. Die Neuerung besteht nur noch mehr in der Form als im Wesen; zwei bis drei Tage, in dieser Kotgrube verbracht, vermochten ihn doch nicht gänzlich zu verderben. Aber Geduld! Der erste Schritt ist gethan und man bleibt nicht auf halbem Wege stehen.“ Das sind nicht etwa fremde, entlegene Zustände, sondern nostra fabula narratur; und wenn die sittliche Pest auch nicht so offen wütet, wie Aschrott [1]) das für das England des 17. und 18. Jahrhunderts veranschaulicht, wo das Gefängnis der beliebteste Schlupfwinkel für zu hehlendes Gut war und der gaoler womöglich selbst an Diebstahl und Plünderung teilnahm, so gelten doch auch für uns noch die Worte des schlichten Jeremias Bentham: „Ein solches Gefängnis bildet eine Schule, wo das Laster mit Mitteln gelehrt wird, die ebenso wirksam als jene sind, welche man ehemals zur Übung der Tugenden und der guten Gefühle anwendete. Langeweile und Rachbegierde nähren die schlimmen Neigungen, und der Zweck aller Anstrengungen ist allein die Entwicklung des Lasters. Der am wenigsten Verhärtete sucht sich zur Höhe des Lasters des Verruchten hinaufzuschwingen; der Roheste teilt den andern seine Roheit mit, der Falscheste seine Verrätereien, der Unsittlichste seine Verdorbenheit. Was Herz und Gefühl am meisten besudelt, das wird als der einzige Trost der Verzweiflung am meisten hochgeschätzt. Durch gemeinsames Interesse verbunden, helfen die Verbrecher einander aus ihren Herzen jede Spur von Reue und Scham zu vertilgen. Auf den Trümmern der wahren Ehre bauen sie eine neue Art von Ruhm auf, in Meineid, Verstellungskunst, in Unverschämtheit im Ausüben des Verbrechens, in Gleichgültigkeit gegen die Zukunft und in Feindseligkeit gegen den Staat bestehend.“ Zu den lebendigsten Schilderungen gehört jene oft citierte von Krohne, [2]) wonach es zum „Durchschnittszustand der kleinen Gefängnisse in Deutschland“ gehört, daſs die Gefangenen in Tagelohn gehen, Tabak und Branntwein erbetteln oder stehlen, und daſs „dann abends in den gemeinschaftlichen Räumen Tabak

[1]) Strafen- und Gefängniswesen in England. Berlin-Leipzig, Guttentag, 1877. S. 72/3.

[2]) Denkschrift über die Organisation des Gefängniswesens mit besonderer Beziehung auf die kl. Gef. für Unters.- u. kurzz. Strafgefangene, 1868; vgl. v. Liszt Z IX 745; Illing S. 89.

geraucht, Karten gespielt, selbst Branntwein getrunken wird". Doch wir wollen nur noch die außerordentlich plastische Beschreibung jenes „schlimmsten Auswurfs, aus dem arbeitsscheuen Gesindel beiderlei Geschlechts, einer Gesellschaft, der es zur Begehung schwerer Strafthaten nur an der nötigen Energie fehlt, welche aber eine wahrhaft teuflische Freude daran hat, das Gift ihrer Gesinnungen in noch unverdorbene Gemüter zu träufeln",[1]) wie sie Herrmann v. Valentini (Das Verbrechertum im preußsischen Staate S. 169/171) giebt, anführen, möchten aber diese „Physiognomik" der Gerichtsgefängnisse in aller Breite hersetzen: „Nun denke man sich hier den erfahrenen und abgefeimten Dieb, der mit einem gewissen Selbstgefühl seine Vertrautheit mit seiner jetzigen Lage geltend zu machen und das Recht eines Seniors der Kunst und eines Stammgastes dieses Hauses auszubeuten versteht; der im stande ist, den Neulingen in sehr dankenswerter Weise Winke über den Aufseher und dessen Ehehälfte (und Berufshälfte) zu geben und außerdem dem aufmerkenden Auditorium wahrhaft staunenerregende Dinge von pfiffigen und verwegenen Unternehmungen und glücklichen Hindurchwindungen zu erzählen, der jede Anerkennung und jeden Beifall oder jede Verwunderung mit einer noch mehr herausfordernden Erzählung zu belohnen weiß: und diesem Subjekte gegenüber den jungen Burschen, der wegen einer Übertretung und zum erstenmal mit wenigen Tagen Gefängnis bestraft wurde. Verrät er Scheu, oder gar Widerwillen und Ekel vor solcher Genossenschaft, so wird er nun erst recht das Stichblatt allseitigen Spottes und Hohnes, und unfehlbar entzündet sich an seiner „Zimperlichkeit" ein wahrhafter Wettkampf in der Sucht, sich vollständig emanzipiert von solchen „Dummheiten" zu erweisen. Besitzt der Neuling dagegen schon Frechheit genug, unter Wölfen mit-

[1]) Schmölder, Amtsrichter, Die Freiheitsstrafen und die Besserungstheorie, Preuß. Jahrbücher Bd. 58. SA. Berlin 1889, S. 6.

heulen zu können, so setzt er auch einen Stolz darein, als ein „tüchtiger und vielversprechender“ Wolf angesehen zu werden, und wenn auch vielleicht noch mit innerlichem Grausen, so prahlt und renommiert er doch äufserlich, ohne eine Miene zu verziehen, in Gotteslästerungen und Verhöhnungen alles Ehrwürdigen und Heiligen mit den alten Bösewichten um die Wette. — Die Praktiken des Diebshandwerks, des Betruges und vor allen Dingen der Lüge sind das unerschöpfliche Thema, und die höchste Auszeichnung ist es, auf die alle andern neidisch und eifersüchtig sind, wenn der Senior einen Vielversprechenden ins Vertrauen zieht und ihm Aussicht eröffnet, nächstens mit ihm gemeinschaftlich „arbeiten“ zu dürfen. Natürlich wird auch dieser und jener Huldin Erwähnung gethan, die aber Ansprüche macht und den Lohn ihrer Zuneigung nur Zöglingen der Kunst spendet, die einen gewissen Ruf sich schon erworben haben. — So fehlt es in diesen Schulen an nichts; von Theorieen ist keine Rede, die Erfahrung ist Lehrmeister, die Aufmerksamkeit gespannt, der Lohn steht in Aussicht, und vor allen Dingen: draufsen in der andern Gesellschaft kümmert sich keiner um ein armes Subjekt, überall steht es im Wege, von allen Seiten wird ihm mifsliebig begegnet; hier winkt Freundschaft und Vertrauen, Liebe und Genufs, Anerkennung und Auszeichnung; — freilich auch die Strafe! Ei was Strafe, es ist bei uns nicht anders als in Nürnberg, und selbst schlimmsten Falls, was bedeutet das bischen Strafe, — „da darf sich ein tüchtiger Kerl nichts draus machen!“ Das ist die Tagesordnung, wie sie sich im Gefängnis für Männer einen Tag wie alle Tage abwickelt. Besser aus einer solchen Strafe entlassen zu werden, ist unmöglich; schlechter zu werden, ist unvermeidlich. Von Aufsicht, wenn nur die Thür verschlossen ist, von geregelter Arbeit, von Schule, von Seelsorge u. s. w. ist nicht die Rede; alle 14 Tage, überall nicht das einmal, ist gemeinschaftlicher Gottesdienst, und unmittelbar nach demselben wird der Geistliche und die Predigt erbarmungslos vorgenommen. Die zweite derartige Strafe, die dritte und vierte wird verhängt, jedesmal das Gefängnis mit mehr Zuversicht betreten; man ist schon eine Persönlichkeit von Bedeutung, die des Effektes sich bewufst ist, den ihr Erscheinen hervorbringen mufs; man hat schon etwas erlebt, weifs zu erzählen, hat schon einen Namen sich erworben: und so benimmt die geschmeichelte Eitelkeit der Strafe ein gut Teil von ihren sonstigen Unannehmlichkeiten. — Ein Glück ist es, dafs diese Subjekte von der doktrinären Strafrechtstheorie keine Ahnung haben: „durch das Erleiden der Strafe wird das Unrecht gesühnt, das Recht wiederhergestellt"; es müfste ihnen das ein unerschöpfliches Thema für ihren Spott und ein unbezwinglicher Reiz für ihre Lachmuskeln sein."

Indem wir damit das, was über das innere Gefängnisleben gesagt werden kann, im wesentlichen abbrechen, wollen wir nur noch die dort verübten unnatürlichen Unsittlichkeiten eben streifen [1]) und kurz die Weiberstrafanstalten berühren, um deren sittliche Atmosphäre es noch schlimmer steht. Illing (Kriminalität in Preufsen S. 86), indem er über den Rückgang der Moral in den unteren Volksklassen überhaupt spricht und denselben mit mehrfachen Beispielen belegt, führt u. a. die Aufserung eines Strafanstaltsdirektors an: „Drei schamlose

[1]) Vgl. die Schilderung der Common Dormitories in European and other Prisons bei Tallack, Penological and Preventive Principles, p. 103: er spricht von „nocturnal overcrowding", „where the prisoners have abundant opportunity at night of corrupting association". Ebendas., p. 55, bemerkt Krapotkin über die long-term military prisoners at Clairvaux: „that in consequence of their bestial vices in confinement their quarter has so bad a reputation that the rains of brimstone, which destroyed the two Biblical towns, are invoked upon it by the administration." Nicht anders die unfortunate lads at Lyons: „the warders and the priests are unanimous in saying that the only desire which, day and night, haunts these young people, is that of satisfying the most abject passions. In the dormitories, in the church, in the yard, they are always perpetrating the same shameful deeds."

Weiber in Gemeinschaft, auch unter beständiger Aufsicht, heifst die Schamlosigkeit in den Kubus erheben“, und erwähnt, dafs in Delitzsch nach dem Berichte des Strafanstaltsarztes unter den seit dem Bestehen der Anstalt neu eingelieferten 755 Unverehelichten nur zwei jungfräuliche waren, und bei diesen schon die körperliche Beschaffenheit den Beischlaf ausschlofs. Das ist ein beredter Kommentar zu dem von v. Valentini a. a. O. entworfenen Bilde: „Ist es bei den Männern die Schlechtigkeit, so ist es hier die Gemeinheit, die unbeschreibliche Gemeinheit, welche die Herrschaft führt. Hier wird nicht von Diebstahl und Pfiffigkeit, hier wird lediglich von Unflätigkeit gesprochen, und diejenige ist die geehrteste, die am meisten darin zu leisten versteht. Es ist nicht möglich niederzuschreiben, was hier erzählt, was hier verübt wird; aber aus den amtlichen Akten ist es nachzuweisen. — Zu Kupplerinnen und zu Dirnen, denen auf der Strafse jedes ehrbare Mädchen zehn Schritt aus dem Wege geht, wird auch hier, wie es kommt, jeder Zuwachs eingesperrt: „'s ist lauter schlechtes Volk!“ meint der Schliefser. Man denke sich die Wut dieser Megären, wenn ein „junges Ding“ sie verachten wollte, und male sich aus, was diese bei der erzwungenen Genossenschaft zu leiden haben würde. Klage führen? Bei dem Schliefser? Bei dem Gerichtsvorstand? Und wenn auch — es sind fünf, sechs Zeugen gegen eine Klägerin. Nein, es hilft nichts als aushalten — und zuletzt gewöhnt sich das Ohr an den Schmutz, den es vernimmt, das Erröten wird seltener, es kommt schon zu einem Lächeln u. s. w. Ich will den Vorhang nicht heben, der diese Höhlen der Verderbnis verhüllt. Glaube man mir, der ich es in den Strafanstalten für Männer und für Weiber immerdar für meine Aufgabe gehalten habe, den Lebenslauf der Neueingelieferten rückwärts zu verfolgen, glaube man mir aufs Wort: dafs die Gefangenen, und zwar besonders die weiblichen, die Miasmen der Gerichtsgefängnisse nie los werden. Es ist ja das auch einleuchtend. Manch junges Blut kann zu einer Gefängnisstrafe verurteilt werden und doch noch unverdorben sein. Im Weibergefängnisse aber geht die Schamhaftigkeit verloren — und ist diese dahin, so ist auch das Weib verloren. Unzählige sind im Gefängnis für die Prostitution angeworben!"

Dies Antlitz und immer dieses von neuem wendet uns das Gefängnis zu, in dem die kurzzeitige Freiheitsstrafe verbüfst wird. Aber fiele auch das Schlimmste, die Gemeinschaftshaft, weg — wir sahen schon oben die Undurchführbarkeit einer auf das (einzig mögliche) Abschreckungssystem gebauten Einzelhaft. Für alle jene Mittel aber, wie sie als Dunkelarrest und weiteste Anwendung disziplinärer Prügelstrafe Schmölder empfiehlt, oder durch die nach Mittelstädt die Freiheitsstrafe in die strenge, erbarmungslose Herrschaft der Entbehrungen, Duldungen und Schmerzen hineingestellt werden soll, oder unter denen Strosser [1]) Arrest bei Wasser und Brot ohne Bett bis zu 30 Tagen Dauer anpreist, — für sie alle vermag sich die Jetztzeit nur unter grofsem Vorbehalt zu begeistern; und wenn Tallack als Hauptfunktion der Zelle Abschreckung mit der kleinstmöglichen Gefahr fernerer Korruption (deterrence, with the least danger of further corruption) ansieht, so kann sie das bei der kurzzeitigen Freiheitsstrafe „in einer in unserm Zeitalter allein möglichen Art der Vollstreckung" doch nicht erreichen. „Denn — ohne an übertriebener Humanität zu kranken —" so sagt Amtsrichter Simon-Luckenwalde in dem schon erwähnten Artikel (National-Z. 31/VIII 1889), „kann man doch unsere Strafgefängnisse nicht zu solchen Marteranstalten machen, dafs der Schrecken vor ihnen für den besserungsunfähigen Verbrecher ein so grofser ist, um auszureichen, in dem Missethäter den Drang zur Übertretung der Rechtsordnung zu unterdrücken. Und dies um so weniger, wenn er weifs, eine wie kurze Strafe er voraussichtlich

---

[1]) Blätter für Gefängniskunde XXI, 145.

zu erwarten hat. Dazu kommt als besonders wichtiges Moment, dass die bei weitem überwiegende Mehrzahl dieser Strafen nicht in den grofsen Städten verbüfst wird, welche über mit einer vollendeten Arbeitsorganisation ausgerüstete Strafanstalten verfügen."

Bevor wir jedoch das letzte Wort, das nicht mehr zweifelhaft sein kann, aussprechen, sei uns gestattet, noch in einem letzten Rückblick die Gewifsheit zu bestärken, dafs wir es hier mit einem nicht ausnahmsweise, sondern der Regel nach zur Erscheinung kommenden Übel, und ferner einem Übel, über das die Stimmen aller Völker klagen, mit einer brennenden internationalen Frage zu thun haben, — und zwar durch eine Blütenlese aus dem auf diesen Seiten bereits mehrfach zitierten Album des Römerkongresses, aus den „Pensées et Maximes sur la Réforme Pénitentiaire, recueillies à l'occasion du Congrès du Rome," enthalten in den Actes du Congrès, t. IIIième, I[ière] partie, p. p. 641—754.

Alexandre Lacassagne (Prof. der gerichtlichen Medizin in Lyon):

„A notre époque la justice flétrit, la prison corrompt, et les sociétés ont les criminels, qu'elles méritent." — „In unserm Zeitalter brandmarkt die Strafjustiz, korrumpiert das Gefängnis, und die Gesellschaft hat diejenigen Verbrecher, die sie verdient."

Jean Berthoud, Neuchâtel (Gerichtspräsident, Mitgl. des Schweizer Bundesr. u. der Komm. zur Gefängnisüberw.):

„Die Verminderung des Pauperismus kann nur in den Staaten erreicht werden, in welchen auf vernunftgemäfsen Grundlagen errichtete Strafanstalten bestehen, welche der Gesellschaft Personen, geeignet, sich ihr täglich Brot zu verdienen, wiedergeben, statt der Schmarotzer, welche jene ihnen schickt."

J. Stevens (Gefängnisdirektor in St.-Gilles):

„Die Gemeinschaftshaft, unter welchem Namen sie auch

auftrete, macht die Korruption der Verurteilten **vollständig.** Sie ist unverträglich mit ihrer Bekehrung und schliefst jede Besserungshoffnung aus."

Cesare Lombroso, Turin (Prof. der Gerichtl. Medizin und Psychiatrie):

„Der Schutz der Gesellschaft und die sogenannte menschliche Gerechtigkeit werden nie ihr Ziel erreichen, wenn nicht lebenslängliche Einsperrung der unverbesserlichen Verbrecher an die Stelle der kurzen Strafen tritt, welche jetzt im Schwange sind."

Adolphe Prins, Brüssel (Prof. des Strafr., Inspecteur général des prisons de Belgique):

„Le régime pénitentiaire idéal devrait, pour employer une comparaison familière, ressembler à une sorte de tamis qui laisserait peu à peu, grâce à un triage méthodique et méticuleux, échapper les corrigibles, mais conserverait inexorablement les incurables du crime."

„Das Ideal einer Gefängnisverwaltung müfste einer Art Sieb gleichen, das, dank einer gewissenhaften und minutiösen Auswahl, die Besserungsfähigen allmählich entschlüpfen liefse, aber unerbittlich die vom Verbrechen nicht zu Heilenden festhielte."

Jules Lalou, Frankreich (ehemals président du Conseil des inspecteurs généraux des prisons):

„Im allgemeinen bewirken die Gefängnisse weder Besserung noch Einschüchterung, noch Züchtigung."

E. Laurillard, Amsterdam (Dr. theol., Sekretär der Niederl. Gesellsch. zur sittl. Besserung der Sträflinge):

„Die Gemeinschaftshaft wird bessern können, wenn man mit Schwarz wird weifs färben können."

Eugen v. Jagemann, Baden (Dr. jur., Ministerialrat in Karlsruhe):

„Principiis obsta! Dies heifst für die Gefängnisreform, dafs man für die Verbesserung der kleinen Gefängnisse, wo die ersten Strafen meist erstanden werden, und für gute, den Jugendlichen bestimmte Anstalten besonders besorgt sein müsse.

Eine Reform, welche sich nur den Zentralstrafanstalten zuwendet, baut ein Dach ohne Haus."

Willeumer, Amsterdam (Mitgl. der Gef.-Verw.-Komm., Mitgl. des Zentralausschusses der Gesellsch. f. Bess. d. Sträfl.):

„Der Staat hat das Recht zu strafen, aber nicht, eine Strafe aufzuerlegen, welche die sittliche Besserung des Verbrechers unmöglich, oder auch nur schwierig macht. Die Übelthäter zusammensperren, heifst eine Schule des Verbrechens gründen."

Schœlcher, Victor, Paris (Sénateur):

„Le régime de l'emprisonnement en commun des condamnés a fait de tout temps et de tout pays des prisons de véritables écoles des criminels."

Richard Petersen, Christiania (Gefängnisdirektor):

„Können wir die Gefangenen nicht bessern, so müssen wir uns hüten, sie zu verschlechtern."

Petro Armengol y Cornet, Barcelona (rapporteur au tribunal, Mitgl. u. Gründer vieler Gesellsch.):

„Cado joven que se reforma, es una generacion que se salva."

„Einen Jugendlichen bessern, heifst eine Generation retten."

Lefèvre Pontalis, Paris (ancien député du département d'Eure et Loir):

„Gelingt es der Gesellschaft nicht, die Schuldigen zu bessern, so hat sie wenigstens die Pflicht gehabt, sie nicht zu verderben. Die Gemeinschaft ist eine Schule der Depravation, aus welcher der Verbrecher gefährlicher herauskommt, als er hineinging; sie begünstigt die Rückfälle, sie stellt gewissermaſsen ein dauerndes Band zwischen den Übelthätern her.“

J. Domela Nieuwenhuis, Groningen (Professor des Rechts): „Das Zusammenleben im Gefängnis hat zum Erfolg, daſs es die wechselseitige Korruption der Sträflinge herbeiführt, durch Ansteckung, Unterdrückung des Schamgefühls oder durch die Bande, die sich meistens nur für das Laster schlingen. Folglich ist vorzuziehen, wenigstens die leichten Vergehen, nicht mit solcher Strafe zu ahnden; folglich ist es ungerecht, beim Rückfall die Strafe zu schärfen. Will man die Schuldigen abschrecken, so bedarf es einer wirksameren Strafe; will man sie bessern, so sorge man, daſs die Strafe sie nicht deterioriere.“

Ziehen wir aus allem bisher Gesagten einen Schluſs, so kann der nur lauten: in keiner Gestalt und Einkleidung, in keiner Form und Vollzugsart taugt die kurzzeitige Freiheitsstrafe etwas; sie ist nur Lückenbüſser. Dies sagt Professor Rudolf Heinze, Heidelberg, in seinem Beitrag zum Album des Römerkongresses mit den Worten: „Die Freiheitsstrafe in Gestalt der Einsperrung ist weit davon entfernt, eine dem Wesen der Strafe vollkommen entsprechende Maſsregel zu sein. Ihre Beibehaltung ist nur gerechtfertigt durch den dermaligen Mangel eines geeigneten Strafmittels.“ Soll dem Lückenbüſser sein privilegium odiosum erhalten bleiben? Sollen wir das Unzureichende kurzzeitiger Freiheitsstrafen zugeben, aber vor den Schwierigkeiten anderweit vorgeschlagener Mittel zurückschrecken, ja, ziemlich von oben herab, dieselben für unübersteigbar halten;[1]) sollen wir von allen Schädlichkeiten überzeugt sein, aber mit mitleidigem Achselzucken, ohne uns weiter mit Begründungen zu bemühen, dies Urteil fällen: „Leider würden die empfohlenen Mittel nur das Übel verschlimmern“ —,[2])

[1]) so Foinitzky, Actes du Congrès t. I p. 188.

[2]) Dreyfus, Actes du Congrès t. I p. 187.

„Malheureusement, les remèdes proposés ne feraient qu'aggraver le mal" —; sollen wir uns ein solches testimonium paupertatis ausstellen lassen, sollen wir uns noch ferner sagen lassen[1]): „Le maintien du système actuel n'est qu'un avec d'impuissance à resoudre le problème" — „Die Aufrechthaltung des herrschenden Systems ist nur ein Geständnis der Ohnmacht, das Problem zu lösen"? Ich glaube nicht. „Es giebt Mittel, etwas anderes zu finden; es giebt Mittel, bis zu einer gewissen Grenze die Ideen eines Bentham und Spencer zu verwirklichen, von der Notwendigkeit, den physischen Zwang des Gefängnisses zu Gunsten des Zwanges durch Geldbuſse und Arbeit zu vermindern." [2]) Gestehen wir mit Ribot[3]) ein, daſs es in unsern Augen nichts Barbarischeres gebe, als den Miſsbrauch kurzer Freiheitsstrafe, so werden wir auch weiter mit ihm der Ansicht sein müssen, daſs der Richter die Machtvollkommenheit haben solle, etwas anderes, einige Tage Arbeitsleistung oder „je nach der Natur der Umstände einen einfachen Verweis", zu substituieren. „Man wird in Zukunft erstaunt sein, daſs eine so einfache und notwendige Reform Gegenstand langwährender Diskussion sein konnte." Und können wir uns mit den Ersatzmitteln erst nach genauer Prüfung befreunden, die Notwendigkeit, an sie zu denken, für den Regelfall zu denken, und zwar an solche Strafen, die für den Verurteilten, seine Familie, die Gesellschaft weniger drückend und weniger gefährlich sind, steht über jeden Zweifel erhaben fest.

---

[1]) Reybert, Bull. Soc. Gén. X, 1091.

[2]) Prins, Crim. et répr. p. 106.

[3]) Alb. Röm. Kongr. a. a. O. 704; vgl. v. Holtzend., Gerichtssaal XXXIX, 24.

III. Ersatzmittel.

Ohne in eine — übrigens aussichtslose — Erörterung der Frage einzutreten, ob unter „kurzzeitiger Freiheitsstrafe“ für unsern Zweck richtiger eine solche von sechs Wochen oder von acht Wochen oder von drei Monaten oder noch ein anderes Maſs verstanden werde, und demnach das Minimum überhaupt zulässiger Einsperrung legislatorisch so oder so festzusetzen sei, vielmehr zufrieden mit dem wichtigen Resultat, daſs eine Beseitigung kurzer Inhaftierung überhaupt dringend not thue und um so mehr gefordert werden müsse, je geringere Zeit die Freiheitsstrafe dauere, wenden wir uns dem wichtigsten Teil unserer Arbeit zu: der Betrachtung der mannigfaltigen Maſsregeln zur Abhilfe, wie sie Theorie und Praxis, Wissenschaft und Gesetzgebung uns an die Hand geben. Die Nomenklatur der häufigst befürworteten Ersatzmittel lautet in bekannter Reihenfolge: Bedingte Verurteilung — Handarbeitsstrafe — Verweis — Hausarrest — Friedensbürgschaft. Indem wir diese Aufzählung durch Heranziehen einiger minder bekannter Substitutionen und Scheidung anderer hier zusammengefaſster erweitern, können wir folgende Übersicht eines Ersatzmittelsystems geben:

I. Direkter Ersatz kurzzeitiger Freiheitsstrafen:

Pardon, im französischen Recht, —

Discharge, in einigen Rechten der englischen Gruppe, —

Verweis, in zwei von Alimena unterschiedenen Gruppen, —
Aufprobestellung, Probation, des amerikanisch-englischen Rechts, —
Aussetzung der Strafvollstreckung (so v. Liszt), Sursis à l'exécution, belgisch-französischen Ursprungs, —
Friedensbürgschaft, in Verbindung mit anderen Mitteln, —
Hausarrest (österreichisch, italienisch), —
Freiheitsbeschränkungen anderer Art, wie Eingrenzung, Wirtshausverbot, Trinkverbot, namentlich in Schweizer Rechten, —
Körperliche Züchtigung (besonders England: Whipping).

II. Beschränkung des Gebietes kurzzeitiger Freiheitsstrafen durch
Geldstrafe in ausgedehnterer Anwendung direkt,
Strafarbeit ohne Einsperrung indirekt und subsidiär.

A. Formen der Straflosigkeit.

Von den Äufserungen, die uns bei deutschen und ausländischen Praktikern wie Theoretikern mehrfach aufstiefsen, dafs es oftmals besser sei, den Neuling im Verbrechen ganz los zu lassen, als ihn ein paar Tage einzusperren, und dafs der Richter, den das Gesetz zur Anwendung kurzer Freiheitsstrafe zwinge, unter dem drückenden Gefühl handle, einen Menschen vielleicht gesellschaftlich wie sittlich zu ruinieren, von solchen Klagen ist nur noch ein Schritt zur thatsächlichen Straflosigkeit eines Schuldigen. Diese kommt zunächst in der Weise vor, dafs eine Anklage überhaupt nicht erhoben wird, und dafs bei Übertretungen der Polizeibeamte den Sünder einmal oder auch einige Male zur Abstellung der Ungehörigkeiten auffordert oder wegen der Zuwiderhandlungen verwarnt, ehe er ihn „aufschreibt", bei Vergehen dagegen der Staatsanwalt, wenn das öffentliche Interesse eine schärfere Ahndung gerade nicht erfordert, den Betreffenden sich zitiert und ihn für diesmal mit einer Rüge davon kommen läfst. Das erstere ist auch bei uns wohl oft genug der Fall, das zweite ist nach dem Zeugnis mehrerer Schriftsteller in der französischen Praxis im Gebrauch und gilt dort vom Standpunkt des geltenden Rechts auch als erlaubt. Bonneville de Marsangy in seinem berühmten, noch vielfach anzuführenden Werke: De l'amélioration de la loi criminelle, en vue d'une justice plus prompte, plus efficace, plus généreuse et plus moralisante (Paris, Cosse et Marchal, 1864) tritt für eine Erweiterung dieser Mafsregel zur Unterdrückung des noch nicht vollendeten Deliktes ein. Er wünscht eine „Ausdehnung der Rechtspolizei im präventiven Sinne", indem bei gewissen, noch in Anfangsstadien befindlichen Verbrechenshandlungen der Staatsanwalt dem angehenden Übelthäter, dem méchant commencé, eine Verwarnung zukommen läfst; seine Hoffnung auf einen heilsamen Schrecken und Verhütungserfolg begründet er durch praktische Erfahrungen. Dagegen bringt mit vollem Recht von Holtzendorff in seiner bekannten Besprechung der Bonnevilleschen Strafrechtsreformvorschläge [1]) zwei Einwendungen vor: einmal sei „grundsätzlich zu erwägen, dafs dabei dem subjektiven Ermessen des Beamten ein grofser (— sagen wir ruhig: ein gefährlich grofser —) Spielraum gewährt werden müsse, und dafs es sich um einen Eingriff in die freie sittliche Sphäre handele", sodann dafs „die Besorgnis des Mifsbrauchs schon hinreichen dürfte, um den Verwarnungen den starken Rückhalt moralischer Autorität zu entziehen". So meint von Holtzendorff zwar, dafs eine solche „staatsanwaltschaftliche Rügejustiz" bei uns wenig Anklang finden würde, aber er weist sie doch nicht energisch genug

---

) Allg. d. StrRZ. 1864, 642—658.

zurück, wenn er eine Gestaltung als allenfalls zulässig ansieht, bei der jene diskretionäre Gewalt dem Untersuchungsrichter zusteht, und nicht die bloſse Vermutung rechtswidriger Absicht, sondern das Vorhandensein von Vorbereitungshandlungen die Basis abgiebt; denn auch hier ist der Vorwurf eines unstatthaften Sich-eindrängens, einer unerträglichen Bevormundung vollkommen gerechtfertigt und würde peinlichen Miſsverständnissen und Miſshelligkeiten Thor und Thür öffnen.

Doch wenden wir uns jenen Fällen zu, wo sich ein Strafrichter mit der Sache befaſst, so kommt auch hier nach einigen Geständnissen in der Litteratur vereinzelt der Fall vor, daſs der Richter trotz völlig erwiesener Schuld den Thäter lieber freispricht, als ihn mit einer verhängnisvollen, wenn auch noch so geringfügigen Strafe belegt. Logisch ist dieser Schritt allgemein zu rechtfertigen. Denn da das Gefängnis nichts Gutes ist, so muſs es unterdrückt werden in allen Fällen, wo die Freiheit des Schuldigen nicht für die öffentliche Sicherheit gefahrdrohend ist; dies ist aber fast nie der Fall, wo die gesetzliche Strafe nur nach Tagen und Wochen zählt.[1]) Hier erhellt oft genug überhaupt nicht die Notwendigkeit einer Bestrafung, und bisweilen nimmt sogar das Gesetz Rücksicht darauf. So ordnet das Österreichische Strafgesetz (1852) §. 414 für eine erstmalige Miſshandlung (die einen Schaden am Körper nach sich zieht, s. §. 413) der Kinder durch die Eltern keine Strafe an, sondern die Eltern sind „vor Gericht zu berufen, und ist ihnen der Miſsbrauch der Gewalt und die gegen die Natur laufende Lieblosigkeit ihres Betragens mit Ernst und Nachdruck vorzuhalten“. Hier liegt in dem Vorhalt freilich eine Art von Strafe, aber ein solcher wird praktisch wohl immer, auch ohne ausdrückliche gesetzliche Bestimmung sich zu der Strafloserklärung hinzugesellen. Wird diese „Verzeihung“ vom Gesetz nun

---

[1]) so Michaux, BSG. X, 259.

sanktioniert, so haben wir es mit dem als Pardon von Michaux und Labroquère[1]) anempfohlenen Ersatzmittel zu thun. Auch vor ihren Vorschlägen haben mehrere Gesetzgebungen den Richter in dieser Hinsicht autorisiert. Michaux führt Athen, Theben, Rom an; durchaus irrtümlich sind seine Analoge aus deutschem (Wergeld) und skandinavischem (siælfdæmi) Recht; dagegen kann er sich mit Fug und Recht und viel Gewicht auf das altfranzösische Pardon-Gesetz berufen, obwohl es der prinzipiellen Verschiedenheit von seiner Proposition genug hat. Es steht nämlich nach einer Ordonnance des Jahres 1670 dem Herrscher das Recht zu, jede strafrechtliche Verfolgung zu hemmen, vor dem Urteilsspruch Verzeihung eintreten zu lassen. Aber diese Maſsregel, die also als gesetzlich geregelte Abolition zu bezeichnen ist, wurde in praxi nur auf die durch Geburt höher Bevorrechteten angewendet und sank so zu einem privilège de caste herab, das nur Ungerechtigkeiten legalisierte. Deshalb fiel diese alte Loi du Pardon 1789 der Revolution zum Opfer und wurde erst bei der Suche nach Ersatzmitteln der kurzzeitigen Freiheitsstrafe hervorgeholt, um, in den edlen Dienst der Gleichheit gestellt, eine nachsichtige Beurteilung der menschlichen Schwäche anzubahnen und möglich zu machen. (Vgl. Labroquère a. a. O.) Wie angedeutet, legte 1885 Michaux nebst andern Senatoren dem Senate einen Gesetzentwurf vor, den wir weiterhin noch mehr werden erwähnen müssen und dessen erster, auf unser augenblicklich besprochenes Thema bezüglicher Artikel so lautete:

Article premier. — Dans le cas où le prévenu n'a pas encore subi de condamnation, et où les peines sont, soit l'emprisonnement, soit l'amende, si les circonstances paraissent atténuantes, les tribunaux correctionnels[2]) sont autorisés, après avoir constaté l'existence du délit, à pro-

---

[1]) 1885 (Bull. X, 259) und 1887 (Bull. XII, 60 f.).

[2]) desgl. nach Art. 3 die tribunaux de simple police.

noncer le pardon du prévenu, et à le renvoyer de la poursuite.

Le prévenu pardonné pourra être condamné aux frais.

(Im Falle der Beschuldigte noch keine Verurteilung erlitten hat und die Strafe entweder Gefängnis oder Geldstrafe ist, werden die Zuchtpolizeigerichte, wenn mildernde Umstände vorliegen, ermächtigt, nach Feststellung des Vorhandenseins einer strafbaren Handlung die Verzeihung gegenüber dem Beschuldigten auszusprechen und ihn aufser Verfolgung zu setzen. Trotz der Verzeihung kann der Beschuldigte in die Kosten verurteilt werden.)

Diesen Vorschlägen schliefst sich zwei Jahre später Labroquère (a. a. O.) vollinhaltlich an: er verlangt bei einer solchen Vergünstigung indessen eine ins einzelne gehende Erwägung und eine mit Gründen versehene Entscheidung (délibération spéciale, décision motivée); auch er läfst eine Verurteilung des Straffreierklärten zu Kosten, sowie zu Schadensersatz zu.

In den Begründungen wird u. a. folgendes angeführt: es wird hingewiesen auf die Rolle der Verzeihung im gewöhnlichen Leben, in der Familie, wo der Vater oft genug verzeiht, ehe er straft, es wird gefragt, ob die Strenge, mit welcher die Gesellschaft jeden Schuldigen, der vor dem Richter erscheint, züchtigt, wirklich noch Gerechtigkeit sei. Eine grofse Rolle spielt ferner die Ähnlichkeit mit der Freisprechung in den Motiven, die gute, heilsame, läuternde Wirkung des acquittement wird stark betont. Man führt die Worte eines M. Béranger de la Drôme[1]) an: selten sehe man einen einmal freigesprochenen Menschen nochmals vor Gericht erscheinen. „Wenn trotz seiner Schuld, dank der Schwäche der Indizien, die Ver-

[1]) Président de chambre à la Cour de cassation, — rapport à l'Académie des sciences morales et politiques.

teidigung siegreich aus den Debatten hervorgeht, so wird die erhaltene Lehre ihm doch für alle Zukunft von Nutzen sein; es wird genügen, daſs er sich diese wieder vergegenwärtigt, um den Versuchungen, die sie notwendig gemacht haben, zu widerstehen.“ Dieselbe Wirkung sei vom Pardon zu erwarten,[1]) der eine energische und erfolgreiche Einwirkung auf eine unverdorbene Seele darstellen könne. „Er schafft für den Schuldigen eine Pflicht der Dankbarkeit gegen die Gesellschaft, welche ihm Gnade erwiesen. Zudem schützt die Erinnerung an das, was er gelitten, ihn vor einem neuen Fall: er hat den Abgrund zu sehr aus der Nähe gesehen, um nicht mit Schrecken von ihm zu fliehen. Ein zwiefaches Gefühl, der Erkenntlichkeit und der Furcht, hält ihn auf dem rechten Wege und hindert ihn sich zu verirren.“ — Endlich wird für den Pardon, wie auch für den Verweis oder ganz allgemein für mildere Strafminima (vgl. schon oben S. 50) ein formaler Grund aus der Forderung der Ebenmäſsigkeit des Strafsystems abgeleitet. Wenn der Code pénal den Richter ermächtige, beim Rückfall bis zur doppelten Höhe des Maximums mit der Strafe zu gehen, so müſste er auch im Falle des ersten Fehltritts eine Erniedrigung unter das Mindestmaſs gestatten; unter Geldstrafe und Gefängnis gebe es aber nur Freisprechung oder Verzeihung.[2])

Das Schicksal des Michaux'schen Vorschlags blieb einige Jahre im Dunkeln: er schien im Schoſse der Kommission zur Beratung eines neuen Code pénal verschwunden zu sein. Von dort ist er jetzt wieder aufgetaucht und in den (noch nicht veröffentlichten) französischen Strafgesetzentwurf von 1890 über-

---

[1]) Tandis qu'un châtiment minime l'eût peut-être perdu à jamais, il est réellement sauvé par l'indulgence. — Labroquère.

[2]) “Ainsi la loi aurait des mesures égales de sévérité et d'indulgence: la surélévation de la peine contre le récidiviste aurait son contrepoids dans le surabaissement en faveur de délinquant primaire.“ (Raoul Lajoye, La loi du pardon.)

gegangen. Der auf der Brüsseler Versammlung der Internationalen kriminalistischen Vereinigung mitgeteilte Wortlaut des Chap. VI. §. 1. Du pardon lautet folgendermaſsen:[1])

Article 66. — Dans tous les cas où, soit en vertu des dispositions de la loi pénale, soit par suite de la déclaration de circonstances atténuantes, le juge serait autorisé à n'appliquer qu'une amende, il pourra, si le prévenu n'a pas encore été condamné pour crime ou délit, ne pas prononcer de condamnation.

Il avertira le prévenu qu'en cas de nouvelle infraction il ne devra plus compter sur l'immunité pénale. Le prévenu absous sera condamné aux dépens et, s'il y a lieu, à tous les dommages-intérêts au profit de la partie civile.

(Artikel 66. — In allen Fällen, in denen der Richter entweder kraft der Bestimmungen des Strafgesetzes oder zufolge der Erklärung mildernder Umstände ermächtigt wäre, nur eine Geldbuſse anzuwenden, steht es demselben, falls der Beschuldigte noch nicht wegen Verbrechens oder Vergehens bestraft worden ist, frei, keine Verurteilung auszusprechen.

Er hat in diesem Fall den Beschuldigten davon in Kenntnis zu setzen, daſs er im Fall einer neuen Verurteilung nicht mehr auf Straflosigkeit zu rechnen haben werde. Der losgesprochene Beschuldigte ist zu den Kosten und, wenn Grund vorhanden, zu allen Schadensersatzforderungen zu verurteilen, die an den zivilen Gegner zu leisten sind.)

Wir werden uns diesem Mittel des pardon gegenüber ziemlich kritisch verhalten dürfen. Denn ganz abgesehen davon, daſs uns die Vergeltungstheorie doch noch zu tief in Fleisch

---

[1]) **Mitteilungen, Heft 3 p. 155.**

und Blut steckt, ist die völlige Straflosigkeit eines Schuldigen immerhin ein mifsliches, selbst ein gefährliches Ding. Die Nachsicht des Gesetzes wirklich dem, der sie verdient, zukommen zu lassen, erfordert eine schier übermenschliche Menschenkenntnis; der durch Verleihung der Vergünstigung an einen Unwürdigen etwa gemachte Fehler ist nicht mehr zu widerrufen. Und während vielleicht so der Schuldige triumphiert, mufs das Opfer seiner Bosheit seinen Schaden selber tragen? Die Gefahr liegt nahe, dafs seine Rachsucht entflammt wird, und er mit Gewalt sich nimmt, was er gutwillig nicht bekommt, die in der Schädigung d. h. Bestrafung seines Schädigers liegende Genugthuung. Dieser Grund, wie überhaupt die sonstigen auch gegen den Verweis vorgebrachten Einwendungen, werden hier, wo die Reaktion des Staates nicht einmal den Namen einer Strafe an sich hat, in verstärktem Mafse wirksam. In vielen Fällen mögen sie allerdings durch die Verurteilung in den Schadenersatz entkräftet werden; aber wir haben den Pardon, die gerichtliche Verzeihung, überhaupt nicht nötig: seine Vorteile ohne seine Nachteile finden wir wieder in der Aussetzung der Strafvollstreckung. Endlich, was die Gründe anbetrifft, die wir oben erwähnten und die für dieses Mittel ins Feld geführt werden, so wird man wohl zugeben, dafs dieselben meist recht — rhetorischer Natur sind und nicht allzuviel des Überzeugenden an sich haben. Wir dürfen danach dieses Ersatzmittel ablehnen.

Noch weniger werden wir uns für jene Mafsregel erwärmen können, die wir oben als Discharge anführten. Diese „Entlassung“ oder „Erledigung“ (am bezeichnendsten vielleicht „Laufenlassen“) gehört ursprünglich wohl amerikanischem Recht an und ist dann in die Gesetzgebung englischer Kolonieen eingedrungen. Dies spezifisch englische Institut, zunächst wurzelnd in der Stellung und Amtsgewalt des Friedensrichters und schon deshalb nicht gut in ein fremdartiges Recht übertragbar, mit einem ganz anders gestalteten Strafprozeſs vereinbar, ist seinem Wesen nach eine fingierte Freisprechung, wobei der Angeklagte nach vollendeter Beweisaufnahme ohne Urteilsfällung entlassen wird. Näher bekannt sind die Einführungsversuche und Bestimmungen von Neu-Seeland. In den Vorbereitungen und Arbeiten zu einem Strafkodex, die seit einer Reihe von Jahren dort im Gange sind, scheint dieser „provision of a most important though almost startling character“ schon 1880 von den English Commissioners besondere Aufmerksamkeit entgegengebracht worden zu sein. Das Prinzip hatte sich, — so heiſst es [1]) — bei den auf summarische Überführung hin strafbaren Vergehungen (also in der Kompetenz der Friedensrichter) bereits bewährt; demnach schien eine erweiternde Verallgemeinerung angebracht, wie sie in Section 14 der Bill von 1880 lag: „Wo der Gerichtshof erachtet, daſs das Delikt nichts weiter als eine Strafe dem Namen nach verdient (deserves no more than a nominal punishment), kann der Gerichtshof in seiner Entscheidung die Entlassung des Angeklagten anordnen ohne Entgegennahme eines Wahrspruchs (without taking any verdict); und solche Entlassung soll alle Wirkungen einer Freisprechung haben (all the effects of an acquittal).“ Die Bestimmung will den Fall treffen (der notorisch nicht eben selten sei), daſs die Handlung einer Person in juristisch-technischem Sinne unter das Strafgesetz fällt, daſs aber einerseits die begleitenden Umstände eine sittliche Verdorbenheit ausschlieſsen, anderseits die Folgen einer thatsächlichen Verurteilung höchst nachtheilige für den Angeklagten sind. Der Entwurf von 1886 [2]) schlieſst sich diesen Betrachtungen an und führt (etwas weitherzig) als einen Fall, in welchem sie sich gelegentlich mit besonderem Nach-

---

[1]) Vgl. New Zealand Criminal Code Bill, 1886, sect. 13, Begründung.

[2]) eingebracht vom Justizminister (Hon. Mr. Tole). Diese Bill schien viel Aussicht auf Erfolg zu haben und ist möglicherweise schon Gesetz, obwohl sie zunächst durchfiel (lapsed).

druck geltend machten (apply occasionally with great force), den des manslaughter an, wo der Angeklagte, der unter der Thatsache des Schuldigspruches schwer leiden mufs, eher Mitgefühl als Bestrafung verdient. Da es ferner zum mindesten zweifelhaft war, ob der Fall unter das früher vorgeschlagene Gesetz fiel, wenn der Angeklagte (befragt, was er auf die Anklageschrift, das indictment, zu erwidern habe) sich für schuldig erklärt hatte (pleaded guilty), während im entgegengesetzten Fall der Discharge unbedenklich angewendet werden konnte, — so dehnte der Entwurf von 1886 die Bestimmung in folgender Weise aus: „Wenn der Gerichtshof nach Durchlesung der in einem Falle gemachten Aussagen der Meinung ist, dafs das in Rede stehende Vergehen nur dem Namen nach eine Bestrafung verdient und dafs es unnötig sei, einen Schuldigspruch zu erlangen (that a conviction should be obtained), so kann er in seiner Entscheidung anordnen, dafs von der durch Sicherheitsleistung etwa zur strafrechtlichen Verfolgung verpflichteten Person kein Entwurf (zur Anklageschrift bei der über die Anklageschrift befindenden Grand Jury) eingereicht werden solle (that no bill shall be preferred by the person, if any, who is bound by recognizances to prosecute); oder falls ein solcher vor die Grand Jury gebracht ist, der Angeklagte daraufhin nicht zur Erklärung (über die Anklage) vorzufordern sei (the accused shall not be arraigned thereon) [diese Erklärung besteht dann eben in dem to plead guilty oder to plead not guilty]; in beiden Fällen kann er anordnen, dafs der Angeklagte, der in Haft ist, entlassen werde: — Oder, wenn der Gerichtshof in irgend einem Stadium der Verhandlung (trial, vor den Geschworenen) vorgedachter Meinung ist, so kann er die Entlassung des Angeklagten ohne Wahrspruch anordnen (it may direct the discharge of the accused without any verdict). — Solche Entlassung soll die volle Wirkung einer Freisprechung des Angeklagten in Bezug auf das Vergehen haben, wegen dessen er überwiesen (vom Friedens- oder Polizeirichter vor das Schwurgericht), zu Bürgschaftsleistung angehalten oder angeklagt wurde (in respect of the offence for which he was committed for trial, held to bail, or indicted).“ Endlich bestimmt noch Artikel 15 der New Zealand First Offenders' Probation Act, 9th August 1886, über den Discharge folgendes, das sich allerdings nur auf Indictable Offences mit Ausnahme einiger schwerster Verbrechensarten bezieht: [1])

„A Court of summary jurisdiction, after hearing the evidence, may discharge such person without sentencing him; or the Supreme Court, at any stage of the trial of such person, may direct him to be discharged either before or after verdict; and such discharge shall have all the effect of an acquittal of the accused in respect of the offence, for which he was committed for trial, held to bail, or indicted.“

Was für Resultate mit diesen Bestimmungen, die den obigen Entwürfen durchaus analog sind, bis jetzt in drei Jahren erzielt werden konnten, ist nicht bekannt geworden. Könnten wir überhaupt eine der beiden Hauptformen der Straflosigkeit akzeptieren, so stünde jedenfalls der französische Pardon, die gerichtliche Verzeihung, unseren Verhältnissen näher; aber auch hier wäre zu einem abschliefsendem Urteil erst die Bewährung notwendig. Immerhin bleiben auch dann unsere oben angeführten Gründe, die es jedenfalls ratsam erscheinen lassen, uns nach vollkommneren Remedien umzusehen.

---

[1]) Indictable offences, bekanntermafsen solche Delikte, die nach erhobenem Anklagebeschlufs vor einer Jury abgehandelt werden müssen; Ggsz. offences punishable upon summary conviction.

B. Der Verweis.

Nicht mit einem unbekannten, kaum noch erprobten Mittel, wie im vorigen, haben wir es hier zu thun, sondern mit einer überall fast, unter vielfachen Benennungen,[1] zu allen Zeiten und bei allen Völkern sich findenden Strafe; denn dieser Charakter der Strafe, der bei dem ebengenannten Pardon und Discharge schwer einleuchtet, stöſst hier nur auf ganz vereinzelten Widerspruch: um die Freiheit des Delinquenten zu schonen, hält man sich an ein anderes Rechtsgut, an seine Ehre, Demütigung und Beschämung ist deshalb von je das Charakteristische des Verweises.

In dieser Gestalt ist schon im alten Rom die Note des Zensors wirksam; denn „censoris judicium," — so berichtet Cicero — „nihil fere damnato affert praeter ruborem, itaque quod omnis ex judicio versatur tantummodo in nomine, animadversio ista ignominia dicta est." Das Recht der Kaiserzeit kennt zwei Arten des Verweises, der interlocutio, nach der Person des ihn erteilenden Magistrates: l. 3 §. 1 D. de officio praefecti vigilum (I. 15): „cognoscit praefectus vigilum de incendiariis . . . . ., nisi si qua tam atrox tamque famosa persona sit, ut praefecto urbi remittatur. et quia plerumque incendia fiunt culpa inhabitantium, aut fustibus castigat eos qui neglegentius ignem habuerunt, aut s e v e r a i n t e r l o c u t i o n e c o m m i n a t u s f u s t i u m c a s t i g a t i o n e m r e m i t t i t;" — und l. 19 C. de causis ex quibus infamia alicui inrogatur (II. 11. (12)): „interlocutio praesidis quae indicta est infamem eum de quo quaeris fecisse non videtur, cum non specialiter ob injuriam vel admissam vim condemnatus, sed ita praesidis verbis gravatus est et admonitus, ut ad melioris vitae frugem se reformet." Auch im kanonischen Recht giebt es monitiones, censurae

[1]) Vgl. die verschiedenen Namen bei v. Liszt, Z IX, Kriminalpol. Aufg.

ecclesiasticae; für gewöhnlich soll drei Tage, ehe man zur Exkommunikation schreitet, eine Verwarnung vorausgehen (vgl. c. 48. X. de sententia excommunicationis (V. 39.) Praelatus excommunicare non debet subditum, nisi competente monitione praemissa etc.).

Hierher gehört ferner der blâme des alten französischen Rechts (une correction par la bouche des juges), dessen Formel lautete: „Der Gerichtshof ermahnt Euch und erweist Euch Gnade; seid vorsichtiger für die Zukunft.“ Der alte Code pénal von 1791 bestimmte (partie I. tit. I. act. 35): "Dans le cas même d'absolution, l'accusé qui a été contumax, pourra être condamné, par forme de correction, à garder prison pendant huit jours; le juge pourra aussi lui faire en public une réprimande, pour avoir douté de la justice et de la loyauté des concitoyens.“ In diesem einzigen Falle war also der Verweis eine mildere Strafform für das ungerechtfertigte Ausbleiben des Beklagten, mochte er auch freigesprochen werden. Unbekannt dagegen ist die Strafe der réprimande dem Kodex vom Jahre IV und dem C. p. de 1810, ja sie ist hier verworfen, um die Willkür des Richters zu meiden (nach Bonnev. de Marsangy und Lucchini): der horror vor dem freien richterlichen Ermessen klebte den gesetzgeberischen Reformen der Revolution an und liefs jedwede Strafe ausschliefsen, die nicht unbeugsam ein für allemal feststand.

Ist so in Frankreich — ob mit Recht oder Unrecht, darüber sind die Stimmen sehr geteilt — der Verweis aus der Gesetzgebung wenigstens geschwunden, so hat er stets fortbestanden und mehr Boden gewonnen in Italien. Wir führen aus früherem Recht einiges an. Die florentinische Republik [1]) kannte bis ins XVI. Jahrhundert die ammonizione; sie findet

---

[1]) Sismondi, Hist. VI 341, ricorda un bando che vietava di punire i Ghibellini, che avessero accettato pubblici uffici, se prima non fossero stati ammoniti.

sich im alten Codice penale per il Regno italico (artt. 40, 410), im neapolitanischen Zuchtpolizeigesetz 1805, im toskanischen StGB. 1853 (artt, 13, 23), im Codice delle Due Sicilie 1819; ferner in den sardinischen StGBB. 1839 und 1859. Nach dem sizilischen Gesetz war la pubblica riprensione nur als Nebenstrafe möglich bei korrektionellen und polizeilichen Bestrafungen; in den Codici sardi wird sie zwar auch unter den pene accessorie angeführt, kann aber auch selbständig verhängt werden (C. p. 1839: artt. 38. 56; C. p. 1859: artt. 38, 50, 88, 441, 514, 515); im StGB. von 1859 zudem in gewissen Fällen mit der eigentümlichen Modifikation, daſs der Richter unter Strafandrohung ein Versprechen verlangen kann.

Wenden wir uns jetzt dem bestehenden neueren Rechte zu, so unterscheiden wir zwei Gruppen in der Anwendung des Verweises, indem wir dabei Bernardino Alimenas umfangreicher Arbeit in der Rivista Penale XXVII (1889) p. 557—577: La riprensione giudiziale e la sospensione della pena, — Appunti di legislazione comparata, folgen. Voran stellen wir jene Länder, welche den Verweis ohne Unterschied der Persönlichkeit als allgemeines Strafmittel für gewisse Delikte anwenden. Man könnte geneigt sein, diese Gruppe als russische zu bezeichnen, da Ruſsland mit seinen 94 Anwendungsfällen der Ehrenplatz in derselben gebührt, doch ist es dort in den weitaus meisten Fällen ein nur auf Vergehen und Übertretungen im Amt anwendbares Mittel (erster Typus) oder hat wenigstens disziplinarischen Charakter (zweiter Typus): es sind „Verweise in der Gerichtssitzung", „Bemerkungen und Ermahnungen seitens der Gerichts- oder Verwaltungsbehörden", die (nach Art. 30, VII. des StGB. 5./V. 1866) als Korrektionsstrafen (s. Art. 2) verhängt werden. Beim ersten Typus sind zwei Unterfälle zu sondern, je nachdem der „mehr oder weniger strenge Verweis" in die Dienstliste eingetragen wird oder nicht. Fast immer stehen leichtere und schwerere Formen, sowie Geldbuſsen und andere Vergehensstrafen alternativ nebeneinander, wobei die Wahl dem Richter entweder ganz frei bleibt, oder nach erstem, zweitem u. s. w. Rückfall beschränkt ist.

Grofse Mannigfaltigkeit zeigt auch Spanien: das StGB. 1822, Art. 28 unterscheidet apercibimiento als disziplinäre und reprensión als kriminelle Strafe. Der Código penal von 1870, art. 26 nennt in seiner Escala General unter den Penas correccionales die Reprensión pública, unter den Penas leves die Reprensión privada. Über den Vollzug bestimmt art. 117[1]): „Der zu öffentlichem Verweis Verurteilte empfängt denselben persönlich vor versammeltem Gerichtshof, bei offenen Thüren. Der zu privatem Verweis Verurteilte empfängt denselben persönlich vor versammeltem Gerichtshof, in Anwesenheit des Gerichtsschreibers und bei verschlossenen Thüren.“[2]) — also eine Unterscheidung, wie sie auch sonst, namentlich in deutschen Gesetzen, mehrfach vorkommt. Die schwerere Form kommt vor einmal in einer Reihe nicht ausdrücklich im Gesetz genannter Fälle. Zwei Hauptcharakteristika des spanischen StGB. sind nämlich die Reichhaltigkeit des Strafensystems und die Strafabstufungen („il gran lusso delle pene“ (Alimena) und die Escalas graduales), nach welchen letzteren Milderungen und Verschärfungen in Menge abgemessen werden können. In aufwie absteigender Richtung kann man je nach dem Delikt zum öffentlichen Verweise gelangen (noch unter ihm steht die später zu berührende caución de conducta). Sodann ist diese schwerere Art der Reprensión noch in Artt. 455 und 456 (Delitos de

[1]) El sentenciado á reprensión pública la recibirá personalmente en audiencia del Tribunal, á puerta abierta. — El sentenciado á reprensión privada la recibirá personalmente en audiencia del Tribunal, á presencia del Secretario y a puerta cerrada.

[2]) Zum Anwendungsgebiet vgl. Art. 6: Se reputan delitos graves los que la ley castiga con penas que en cualquiera de sus grados sean aflictivas. Se reputan delitos menos graves los que la ley reprime con penas que en su grado máximo sean correccionales. Son faltas las infracciones á que la ley señala penas leves.

escándalo público) angedroht.[1]) Der private Verweis ist noch ausgedehnter, er findet sich bei zahlreichen Übertretungen und zwar in Verbindung mit Geldstrafe von 5—25 pesetas (Artt. 589, 596, 605), in Alternative mit 5—50 pes. Geldbuſse (Art. 599), in Verbindung mit 5—15 Tagen Haft (Art. 603). Übrigens hat Spanien in dem Reformprojekt, welches den Kortes am 18./IV. 1885 vorgelegt wurde, beide Formen des Verweises ganz aufgegeben.

Alimena bespricht noch folgende Gesetzgebungen dieser Gruppe: auſser Italien, welches diese Rüge des Richters in den Entwürfen Mancini, Lucchini, Pessina, Savelli, Zanardelli I. und 1887, sowie im neuen Codici penale vom 1./I. 1890 hat und dessen Verbindung von Verweis und Friedensbürgschaft noch in einem der folgenden Abschnitte ausführlich wird erörtert werden müssen, — Portugal (Art. 305, 12: Korrektionsstrafe), Malta (Art. 7, 16) und den Kanton Waadt (StGB. Art. 15 Z. 12, 31, 239, 266, 289, 291, 301). Aus der Schweizer Gesetzgebung ist auſserdem noch anzuführen: St. Gallen (1885) Art. 5B Z. 10 und Art. 20; das frühere StGB. Appenzell Auſser-Rhoden (16. Oktober 1859), Art. 14; sowie die eigentümliche und interessante Bestimmung des Art. 12, Unterwalden ob dem Wald (1864/66):

> „Als nicht in das Strafmaſs fallend, aber doch vom Richter immer dann auszufüllen, wenn der sittliche Zustand des Thäters es als notwendig und rätlich erscheinen läſst, sind folgende Sentenzbestimmungen ein für allemal aufzuzählen:
>
> Dem Verurteilten soll, sei es vom Spitalkuraten, sei es vom Ortspfarrer, Unterricht und Zurechtweisung, sei es

---

[1]) Art. 455 enthält einen Fall der Bigamie, in welchem die zweite Ehe nur zivil geschlossen oder kirchlich nicht unlösbar ist. Art. 456 führt Verstöſse gegen Schamhaftigkeit und gute Sitten an, die in andern Artikeln nicht benannt sind.

vom Gerichts-, sei es vom Einwohnergemeinde-Präsidenten Zurechtweisung erteilt werden; wie auch der Verurteilte auf zu bestimmende Zeit von der Gemeindepolizei aus anzuhalten, dem sonn- und festtäglichen, vor- und nachmittägigen Pfarrgottesdienst beizuwohnen."

In diesem engen Zusammenhang mit sonstiger Belehrung mag der Verweis auch Erwachsenen gegenüber ganz gute Wirkungen haben, wenn er, wie hier, im engsten Kreise gehandhabt wird, und eben diese Bedingung mufs in unsern modernen Kulturstaaten wegfallen. Wo nicht die Bürger selbst eine Familie bilden oder die Familie an sich, die Verwandten, den Staat durch ihre erziehliche Thätigkeit unterstützen können, also in den kleinen Schranken einer ländlichen Gemeinde oder bei Jugendlichen, kann der Verweis nur als altväterisch, unmodern, lächerlich erscheinen und ohne Resultate bleiben. Doch wir haben vorgegriffen und kehren in den Zusammenhang zurück, indem wir die erste Alimenasche Gruppe noch vervollständigen durch Anführung des früheren Rechts einiger deutscher Einzelstaaten.

Das Bayrische StGB. 16./III. 1813 Art. 22 bezeichnet den Verweis, der übrigens nicht echten Strafcharakter hat, als „demütigende Strafe", ebenso das gleichlautende Oldenburger StGB. 10./IX. 1814 Art. 25. Altenburg 8./V. 1841 (= sächsischem Kriminal-Gesetz-Buch 30./III. 1838) bestimmt in Art. 16: „Ein Verweis findet dann statt, wenn das dem zu Bestrafenden zur Last fallende Vergehen so gering ist oder demselben so wichtige Milderungsgründe zu statten kommen, dafs jede andere Strafart unangemessen sein würde. Der Verweis wird von dem Richter mündlich an Gerichtsstelle oder schriftlich erteilt, auch kann der mündliche Verweis durch Zuziehung der bei dem Vergehen beteiligten Personen geschärft werden." Es geht hervor, dafs zur Anwendung dieser Strafart das Zusammentreffen ganz besonders mildernder Umstände erfordert wird; „vorzüglich wird sie bei solchen Vergehungen in Anwendung gebracht werden können, wo ein Minimum der Strafe gar nicht bestimmt ist, doch können selbst kleine Diebstähle dazu gehören."[1]) Denselben Wortlaut hat Art. 17 des Thüringischen StGB. (eingeführt in Sachsen-Weimar 20./III. 1850, Schwarzburg-Sondershausen 25./III. 1850, Schwarzburg-Rudolstadt 26./IV. 1850, Anhalt-Dessau und Anhalt-Köthen 28./V. 1850, Sachsen-Meiningen 21./VII. 1850, Sachsen-Coburg 29./XI. 1850, Gotha 23./XII. 1851, Reuss j. L. 14./IV. 1852, endlich in Anhalt-Bernberg 1864, in Reuss ä. L. 1868). Sachsen, StGB. 13./VIII. 1855, Art. 31 stellt die Bedingung, daſs die Handlung mit Gefängnis- oder Geldstrafe ohne Festsetzung eines Mindestmaſses bedroht sei, und daſs der Richter selbst das Minimum dieser Strafen unangemessen finde. Auch hier kann der Verweis mündlich und schriftlich erteilt oder verschärft werden, „wobei den durch das Vergehen verletzten Personen solches vom Richter zu eröffnen und ihnen das Erscheinen bei der Verweiserteilung freizustellen ist". Die mündliche oder schriftliche Form unterscheidet ebenfalls das badische StGB. 6./III. 1845 Art. 49. Hannover StGB. 8./VIII. 1840 Art. 18, nennt den Verweis „leichtere Strafe"; Vollzugsmodus: „bei offenen Thüren". Das StGB. für Braunschweig 10./VII. 1840 = Lippe-Detmold 18./VII. 1843, Art. 19. läſst ihn „vor besetztem, in schweren Fällen vor vollständig versammeltem Gericht" erteilen.

Noch zu erwähnen ist der einzige, ganz eigentümliche Anwendungsfall der besprochenen Strafart in dem (freilich nicht auf der Höhe der Jetztzeit stehenden) Österreichischen StGB. von 1852, §§. 413—419 (StGB. 1803, II, 165—171), nämlich auf einen Miſsbrauch des Rechtes häuslicher Zucht zu Miſs-

---

[1]) Groſs, Anmerk. zum KrimGB. I. S. 111/112. Günther, Komm. S. 19 führt (aus Mitteilungen in den Landtagsakten, 3946) „ganz geringe Obstdeuben" an.

handlungen, wodurch der Gezüchtigte am Körper Schaden nimmt. Ist diese Übertretung von den Eltern gegen die Kinder begangen worden, so folgt auf den Vorhalt im ersten Falle (vgl. oben S. 79) bei einem zweiten ein Verweis nebst der Bedrohung, „dafs sie bei abermaliger Mifshandlung der elterlichen Gewalt verlustig erklärt, ihnen das Kind abgenommen und auf ihre Kosten an einem Orte werde erzogen werden.“ (§. 414.) Ferner ordnen an §. 417: „Die Bestrafung der Mifshandlung des Vormunds an seinem Mündel ist sogleich das erste Mal Entsetzung von der Vormundschaft, und wenn diese mit einem Nutzen verbunden war, strenger gerichtlicher Verweis; bei unentgeltlicher Vormundschaft Arrest von einer Woche bis zu einem Monat.“ — §. 419: „Wenn ein Gatte den andern auf die in §. 413 erwähnte Art mifshandelt, sind beide Teile vorzufordern, und nachdem die Mifshandlung untersucht worden, ist dem mifshandelnden Teile ein strenger Verweis zu geben, nach Umständen ist derselbe mit Arrest von einer Woche bis zu drei Monaten und im Wiederholungsfalle mit Verschärfung des Arrestes zu bestrafen. Doch steht dem mifshandelten Teile frei, eine Milderung der Strafe und selbst die Nachsicht derselben anzusuchen, worauf der Richter allezeit gehörige Rücksicht zu nehmen haben wird.“

Die Anwendung des Verweises in der zweiten, viel geringeren Gruppe bezeichnet Alimena als sistema tedesco nach dem RStGB., das dabei meist Vorbild und mafsgebend ist. Hier haben wir es nur mit einem Strafmittel für Jugendliche zu thun, und dies ist, wie wir oben andeuteten, der allein richtige Gebrauch dieses Mittels.

Das RStGB. §. 57 Z. 4 bestimmt, dafs ein Angeschuldigter zwischen 12 und 18 Jahren, wenn er bei der Begehung der strafbaren Handlung die zur Erkenntnis ihrer Strafbarkeit erforderliche Einsicht besafs, für Vergehen und Übertretungen in besonders leichten Fällen mit Verweis bestraft werden kann.

Diese Bestimmung ist stets ein Stiefkind unserer Gesetzgebung, die sich um Vollstreckung, Verjährung u. s. w. nicht im geringsten weiter bekümmert hat, und infolgedessen auch unserer in der Handhabung unsicheren Praxis gewesen; diese wendet den Verweis erst in den letzten Jahren (wie oben Tab. 2 zeigte) in stetig steigendem Verhältnis an.

Nicht berücksichtigt ist in Alimenas Abhandlung der im wesentlichen dem deutschen StGB. analoge russische Entwurf Art. 38 Z. 3: „Erkennt das Gericht, dafs der Unmündige vom vollendeten zehnten bis zum vollendeten siebzehnten Lebensjahre mit Unterscheidungsvermögen gehandelt hat, so unterliegt dieser . . . 3) statt Arrest oder Geldstrafe [obligatorisch] einer Ermahnung durch das Gericht; findet aber das Gericht, dafs die Übertretungen gewerbs- oder gewohnheitsmäfsig von dem Unmündigen begangen worden sind, so unterliegt er der Unterbringung in eine Besserungs- und Erziehungsanstalt.“ Hierhin sind weiter zu rechnen der norwegische Entwurf 1888 und das Projet de Neuchâtel 1889. Von früheren Partikularstrafgesetzbüchern erwähnen wir das hessische vom 17./IX. 1841, §. 7 Z. 13, §. 116 Z. 6 und das nassauische vom 17./IV. 1849, §. 7 Z. 13, §. 115 Z. 6: gegen einen 12—16jährigen, der mit hinlänglicher Unterscheidungskraft gehandelt, tritt statt Gefängnis- und Geldstrafe gerichtlicher Verweis ein. Nach dem aus dem Schweizer Recht anzuführenden StGB. für Appenzell Ausser-Rhoden von 1878 ist man bis zu 12 Jahren überhaupt unverantwortlich und befindet sich von 12—16 Jahren im Alter relativer Strafunmündigkeit. Bei Jugendlichen dieser zweiten Stufe ist dann die individuelle Prüfung anzustellen, ob sie mit oder ohne Bewufstsein des Unterschiedes zwischen Recht und Unrecht gehandelt haben; und im ersteren Fall wird Unterbringung in eine Besserungsanstalt, gerichtlicher Verweis oder auch nur eine aufserordentliche Überwachung durch den Gemeinderat angeordnet. (§§. 3_{12}, 16, 37, von **Alimena** ausführlich behandelt.)

Sehen wir nun zu, wie die Wissenschaft sich gegenüber diesem Strafmittel verhält. Bei den Stimmen, die für dasselbe anzuführen sind, werden wir aber fast immer finden, daſs sie den Verweis wünschen, weil sie von der Schädlichkeit der kurzzeitigen Freiheitsstrafe überzeugt sind, aber sonst nichts Besseres an die Stelle zu setzen haben. Heute ist die Zahl vorgeschlagener Ersetzungen so groſs, daſs dieser Grund nie den Ausschlag zu geben braucht.

Dieser Gedanke stöſst uns gleich bei der Bemerkung Schwarzes im Archiv für krimin. Recht 1853 (S. 273) auf: „Der Verweis ist ein beachtenswertes Strafmittel. Dasselbe wird mit groſsem Erfolge angewendet und gewiſs nicht selten mit gröſserem als eine Gefängnisstrafe. Der Verweis ist zulässig, wo Gefängnisstrafe ohne Festsetzung eines Minimi angedroht ist: es zeigt sich oft das Bedürfnis, auch in andern Fällen auf dieses Strafmittel herabgehen zu dürfen.“ Dieser Stimme aus der Praxis steht aber doch das allmähliche Schwinden des Verweises, oft mit der ausdrücklichen Betonung seiner Unwirksamkeit, aus deutscher wie ausländischer Gesetzgebung entgegen. Wiedereinführungsbestrebungen datieren im wesentlichen seit Bonneville de Marsangy. Die Herstellung jener alten Maſsregel — sagt er, t. II. p. 247 — würde der Strafjustiz das sichern, was ihr in unserm Jahrhundert am meisten fehlt: die Volkstümlichkeit; und diese einfachen advertissements würden nicht unwirksam sein: „Non! le citoyen est autant plus porté à se courber sous l'autorité de la loi qu'il trouve dans sa conscience et sa raison plus de motifs d'en être fier!“ Im Anschluſs hieran sagt auch v. Holtzendorff in seiner bekannten Besprechung (Allg. d. StrRZeitg. IV. 1864, 651 ff.): „Wir sind überzeugt, daſs der gerichtliche Verweis als gelindestes Strafmittel für manche Fälle geringerer Verschuldung, namentlich für gewisse fahrlässige Vergehungen und die aus entschuldbarer Unkenntnis des Gesetzes oder Rechtsirrtum begangenen Übertretungen aufserordentlich nützlich ist. Man vergesse namentlich nicht, dafs die ehemals behauptete Unwirksamkeit des Verweises ein geheimes und aktenmäfsiges Prozefsverfahren zur Voraussetzung hatte und im Verlaufe der Zeit durch Abschaffung der Prügelstrafe das Ehrgefühl in den untern Schichten der Bevölkerung bedeutend gesteigert worden ist. Bei öffentlicher Rechtspflege und würdigen Formen des Verfahrens erwarten wir von dem gerichtlichen Verweis übereinstimmend mit Bonneville nur günstige Wirkungen. Aber auch kriminalpolitische Erwägungen sprechen dafür. Die intensive Kraft der jetzt niedrigsten Strafmittel wird gesteigert durch Einfügung einer tiefer stehenden Sprosse in der Skala, ein Umstand, der von Wichtigkeit wird, wenn es darauf ankommt, die schwersten Strafübel, Todesstrafe und lebenslängliche Zuchthausstrafe, aus unsern Gesetzgebungen entweder ganz zu streichen oder erheblich in der Anwendung zu mindern. In zahlreichen Fällen, wo gegenwärtig eine geringe Gefängnisstrafe oder eine Geldbufse auszusprechen ist, würde der Gerechtigkeit mit der im Verweis konstatierten Mifsbilligung einer stattgehabten Gesetzesverletzung durchaus Genüge geschehen." Diese Meinung hat v. Holtzendorff auch späterhin immer vertreten, während es vielleicht beachtenswert ist, dafs Bonneville selbst im Jahre 1887 nur noch für délinquants primaires die admonition répressive vorschlug, indem er sich auf den Schriftsteller Charron im 16. Jahrhundert stützte (Bull. XI. 314), ihm also jedenfalls nur dasselbe Gebiet geben wollte, das auch die bedingte Verurteilung einnehmen soll. Wie dann die beiden Mittel sich gegenseitig auseinanderzusetzen hätten, erörtert des längeren Alimena, wobei sich ihm indessen der Begriff des Verweises abschwächt zu dem des Pardon (wie er selbst das Wort il perdono anwendet) oder der blofsen Konstatierung einer

Gesetzesverletzung; wir versparen uns das Nähere, bis wir von der Aussetzung des Strafvollzuges zu reden haben. — Durchdrungen von der Nützlichkeit des Verweises (doch auch nur faute de mieux) ist Schmölder (Die Strafen des RStGB. und ihr Vollzug. Berlin 1885 p. 46), während Jagemann (Bl. f. Gef.K. XXIV, 17) nur auf eine vermehrte, nicht auf eine erweiterte Anwendung desselben (also doch wohl in seiner jetzigen Gestalt) und auf Kostenfolge zu dringen scheint. Beachtung verdienen desgleichen die Äuſserungen auf dem Römerkongreſs von Teichmann und Nocito. Ersterer führt aus: die admonition (admonestation, réprimande) würde, ohne zu brandmarken, den Vorteil mit sich bringen, den Miſsbrauch einer ganzen Anzahl völliger Freisprechungen (damit also das Ärgernis absoluter Straflosigkeit) einerseits, und von Verurteilungen, deren Folgen nur verderblich sein können, anderseits zu unterdrücken. Nocito betont den wirklichen Strafcharakter durch Demütigung (humiliation) der Persönlichkeit, Abschwächung (affaiblissement) der öffentlichen Achtung, Minderung des noch über der Freiheit stehenden Rechtsguts der Ehre, und empfiehlt gleichzeitige Androhung strengerer Strafe für den Rückfall; auch macht er die Vorschläge, daſs der Richter überhaupt bei Leidenschaftsvergehen (délits d'emportement), die mit Gefängnis bis zu einem Monat strafbar wären, die Wahl haben solle, und daſs in Erweiterung einiger Fälle des italienischen StGB. bei der Ausführung zu fordern sei „la parole du condamné acceptant le reproche et promettant solennellement, sur son honneur, d'éviter désormais toute récidive“. Durch solche Maſsregeln wird eine Gebundenheit des Verurteilten an fernerweites Wohlverhalten erzeugt, indem er unter einem moralischen Drucke und zugleich unter dem reelleren der angekündigten Strafschärfung im Wiederholungsfalle steht; es wird das so reformierte Institut des Verweises der bedingten Verurteilung und der Friedensbürgschaft bedeutend näher gerückt. Man fühlt eben überall, daſs der bloſse Verweis nicht genüge, daſs man die Zügel straffer anziehen, ihm einen vollkommen ernsthaften Charakter erst geben muſs. Daher meint z. B. das im Appendice zu den Akten des Römerkongresses (4. Sitzung, 21. Nov. 1885) abgedruckte Gutachten Vaniers (Actes, t. I. p. 203), das siegesgewiſs die admonition als faktisch überall vorkommend, als natürlichsten Ausdruck des menschlichen Gewissens in der Handhabung der Gerechtigkeit hinstellt, doch zum mindesten „une insertion au jugement“ verlangen zu müssen, damit diejenigen zurückwichen, die geneigt wären, die Sache scherzhaft zu nehmen. Daher wird auch das neue italienische Strafgesetzbuch (1890), dessen Motive so groſsartig von der sonstigen Unmöglichkeit reden, unter das für die Strafen der leichtesten Reate gezogene Mindestmaſs hinabzusteigen, wenn Umstände zusammentreffen, die eine auſsergewöhnlich milde Zumessung benötigen, und dessen Motive den Verweis allein der wahren und eigentlichen Strafbarkeit Rechnung tragen lassen, sobald (per la tenuità dei fatti o pel grado lievissimo di responsabilità) es nützlicher ist, eine Art heilsamer Vorbeugung auszuüben als eine wirkliche Repression, — daher wird der neue Codice penale per il Regno d'Italia zu dem „glücklichen Griffe“, wie er vielfach bezeichnet worden ist, geleitet, Verweis und Friedensbürgschaft zu verschmelzen, der noch Gegenstand näherer Betrachtung für uns sein wird. (S. u. den Abschn. üb. Friedensbürgschaft.)

Doch wenden wir uns nun auch den Gegnern zu und hören wir zunächst, wie sie sich auf dem Römerkongresse aussprachen. Überall wird dasselbe am Verweise vermiſst, das was ihn wirksam machen könnte im Kampf gegen das Verbrechen: er ist Disziplinar-, nicht Kriminalstrafe, als solche vaine et dérisoire; er würde womöglich nicht einmal vom Richter ernsthaft genommen; seine Anwendung ist eine verschwindend kleine, — so heiſst es bei Garofalo, bei Dreyfus, bei Foinitzki, bei Jacquin. Fehltritte, welche nur diese „platonische“ Maſsregel verdienen, — fügt Dreyfus hinzu — werden in der französischen Praxis überhanpt nicht Gegenstand der Verfolgung; die Polizeibeamten erteilen eine Verwarnung oder noch eigentlicher eine Warnung. Aus demselben Grunde erscheint Labroquère (Bull. XII. 60) eine derartige Neuerung unnütz: „Quand la faute est très vénielle, que les antécédents de l'inculpé sont irréprochables, le ministère public n'exerce pas de poursuites: le système de l'admonition, dans ce cas, est dans les traditions de nos Parquets.“ Foinitzki argumentiert etwa so: In jeder Strafe liegt ein Tadel, ein Tadel der Gesellschaft gegen den Übelthäter; aber die Strafe ist mehr als Tadel, sie ist Kampfmittel: der Verweis ist nur Tadel, und darin liegt seine Schwäche, seine Unbrauchbarkeit als Kampfmittel. Wirksam ist er nur den Jugendlichen gegenüber; bei Erwachsenen hängt seine Wirksamkeit von deren gutem Willen ab, sie können dieselbe mit einem Achselzucken wegspotten. Dem widerspricht nicht, daſs, wo der Sinn für Ehre besonders feinfühlig ist, der Verweis, und namentlich der öffentliche, weil er als Strafübel diese Ehre kränkt, eine viel zu harte Strafe darstellt. Mit andern Worten: gerade diejenigen Erwachsenen, auf welche ein Verweis, dessen Charakteristikum, wie die Betrachtung der Gesetzgebung uns zeigte, in dem rubor, in der Demütigung liegt, wirklich verwendbar wäre, würden zehnmal lieber sich einsperren, als coram populo wie einen ungezogenen Jungen sich heruntermachen lassen. Diese Betrachtung erscheint uns ausschlaggebend; die Entgegnung seitens Nocitos trifft nur den etwas übertriebenen Ausdruck, welchen Jacquin jenen Ideen verliehen hat (Actes d. Congr. Pén. t. I. p. 194—199 passim). Ebenso argumentieren Aschrott, Ersatz kurzzeitiger Freiheitsstrafen (Hamburg 1889. XIX. Vereinsheft des Nordwestd. Vereins für Gefängniswesen, S. 231), und Schütze, Die sog. bedingte Verurteilung usw. (Wien 1890

S. 11.) Für den Verweis, aber aus sehr unzureichenden Gründen und ohne Widerlegung gegnerischer Einwände, tritt jetzt ein v. Kirchenheim in seinem vorläufigen Rapport für den Petersburger Kongreſs (St.-Pet. 1890, p. 5, 6). Er empfiehlt eine Ausdehnung über den Umfang des §. 57_4 des RStGB. hinaus, schlägt als Muster vor das Thür. StGB. Art. 17 (vgl. ob. S. 93 f.) und erklärt sich für eine Verstärkung durch eine dem italienischen StGB. (artt. 26, 27) analoge Kombination (vgl. unten). Diesen letzteren Standpunkt vertritt auch Kleinfeller (s. u. Mitteil. der Intern. krim. Ver. Heft 3, p. 161). Gegen diese Verbindung wendet sich Aschrott a. a. O. mit Recht. Von den sonstigen Gutachten zum Petersburger Kongresse (Frage 4a) tritt besonders warm für den Verweis ein das von Petit, der ihn gewissermaſsen als Strafe par excellence und als Ersatzmittel der Geld- und weniger als sechstägigen Freiheitsstrafe empfiehlt. Um freilich die gegnerischen Einwände zu widerlegen, muſs er Ausnahmefälle konstruieren mit „particularités atténuant dans la plus large mesure la culpabilité“, muſs er allgemein Menschen annehmen, auf die „la honte de la comparution en justice“ einen tiefen Eindruck macht, muſs er endlich sich selber schlagen mit der Versicherung, daſs der Richter nur in besonders rücksichtswürdigen Fällen den Verweis anwenden würde. Er entzieht damit dem von ihm angepriesenen Mittel jede weiter reichende, allgemeine Bedeutung. Unerklärlich bleibt demgegenüber bei Petit die Ablehnung der bedingten Verurteilung. Gegen den Verweis erklären sich in ihren Rapports Garofalo, der auch die italienische Verbindung mit Kaution des Wohlverhaltens verwirft; Thalberg, dessen Begründung allerdings viel zn wünschen läſst, da sie Verweis und bedingte Verurteilung gleich behandelt und, nur am Namen der Mittel haftend, in deren inneres Wesen und namentlich in ihren Unterschied nicht eindringt; Makarow, der in einigen Ausnahmefällen den Verweis doch als angemessen erachtet (vgl. dazu auch Résolution 2. de la Commission de la **Société de Jurisprudence** de Saint Pétersbourg, Rapp. p. 20).

Recht ungünstig waren auch die Meinungen, welche in der Sitzung der Première Section der Société Générale des Prisons am 25./I. 1888 laut wurden (vgl. Bull. XII, 146 ff.). Man schilderte die Wirkung auf den Angeklagten, der aus dem Gerichtssal gehe „la tête parfois très haute, presque en triomphateur“ (Bérenger), oder der den Verweis entgegennehme „le sourire aux lèvres, d'un air de défi, vis-à-vis de la justice volontairement désarmée“ (Dubois); — man sagte die Schädigung des Ansehens des Gerichts voraus: der Eindruck auf den Angeklagten wirke ansteckend, „ce discrédit de l'autorité judiciaire deviendrait facilement contagieux“; die Maſsregel sei „plus propre à déconsidérer la justice qu'à en grandir l'autorité“; „ni l'intérêt social de la répression, ni l'exemplarité de la peine, ni le respect de la justice, déjà si fortement ébranlé, n'y trouveraient leur compte“; — man zeigte endlich, wie unangebracht vollends der Verweis beim französischen Volkscharakter sei: er würde bleiben „sans prise sur le tempérament français, si railleur, et, qu'on pardonne le mot, si profondément gouailleur“ (Dubois); namentlich in Paris, wo das Gefühl der den Behörden geschuldeten Achtung an sich schon so schwach entwickelt sei, sei von den guten Wirkungen, die man in Italien oder Portugal erwarte, nichts zu erhoffen, „chez notre peuple frondeur, un peu sceptique, surtout très indiscipliné; à ce peuple il faut plus de fermeté dans l'action judiciaire, moins de sentimentalité dans la répression.“ (Rivière.)

Durchaus keinen Anklang fand dies Strafmittel auf der Brüsseler Versammlung der Internationalen kriminalistischen Vereinigung (Nachmittagssitzung vom 7. August, Mitteil. p. 161/2 = S. 189/90). Benedikt nannte die Rolle des Verweises in Österreich eine „äuſserst unglückliche“, Kleinfeller verwarf wenigstens den alleinigen Verweis, H. Seuffert wollte von erweiterter Anwendung nichts wissen, v. Liszt erklärte sich selbst gegen die jetzige Praxis, van Hamels und Léveillés Verteidigung war ziemlich kleinlaut, Garofalo sagte kurzweg: „Elle fait rire du juge dans les classes populaires.“ So mufste man wohl den Eindruck einer Ablehnung bekommen. (Köln. Zeit. 10./VIII. 89 a. a. O. S. 2 Sp. 2.)

Die Unwirksamkeit einerseits, der beschämende und demütigende Charakter anderseits waren es auch, welche nach den Motiven zum RStGB. (Entw. 1869) den Verweis als zur Aufnahme ungeeignet erscheinen liefsen. Diese Gründe, die nur bei Jugendlichen, wo die Erziehung und Aufsicht der Familie den gehörigen Nachdruck verleiht, nicht wirksam sind (— wenigstens ist die entgegengesetzte Meinung sehr vereinzelt —), treffen auch heute noch zu und müssen zur Ablehnung des Verweises als eines allgemeinen Strafmittels führen. Wir können das schon hier unbedingt aussprechen und brauchen das letzte Wort nicht bis zum Ende des folgenden Abschnittes zu verschieben.

C. Bedingte Verurteilung.

Man kann unter „bedingter Verurteilung“ zweierlei verstehen: einmal eine wirkliche Verurteilung, deren Inhalt, d. h. also deren Vollzug, aber bedingt ist, — und zweitens keine Verurteilung, sondern eben ein Bedingt-, ein Suspendiertsein der Verurteilung selbst; sie ist noch nicht ausgesprochen, sondern sie soll es erst werden, falls etwas näher Festgesetztes eintritt oder falls einer Erwartung nicht entsprochen wird. Letztere Bedeutung ist die logisch richtige; erstere die sprachlich häufigere; beide haben praktische Wirksamkeit. Je nachdem das eine oder das andere System, in denen beiden natürlich als Bedingung das Wohlverhalten des Verurteilten bzw. zu Verurteilenden in näher spezialisierten Beziehungen gesetzt wird, irgendwo adoptiert worden ist, knüpfen sich, wenn auch nicht mit strenger begrifflicher Notwendigkeit, so doch faktisch, allerlei Verschiedenheiten höchst wichtiger Natur daran. In dem ersten System ist dem Betreffenden ein gewisser Charakter der Integrität, eine gewisse Fleckenlosigkeit geraubt, wenn auch der Vollzug, die Umsetzung in ein greifbares Strafübel noch in der Schwebe ist: hier ist eine selbst im einzelnen sehr wohl nachweisbare „soziale Reaktion" bereits erfolgt; — in dem zweiten System, wo der Spruch suspendiert wird, ist das fragliche Individuum noch unbestraft, sein Schuldbuch gegen die menschliche Gesellschaft ist noch rein und leer, weist noch keine Verurteilung auf; aber man vermutet und vielleicht weiſs man es bereits, daſs man einen Menschen mit „unsozialen Trieben" vor sich hat, wenn dieselben auch nicht eklatant hervortreten, und gerade dieser Umstand läſst uns versuchen, ob er seine bösen Neigungen dämpfen kann, wenn man sie für diesmal mit dem Mantel christlicher Liebe bedeckt. Im letzteren Falle ist also vorerst dem Manne rein gar nichts geschehn, im ersteren hat er eine sehr wichtige Einbuſse erlitten; darum wird diesem formalen äuſserlichen Teil der Repression dort ein starker, hier ein viel geringerer materieller zwingender Druck folgen müssen, darum werden dort viel umfassendere Präventivmaſsregeln für die Zukunft notthun als hier, darum wird hier die Bedingung einfach und klar, die ganze Abwicklung reinlich und glatt sein, während dort die Bedingung vielfältig, der Mechanismus verwickelt, der Ausführungsapparat schwerfällig und kompliziert sein wird. In den gegebenen Skizzierungen liegt sowohl die Forderung eines Entweder—Oder, die Unmögkeit oder wenigstens fast unüberwindliche Schwierigkeit, beide Prinzipien in einer Praxis zu vereinigen, die beinahe unumgängliche Notwendigkeit, dem Volkscharakter entsprechend zu wählen, als auch das Werturteil, das m. E. zu Gunsten der in ihrem Inhalt bedingten Verurteilung ausfällt.

Die beiden Systeme sind nun das nordamerikanisch-englische Probation System, welches wir Prinzip der Aufprobestellung nennen wollen, mit aufgeschobener Urteilsfällung und einer ganzen Rüstkammer polizeilicher Überwachung auf der einen Seite, — und das belgisch-französische Mittel des Sursis à l'exécution, wofür v. Liszt den trefflichen Namen Aussetzung des Strafvollzugs angiebt, auf der andern Seite. Während wir die letztere Neuerung in aller Ausführlichkeit behandeln müssen, genügt für die erste eine Darstellung an der Hand der einschlagenden Gesetze.

I. Die Stellung auf Probe.

Das Vaterland der Probation Systems ist — nach Tallack, Penological and Preventive Principles (chapt. XIII. p. 300—313), zu urteilen — Nordamerika, im besonderen Massachussetts. Sie sind zunächst wirkliche Pläne zur Besserung der Verbrecher in allen möglichen Formen: es gehören namentlich auch Zwangserziehung und Schutzfürsorge für entlassene Sträflinge hierher. Auf diesem Boden der Besserung durch stete Anleitung und Kontrolle erwuchs auch das, was wir Probation System im engeren Sinne nannten, was häufig auch als „bedingungsweise Freiheit", „Conditional Liberty" bezeichnet wird. Der Sorge für die Jugendlichen entsprangen schon 1846—66 die Reformatory and Industrial Schools, die aber daran krankten, dafs die anerzogene Moralität ein Scheinbild war, weil den Zöglingen der Verkehr des Familienlebens fehlte. Deshalb ward 1869/70 durch Errichtung einer State Agency mit eignen Beamten, den State Juvenile Agents, die Möglichkeit geschaffen, den Unmündigen trotz der Überwachung durch jene Agenten zu Hause zu belassen (a sentence of Probation places the child under the oversight of the State Agent, but he or she may still continue at home); nötigenfalls, wenn das eigne Familienleben nicht hinreichenden Anhalt der Hoffnung auf Besserung bot, sorgte eine besondere Gesellschaft für Unterkunft, Pension in fremden, durchaus zuverlässigen Häusern.[1]) Jetzt handelte es sich darum, auch erwachsenen Individuen solche Vorteile zukommen zu lassen. Die Erziehung im Gefängnis zu Arbeit und geregeltem Lebenswandel, die für den Amerikaner natürlich auch unter den Begriff „Probation" fällt, und die durchgreifend geregelt war und heutzutage so ausgedehnt ist, dafs jede gröfsere Stadt houses of industry, workhouses besitzt (in welche der Richter nach freier Wahl, oft auch auf unbestimmte Zeit, die Bettler, Vagabunden und Trunkenbolde schickt),[2]) bildete den Ausgangspunkt. Man wollte dies Verfahren in der Freiheit fortsetzen, an diese allmählich gewöhnen, ohne doch die Rute ganz aus der Hand zu lassen, und man schuf die bedingte Entlassung für solche, die eine Freiheitsstrafe bereits erlitten, und die bedingte Freiheit für solche, die noch nicht eingesperrt gewesen waren und es auch nicht werden sollten. Dieses letztere „Prinzip des Aufprobestellens", das Massachussetts Adult Probation System of Conditional Liberty lehnte sich dabei einerseits an die vorher angeführten Schritte auf diesem Wege, anderseits an die alten englischen Formen der Friedensbürgschaft an.[3]) Man erprobte dasselbe zunächst für die Stadt Boston und setzte einen eignen Beamten, Probation Officer

[1]) Dies bezieht sich ausschliefslich auf Massachussetts.

[2]) Aschrott, Aus dem Strafen- und Gefängniswesen Nord-Amerikas (Samml. gemeinv.-wissenschaftl. Vortr. Virchow-v. Holtz. NF. IV, 76) S. 8, S. 16 ff. Merkwürdig ist nur, dafs mit diesem Gesindel zusammen auch die Neulinge ihre kurzen Freiheitsstrafen wegen kleiner Diebstähle und geringfügiger Körperverletzungen verbüfsen.

[3]) It is to be remembered that the principle of conditional liberty had long been practically recognised, under the forms of Bail, or personal Recognisances, and in the „Binding over" of certain quarrelsome and offensive person to "keep the peace" towards their fellow subjects, for a given period, as an alternative to imprisonment (Tallack a. a. O.); vgl. auch Aschrott, Ersatz kurzz. Freiheitsstr. (NWd. Gef.-Ver. XIX, 194 f.)

(entsprechend dem State Juvenile Agent), dafür ein (1878); sehr bald aber wurde es im ganzen Staat eingeführt, das Institut der Probation Officers, die von den betreffenden Gemeindebehörden (the respective Municipalities) anzustellen sind, über Massachussetts überhaupt verbreitet und die Regelung ihrer Pflichten Mittelpunkt der ganzen Gesetzgebung, Kern der praktischen Ausführung (1880). Wir zitieren die Hauptbestimmungen des Gesetzes:

"He (the probation officer) shall, in the execution of his official duties, have the powers of Police officers, and may be a member of the police force of his city or town." "Such probation officer shall carefully inquire into the character and offence of every person arrested for crime, for the purpose of ascertaining whether the accused may reasonably be expected to reform without punishment; and shall keep a full record of the result of his investigation. The Officer, if then satisfied that the best interests of the public and of the accused would be subserved by placing him upon Probation, shall recommend the same to the Court trying the case and the Court may permit[1]) the accused to be placed upon Probation, upon such terms as it may deem best, having regard to his reformation." "When the Probation Officer considers it advisable for any person placed upon probation to be sent out of the State, the local authorities may make the necessary appropriation for the purpose, to be expended by him, under the direction of the superintendent of police." "The Probation Officer shall, as far as practicable, visit the offenders placed on probation by the Court at his suggestion, and render such assistance and encouragement as will tend to prevent their again offending.

[1]) „It may be observed that it is permissive in its nature and entrusts large powers of discrimination and decision, both to the Courts and to the Probation and Police Officers.“ (Tallack a. a. O., ch. XIII.) Aber dies sei nach dem Wesen der Probation folgerichtig.

Any person placed upon probation, upon his recommendation, may be rearrested by him, upon approval of the superintendent of police, without further warrant, and again brought before the Court; and the Court may thereupon proceed to sentence or may make any other lawful disposition of the case. It shall be the special duty of every Probation Officer to inform the Court, as far as possible, whether a person on trial has previously been convicted of any crime. — Der Überwachungsbeamte soll, soweit thunlich, die vom Gerichtshof auf seine Angabe auf Probe gestellten Gesetzesübertreter besuchen und ihnen Beistand und Ermutigung leihen, um eine abermalige Übertretung zu hindern. Jede auf sein Verwenden auf Probe gestellte Person kann mit Zustimmung des Polizeipräsidenten ohne speziellen Haftbefehl wieder von ihm festgenommen und von neuem vor den Gerichtshof gebracht werden; der Gerichtshof kann sodann an eine Urteilsfällung gehen oder in anderer gesetzlich erlaubter Weise über den Fall verfügen. Es ist besondere Pflicht jedes Überwachungsbeamten, den Gerichtshof, soweit möglich, zu benachrichtigen, ob eine vor den Geschwornen stehende Person früher wegen eines Verbrechens schuldig gesprochen worden ist."[1])

Unter den auferlegten Bedingungen befindet sich in den meisten Fällen die, sich geistiger Getränke zu enthalten ("teetotal pledges"), und die so angebahnte Bekämpfung der Trunkenheit wird von Tallack sehr hoch geschätzt; namentlich lobt er die hierdurch der menschlichen Schwäche geleistete Unterstützung (the assistance furnished to human frailty by the Total Abstinence pledge) sehr gegenüber den verkehrten Grundsätzen, die hiervon in dem berühmten, in allen Tonarten ange-

---

[1]) Ich habe diesen Abschnitt deutsch wiedergegeben, weil er die wichtigsten Bestimmungen enthält und über die Tragweite des Ganzen Licht verbreitet. Im übrigen s. die deutsche Darstellung bei Aschrott (Samml. Virchow-v. Holtz. IV, 76) S. 41/43 und v. Liszt, Z IX 762.

priesenen „Muster"-Gefängnis zu Elmira, N. Y., gepflegt und gelehrt werden.[1]) Trotzdem also, wie es scheint, hauptsächlich „drunkards and nightwalkers" das „Objekt pädagogischer Bemühung" sind, herrscht in Massachussetts allgemeine Befriedigung (the success is unquestionable), und die Berichte aus allen Distrikten des Staates lauten günstig. Die Probezeit dauert 2—12 Monate, während derselben stehen Schuldiger und Überwachungsbeamter[2]) in fortwährendem mündlichen und schriftlichen Verkehr, nach Verlauf der Frist wird auf Antrag des Probation Officer der unter Aufsicht Gestellte entlassen (discharged). Ein Jahresbericht giebt daher schon ein ganz gutes Bild von der Wirksamkeit des Systems. Im South Boston District gab es 1888 244 derartige Urteilsaussetzungen (137 wegen Trunkenheit, 25 wegen Körperverletzung, 18 wegen einfachen Diebstahls, 13 wegen Ruhestörungen,[3]) 2000 Unterredungen zwischen den Officers und ihren Schützlingen, 233 Abstinenzverpflichtungen;[4]) 95% konnten entlassen werden, 13 erwiesen sich nicht besserungsfähig und wurden zur definitiven Aburteilung dem Gericht vorgeführt; — im Roxbury district gelangen unter 329 Versuchen[5]) nur 46 nicht; — der Report for the Suffolk County district 1887 führt 809 Fälle an, von

[1]) Die „praktische Ethik" arbeitet mit dem Satze: „Let us not confuse the virtue and strenght of Temperance with the vicious weakness (sic!) of Total Abstinence." Das Resultat ist überraschend: 57% der Elmiraner hatten „absolut kein Gefühl für Moral", 25% hatten „vielleicht welches"; während nur 38% Trinker zu Aszendenten hatten.

[2]) Auf die Persönlichkeit dieses Beamten kommt natürlich aufserordentlich viel an. Vgl. die Schilderung des Captain Savage bei Aschrott, Ersatz der kurzz. Freiheitsstr. (NWd. Gef.-Ver. XIX, 198 ff.)

[3]) disturbing the peace, worunter ganz kuriose Sachen rubriziert werden, als "playing ball on the Lord's day", "being present at a game of cards on the Lord's day".

[4]) Dafs diese pledges oft mere nominal, or ephemeral, für viele a passing joke seien, wird ganz offenherzig eingestanden: man macht sich keine Illusionen!

[5]) Grund: 165 drunkenness, 58 larceny, 12 "stubborn children". Wohl durch einen Irrtum sind die teetotal pledges zu 0 angegeben.

denen 43 mifsglückten (31 were surrendered for sentence, 12 ran away). Aufmerksam gemacht wird dabei, als auf eine der besten praktischen Konsequenzen, auf den Stimulus, der den Verwandten gegeben wird, auf die Verirrten einzuwirken, namentlich ihnen Stellungen zu verschaffen, was auch der Officer oft thut und was häufig eine Bedingung der Freibelassung ist. Bemerkt sei noch die gar nicht seltene Verbindung mit Kautionsleistungen (namentlich Kaution, auf Aufforderung vor Gericht erscheinen zu wollen). Neuerdings teilt Aschrott noch folgende Zahlen mit: 1879—1883 hat die Stellung auf Probe in 2800 Fällen Anwendung gefunden, 223 haben die Bedingungen nicht erfüllt (7,96%), 44 sind in der Schwebezeit ausgewandert (1,57%). Hiermit hängt offenbar die irrtümliche Mitteilung von Prins auf dem Brüsseler Kongrefs zusammen (Mitteil. Heft 3, p. 147 = S. 178). Im ganzen sind (Aschrott, Ersatz u. s. w. a. a. O. S. 199 f.) in den 10 Jahren des Bestehens dieses Institutes in Boston 7251 Personen in Conditional Liberty gesetzt worden, von denen bei 6939 ein definitives Resultat vorlag: es hatten nämlich die Probezeit nicht bestanden 473=6,82%, der Beaufsichtigung entzogen sich 107=1,54%; von Erfolg war demnach das Verfahren begleitet bei 6359=96,64%. Wie man sieht, ein recht günstiges Resultat und in den ganzen 10 Jahren noch vorteilhafter, als in den ersten vier! Von Interesse, wenn auch kaum ganz zuverlässig, ist dabei die Bemerkung, dafs die Probation in 25% aller Fälle eine Gefängnisstrafe ersetzte, in 75% eine Geldstrafe, die in etwa 65% nicht exequierbar gewesen sein würde.

Das Massachussetts Probation System lenkte bald die Augen anderer Regierungen auf sich; es wurde in zwei englischen Kolonieen eingeführt: Victoria und Neuseeland. Das Gesetz für letzteren Staat, welches das Prinzip in aller Unverfälschtheit und in strenger Anlehnung an das amerikanische Vorbild zeigt, sei in aller Ausführlichkeit hierhergesetzt. Es führt den Titel: An Act to permit the Conditional Release of First Offenders for Probation of Good Conduct, 50. Vict. no. 22, 9th August 1886. (Akte, die bedingte Loslassung zum erstenmal Angeklagter zur Prüfung ihres Wohlverhaltens [1]) zu ermöglichen) und lautet im wesentlichen:

(Preamble). WHEREAS it would be conducive to the public good if first offenders were in certain cases permitted to be at large on probation, without suffering imprisonment:

For such purpose —

Be it enacted by the General Assembly of New-Zealand in Parliament assembled, and by the authority of the same, as follows: —

1. (Short Title.) The Short Title of this Act is "The First Offenders' Probation Act, 1886."
2. (Interpretation.) In this Act . . . .

. . . . "Offence" means any indictable offence, not being one for murder, attempted murder, burglary, coining, corrosive fluid throwing, demanding money with menaces, extortion of money under threats of accusation of crime, placing an explosive substance to endanger life or property, rape, robbery with violence, or an offence attended by irreparables or serious consequences and either endangering life, or indicating in the opinion of the Court, an established criminal intention on the part of the accused, and includes any indictable offence which may be dealt with and disposed of by a Court of summary jurisdiction:

"Offender" means a person whose previous character has been good, and against whom an indictment has not previously been laid or a warrant of arrest for an indictable offence issued, convicted of an offence by

[1]) Man beachte die Verschiebung der Bedeutung des Wortes „Probation".

verdict of a jury, or by a Court of summary jurisdiction.

2. (Erläuterung.) In diesem Gesetz bedeutet „Strafthat“ ede vor die Geschwornen[1]) gehörige Strafthat, ausgenommen Mord, Mordversuch, Einbruch, Münzverbrechen, Schleudern von Atzmitteln, Betteln unter Drohungen, Erpressung unter Bedrohung mit Kriminalanklage, Legen explosiver Stoffe zur Gefährdung von Menschen oder Eigentum, Notzucht, Raub mit Gewalt, oder überhaupt eine von nicht wieder gut zu machenden oder ernsthaften Folgen begleitete Strafthat, die entweder Menschenleben gefährdete oder in der Meinung des Gerichtshofs eine gefestigte rechtswidrige Absicht auf seiten des Angeklagten anzeigte; und schliefst jede vor die Geschwornen[1]) gehörige Strafthat in sich, die vor einem Gerichtshof mit summarischer Gerichtsbarkeit verhandelt und abgeurteilt werden kann: — „Thäter“ eine Person, deren bisheriger Lebenswandel gut gewesen, und gegen die zuvor keine Anklage erhoben oder Haftbefehl ergangen ist wegen einer vor die Geschwornen[1]) gehörigen Strafthat, wenn dieselbe durch Wahrspruch einer Geschwornenbank oder einen Gerichtshof mit summarischer Gerichtsbarkeit schuldig befunden worden ist.[2])]

3. (Governor may make regulations.) [Der Governor kann Anordnungen erlassen.]

4. (Governor may appoint Probation Officers.) [Der Governor kann Überwachungsbeamte ernennen.]

5. (Probation Officers to have the powers of constables.) [Sie sollen die Machtbefugnis von Konstabeln haben.]

6. (Duties of Probation Officiers.) It shall be the duty of every Probation Officer: —

[1]) Bekanntlich kann aber ein indictable offence (im Fall der Jugend oder des Geständnisses des Angeklagten) doch in die Kompetenz des Friedensrichters fallen.

[2]) Diese beachtenswerte Voraussetzung fehlt im Massachussetts Probation System!

(1.) To inquire carefully into the character and offence of every person arrested for any first offence, for the purpose of ascertaining, whether the accused may reasonably be expected to reform without imprisonment;

(2.) To keep a full record of the results of his investigations. [Vgl. oben wörtlich ebenso Massach. Prob. Act.]

[6. Jeder Überwachungsbeamte hat die Pflicht 1) sorgfältig Lebenswandel und Strafthat jeder Person zu untersuchen, die wegen einer ersten Strafthat verhaftet ist, um sich zu vergewissern, ob man die Besserung des Angeklagten ohne Gefängnis vernünftigerweise erwarten kann; 2) einen genauen Bericht der Ergebnisse seiner Nachforschungen zu erstatten.]

7. (To recommend release of accused persons upon probation.) It shall be the special duty of every Probation Officer, if satisfied upon investigation, that the best interests of the public and the offender would be subserved by placing him upon probation, to recommend the same to the Court trying the case.

[7. (Loslassung Angeklagter auf Probe zu empfehlen) s. oben Massachussetts].

8. (Court may release first offenders on probation.) When any person is convicted of an offence as defined by this Act, and it is a first offence so far as the Court is not aware to the contrary, the Court before which he is so convicted may, instead of sentencing him at once to any punishment, direct that he shall be placed upon probation in terms of this Act for any period not exceeding the longest term of imprisonment to which he might be sentenced.

[8. (Der Gerichtshof kann einen Thäter beim ersten Mal auf Probe freilassen.) Wenn eine Person einer Strafthat, wie sie dies Gesetz definiert, schuldig befunden, und es, soweit der Gerichtshof nicht das Gegenteil weifs, ihre erste Strafthat ist, so kann der Gerichtshof, vor welchem sie so schuldig befunden wurde, statt sie auf der Stelle zu einer Strafe zu verurteilen, anordnen, dafs sie nach Mafsgabe dieses Gesetzes für eine Frist, die nicht das Höchstmafs von Gefängnis übersteigt, zu welchem die Person hätte verurteilt werden können, auf Probe gestellt werde.]

9. (Conditions of release to be furnished to person released.) The conditions of the liberty accorded to a person released upon probation . . . . . ., in addition to any special conditions which may be imposed by the Court, a copy of which shall be furnished to the person released upon probation, shall be —

(1.) That he shall report himself, where directed twenty-four hours after liberation:

(2.) That he shall report himself, in person, once in every month where directed, between the hours of nine in the morning and nine in the evening on the days specified, unless the Probation Officer shall authorize such report to be made in writing:

(3.) That he shall reside — that is, sleep — at the address notified to the Probation Officer, in order that he may be at once found, if required for any legal purpose:

(4.) That he shall get his livings by honest means, the nature and place of which shall be specified to and approved of the Probation Officer:

(5.) That, if he shall change his address, he must give notice of his removal to the Probation Officer forty-eight hours prior to such removal; and if he shall remove to any place within the limits of a district of another Probation Officer, then he shall also, within twenty-four hours, notify the fact of his removal, as also his address and employment, to the Probation Officer in that district.

(6.) That he shall produce, when required by a police

officer, his license of conditional liberty issued by the Probation Officer by order of the Court.

(Costs of prosecution.) It may be a condition of every such release on probation that the offender shall enter into recognizances to be of good behaviour, with or without sureties, and shall pay the costs of the prosecution, or some portion of the same, within such period and by such instalments as may be directed by the Court. (Wörtlich auch im englischen Probation of First Offenders Act.)

10. (Discharge.) Upon the due and satisfactory fulfilment of all the conditions of his release, the person on probation at the expiration of the term of his probation shall be deemed to be discharged as if he had been sentenced and served the same.

[10. (Entlassung.) Nach gehöriger und befriedigender Erfüllung aller Bedingungen seiner Freiheit, soll der auf Probe Gestellte bei Ablauf seiner Probezeit als ein zu Entlassender gelten, als ob er seine Verurteilung empfangen und verbüſst hätte.] (Vgl. dieser klaren Fassung gegenüber das belgische Gesetz 31./V. 1888.)

11. (Person committed for trial unable to procure bail[1]) may be released in terms of this Act.)

[11. (Wenn eine Person, die vom Friedensrichter vor die Geschwornen überwiesen wird, nicht imstande ist, Sicherheit zu leisten,[1]) so kann sie nach Maſsgabe dieses Gesetzes in Freiheit belassen werden.)]

12. (Person on probation may be rearrested by Probation Officer.)

[12. (Der auf Probe Gestellte kann von dem Überwachungsbeamten wieder verhaftet werden.)]

[...... (the Court) may thereupon commit the offender

[1]) nämlich for his appearance when required, auf Ladung zu erscheinen.

to prison for any period allowed by law in respect of the offence whereof he was originally convicted, or again release him on probation on such terms as it shall think fit.]

13. (If committed, time on probation not counted as part of sentence.)

[Die schon verstrichene Probezeit ist auf eine nachherige Haftzeit nicht anzurechnen.]

14. (Monthly return of persons on probation to be sent to Minister of Justice.)

15. (Court of summary jurisdiction may discharge without sentence.)

(Supreme Court may direct discharge before or after verdict.)

[Die Bestimmungen des Artikel 15 sind schon beim „Discharge“ angeführt worden.]

Von der praktischen Wirksamkeit dieses Gesetzes, dessen Wortlaut wir soeben der Hauptsache nach mitgeteilt haben, liegen auch schon einige Ergebnisse vor, die in dem neuseeländischen Justizministerialbericht 1889, mit welchem ein „Report on the Operation of 'The First Offenders' Probation Act, 1886', for the Year ending 31st December 1888“ verbunden ist, folgendermafsen zusammengefafst sind: „The Act is working more satisfactorily than its most ardent supporters could possibly have anticipated.“ Aus dem Specialberichte heben wir hervor:

(sub 1, p. 4.) „It is exceedingly gratifying to be able to report that this Act continues to work smoothly and well, and generally carries out the intentions of its introduction. A reference to Table L. shows that 1887/1888 out of a total of 82 offenders treated under the Act, 40 satisfactorily carried out the conditions of their licenses and were duly discharged, 1 was rearrested and imprisoned, 1 absconded, and 40 remain still working out the conditions of their obligations, successfully.“

Tafel L. Alter und Fristen der auf Probe Gestellten.

Alter	Frist bis zu 3 Mon.	6 Mon.	12 Mon.	darüber	Sa
10 bis 15 Jahre	2	7	—	2	11
15 „ 20 „	13	12	1	5	31
20 „ 25 „	5	4	4	1	14
25 „ 40 „	5	7	2	2	16
über 40 „	3	1	3	3	10
Sa	28	31	10	13	82

Seit Inkrafttreten des Gesetzes (1. Oktober 1886) sind 203 Personen auf Probe gestellt worden; bei 143 gelang die Probe (= 70%), 49 haben die Bewährungsfrist noch nicht hinter sich (= 25%), 10 mufsten wieder dem Gericht vorgeführt werden (= 5%), einer entfloh. Die durch dieses Institut dem Gefängnis gegenüber gemachten Ersparnisse werden angegeben auf £ 2808. 17 s. 1 d.

Die guten Resultate der „Stellung auf Probe" in den beiden englischen Kolonieen waren es weniger, die zu einer Einführung des Systems auch in Alt-England leiteten, — höchstens dafs dieselben bei den Beratungen unterstützend mitwirkten —; sondern vielmehr die Bewährung in Massachussetts. Man knüpfte dabei an Einrichtungen an, die sich schon seit alten Zeiten, zum Teil sogar seit Jahrhunderten in Grofsbritannien herausgebildet hatten und von denen Beispiele Mathew Davenport Hill für Birmingham und Tallack für die Londoner Altstadt erwähnen;[1]) dieselben sind indes fast stets mit einer Recognizance verbunden, von der wir erst später zu handeln haben, und ferner auf sehr engen Kreis beschränkt (vgl. das „City Custom of Apprentices" vor dem Chamberlainhofe bei Tallack). Ein wirklicher Vorläufer wäre dagegen (nach Tallack) der Summary Jurisdiction Act 1879 gewesen, insofern er sowohl die (vom Juvenile Offenders Act 1847 herrührende) Machtbefugnis der Magistrate, Jugendliche mit blofsem Verweis zu

[1]) vgl. Lammasch, Mitteil. der internat. krim. Vereinigung I. 1 S. 38 u. a. m.

entlassen, erweiterte, als auch der Geldstrafe ein viel gröfseres Gebiet zuwies. Wie dem auch sei, seit 1881 war das Komitee der Londoner Howard-Gesellschaft in Schrift und Wort eifrig bemüht, auf die wohlgelungenen nordamerikanischen Experimente aufmerksam zu machen; ein Memorandum gelangte durch den Home Secretary in die Parlamentsakten; durch einen Mr. Sturge wurde die Idee der Royal Commission on Reformatories anempfohlen, schliefslich wurde sie von Mr. Howard Vincent,[1]) Parlamentsmitglied für Sheffield, in einer Versammlung des Social Science Congress verfochten und von diesemselben auch eine Bill im Unterhause eingebracht (Januar 1886). Indessen kam es wegen mehrfachen Hin- und Herschickens zwischen Ober- und Unterhaus erst im folgenden Jahre vor dem neuen Parlament zur endgültigen Annahme, und seit dem 8./VIII. 1887 ist das Probation System ein Teil des English Statute Law. Doch hat es sich hierbei, wohl indem die altenglischen Ansätze zäh festgehalten wurden, sehr an kontinentaleuropäische Gedanken angenähert, wie denn unter diesem unverkennbaren Einflufs auch die Probation Officers weggefallen sind. Auffallend ist die mehrfache wörtliche Übereinstimmung mit dem New Zealand Act.

Wir geben im folgenden eine Übersetzung[2]) des interessanten Gesetzes, dessen englischer Name lautet: An act to permit the conditional release of first offenders in certain cases (50 et 51 Vict. chapt. 25.): —

Artikel 1. — 1) In jedem Falle, in welchem eine Person schuldig befunden[3]) ist des Diebstahls, der Unterschlagung

---

[1]) mehrjähriger Chef der hauptstädtischen Polizei.

[2]) Den englischen Wortlaut (teilweise) s. bei Tallack p. 313 und v. Liszt Z IX, 763.

[3]) Aschrott, Ersatz kurzz. Freiheitsstr. (NWd. Ver. f. Gefängniswesen XIX, 195) glaubt dies besonders betonen zu müssen, weil es oft in Deutschland übersehen werde. In der That drückt sich v. Liszt Z IX, 764 mindestens mifsverständlich aus, und ganz irrtümlich ist es, wenn Schütze,

oder irgend einer andern Strafthat, welche mit Gefängnis nicht über zwei Jahren bestraft werden kann, und in welchem gegen diese Person keine frühere Verurteilung erwiesen ist, kann der Gerichtshof, vor welchem dieselbe so schuldig befunden wurde, falls er es in Rücksicht auf die Jugend, den Charakter und das Vorleben des Thäters, auf die geringfügige Natur der Strafthat, oder auf irgendwelche mildernde Umstände, unter denen die Strafthat begangen wurde, für gut befindet, daſs der Thäter zur Prüfung seines Wohlverhaltens auf freiem Fuſs belassen werde, statt ihn sogleich zu einer Strafe zu verurteilen, anordnen, daſs er, gegen sein Eingehen einer Verpflichtung, mit oder ohne Bürgschaft und auf solange Zeit als der Gerichtshof anordnet, auf Vorladung zu erscheinen und sein Urteil entgegenzunehmen, unterdes aber Frieden zu halten und ein gutes Betragen zu beobachten, in Freiheit belassen werde.

2) Der Gerichtshof kann, wenn er es für passend hält, anordnen, daſs der Thäter die Kosten der Verfolgung oder einen Teil derselben innerhalb der Frist und in den Raten, wie der Gerichtshof anordnet, zahlen solle.

Artikel 2. — 1) Wenn zufolge einer eidlich bekräftigten Untersuchung der für die ursprüngliche Strafthat zuständige Gerichtshof oder ein Gerichtshof mit summarischer Gerichtsbarkeit den Beweis erlangt, daſs der Thäter gegen eine Bedingung seiner Verpflichtung verstoſsen hat, so kann er gegen ihn einen Haftbefehl erlassen.

2) Der auf Grund dieses Haftbefehls verhaftete Thäter muſs, wenn er nicht sofort dem zuständigen Richter vorgeführt wird, vor einen Gerichtshof mit summarischer Gerichtsbarkeit gebracht werden, und dieser Gerichtshof kann ihn in Haft behalten bis zu dem Termin, an welchem er gemäſs seiner Verpflichtung gehalten war zu erscheinen und sein Urteil entgegen-

---

Die sog. bed. Verurt. S. 9, an die „auſserordentliche (Verdachts-) Strafe schlimmen Angedenkens“ erinnert. Vgl. übr. S. 113 Anm. 2.

zunehmen, oder bis zur Sitzung des für die ursprüngliche Strafthat zuständigen Gerichtshofes, oder er kann ihn auch gegen eine zur Sicherstellung seines Erscheinens genügende Kaution frei belassen.

3) Der kraft des Haftbefehls festgenommene Thäter kann in dem Gefängnis der Grafschaft oder des Ortes, wo das die Festnahme verfügende Gericht seinen Sitz hat, oder in dem der Grafschaft oder des Ortes, wo er zur Entgegennahme des Urteils erscheinen soll, detiniert werden, und der Haftbefehl soll anordnen, dafs er dem Richter vorgeführt werde, vor dem er nach der ihn in Freiheit lassenden Entscheidung verpflichtet war zur Entgegennahme seines Urteils zu erscheinen oder wegen seines Verhaltens sich zu verantworten.

Art. 3. — Ehe ein Gerichtshof auf Grund gegenwärtigen Gesetzes anordnet, dafs ein Schuldiger in Freiheit belassen werde, mufs er sich versichern, dafs der Thäter oder sein Bürge einen festen Wohnsitz oder regelmäfsigen Beschäftigungsort in der Grafschaft oder Gemeinde hat, wo dieser Gerichtshof seinen Sitz hat, oder wo der Thäter während der zur Innehaltung der ihm auferlegten Bedingungen festgesetzten Frist sich aufhalten mufs.

Art. 4. — In diesem Gesetz umfafst der Ausdruck „Gerichtshof" die Gerichtshöfe mit summarischer Gerichtsbarkeit.

Art. 5. — Dieses Gesetz soll den Titel führen „Probation of First Offenders Act" — „Gesetz, diejenigen, die zum erstenmal eine Strafthat begehen, auf Probe zu stellen."

Einen so grofsen Fortschritt nun auch dies Gesetz, das, wie wir sehen, den Begriff der Probation wieder in einem weiteren Sinne nimmt und viel mehr umfafst, als die bedingte Verurteilung, bezeichnen mag, wie sehr ihm auch die Abnahme der Gefangenen und Gefängnisse in Grofsbritannien nach Tallack mit zuzuschreiben sei, wie sehr namentlich auch die fast verschwindende Anwendung der Einsperrung auf Jugendliche in dieser Tendenz bestärkt werde, wie sehr ferner dieses System allen sonst erprobten überlegen sein mag, weil es billiger, minder herabwürdigend, bequemer anzuwenden und von besseren Erfolgen begleitet zugleich sei, und wie sehr es sich endlich auch als wünschenswert darstelle, auf diesem Wege nicht stehen zu bleiben, sondern gegenwärtiges Gesetz nur zur Basis und zum Ausgangspunkt zu nehmen [1]) —: so wenig können wir doch umhin, auch auf die schweren Mängel der englichen Gestaltung des Prinzipes aufmerksam zu machen. Besonders könnten wir derselben niemals den Vorzug vor dem oben in seinen Umrissen gezeichneten Sursis à l'exécution des belgisch-französichen Rechtes geben, wie es Dubois [2]) thut; denn daſs der Schuldige nicht mit bloſsem Verweise, mit einem Trugbild der Strafe, davonkommt, liegt eben in jeder bedingten Verurteilung; was aber die sonstige gröſsere Milde des englischen Verfahrens, bei welchem der Angeschuldigte nicht durch eine Straffestsetzung „geschlagen und gebrandmarkt" würde, anlangt, so hat dieselbe einerseits ihr bedenkliches Gegenstück, und anderseits liegt darin gerade der Mangel, die Halbheit. Das nämlich dürfte wohl der Fehler sein, daſs man den besagten Schritt, der jene Anschauungen dem Ideeenkreise des festländischen Europa näher brachte, nicht völlig gethan hat. Zwar, was uns als Kern der Realisierung des Prinzipes in Nordamerika und Neuseeland entgegentrat, das Institut der Überwachungsbeamten, hat man nicht haben wollen, Mr. Howard Vincent mit seinem Vorschlage, den offender placed on probation unter die Aufsicht einer vom Gerichtshof bezeichneten Autorität, ja auch

---

[1]) May it lead to further advances in the adoption of more economic, more reformatory and more effectually preventive modes of dealing also with adult transgressors against the law, than by an excessiv resort, as in the past, to either the solitary cell, or the corrupting convict gang. (Tallack 309.)

[2]) Verhandl. der Prem. Sect. der Soc. Gén. des Prisons (Jan. 1888. Bull. XII, 149).

nur einer Schutzgesellschaft oder Wohlthätigkeitsanstalt, zu stellen, wurde aufs heftigste bekämpft, — und doch konnte man von dem Boden, auf welchem eine so scharfe Kontrolle als nötig erwachsen war, sich nicht losreifsen, doch konnte man das nicht verleugnen, was Alimena als „Spezialität" des englischen Rechtes so scharf hervorhebt: die Zurückschiebung des Urteils selbst, den „rinvio del giudizio stesso". Darum bezeichnet auch derselbe Alimena das englische System als ganz verfehlt (difettosissimo). „Es ist für uns Südländer unbrauchbar," sagt er, „die wir wegen unseres empfindlichen und heifsblütigen Temperamentes, wie der grofse englische Philosoph Spenzer sagt, nicht sowohl schwere Strafen, als rasche Strafen nötig haben. Ein Urteil, das nach drei, vier Jahren kommt, ist eins, das niemals kommt, das keinen Eindruck macht. Zu einem Übelthäter zu sprechen: "Komm nach ein paar Jahren wieder, dafs ich dich richte!", erinnert an den Prätor in Rom, der, wenn er weder freisprechen noch verurteilen konnte, so sprach: "Kehre nach hundert Jahren wieder, und du sollst dein Urteil empfangen!" Gar traurig ist ferner die Lage des Schuldigen: Sklave so schwerer Verpflichtungen, kann er auf einfache Weisung hin verhaftet werden, kann er eine lange Vorhaft dulden müssen. Die Urteilsverschiebung im englischen Recht hat eine verdammte Ähnlichkeit mit der Zurechtweisung in unsern Polizeigesetzen." [1]) Diese Rüge kehrt nun auch in allen anderen ausländischen Besprechungen wieder, selbst die wohlwollende Empfehlung Lammaschs [2]) setzt als selbstverständlich die Änderung voraus, dafs die Strafe wirklich auszusprechen sei. von Liszt (Z IX. 764) findet es mit unsern deutschen Rechtsanschauungen unvereinbar, dafs man einen

[1]) Das Odium dieser „Zurechtweisung" liefs auch im ital. StGB., wie die Mot. bemerken, den Namen ammonizione vermeiden und die Bezeichnung riprensione giudiziale wählen.

[2]) Z IX, 448.

Menschen, ohne dafs ein rechtskräftiges Urteil die Begehung einer strafbaren Handlung wirklich feststellt,[1]) unter so schwere Bedingungen, unter Mafsregeln, die in Freiheit und Ehre immerhin tief genug eingreifen, auf mehrere Jahre stelle. Um so weniger könnten wir das Probation System adoptieren, als es für uns einen sehr unangenehmen Beigeschmack durch die fatale Parallele zu der allgemein verhafsten Polizeiaufsicht erhielte. Dem durch diese Gebrandmarkten ist, wie oft ausgeführt (cf. Braune Z IX. 807 ff.), eine ehrliche Laufbahn geradezu verschlossen; hat er z. B. in dem vielleicht in der Strafanstalt erlernten Handwerk eine Stelle als Gesell bekommen, so dauert das nicht lange: ein Besuch des überwachenden Kommissars, und unfehlbar wird ihm gekündigt; man will nicht „die Polizei im Hause haben". Einem solchen Paria ist nun der auf Probe Gestellte, wenn man die Beaufsichtigung in die Hände von Beamten giebt, äufserlich gleichgesetzt, und den inneren Unterschied sieht kein Laienauge. Das wäre noch schlimmer für ihn, als die Freiheitsstrafe. In der That ist selbst von amerikanischem Standpunkte aus eine solche Behandlung einer Person, die Sonntags Karten gespielt hat,[2]) wenn auch nur für zwei Monate, einfach lächerlich.

Das englische Gesetz nimmt also, so sehen wir, eine Zwitterstellung ein, in der es einesteils keine entschieden durchgeführte Polizeiaufsicht besitzt, andernteils aber auch nicht den dann so nahe liegenden und seinen Autoren sicherlich bekannten Gedanken einer Aussetzung nur des Strafvollzugs nach ausgesprochenem Urteil adoptiert hat. Ob man ihm daher, in dieser Gestalt wenigstens, viel Erfolg und langes Bestehen weissagen kann, ist zum mindesten zweifelhaft.

---

[1]) s. o. S. 119 Anm. 3.

[2]) Vgl. oben Massachussetts S. 110 Anm. 3.

2. Die Aussetzung der Strafvollstreckung.

Wir kommen nunmehr zu dem neuesten unter den vorgeschlagenen Ersatzmitteln der kurzzeitigen Freiheitsstrafe, aber zugleich zu dem hoffnungsvollsten, zu demjenigen, das die meisten Anhänger besitzt und auch an praktischen Erfolgen die andern überflügelt: zum Sursis à l'exécution, zur Condamnation conditionelle, zur sospensione della pena, zur bedingten Verurteilung, zur Aussetzung des Strafvollzuges, zum Urteil mit bedingter Strafe, oder was man sonst für Namen dafür hat. Die ungeheuer reichhaltige Litteratur erschöpfend zu behandeln, ist unmöglich.

Wir beginnen mit Frankreich, wo dieses System zuerst in neuester Zeit aufgetaucht oder vielleicht wieder aufgetaucht ist; jedenfalls fehlt es uns zur Beurteilung früherer Maſsregeln oder Bestrebungen in dieser Rücksicht völlig an Material, und als 1884 Bérenger mit einem Gesetzesvorschlag auftrat, war das Prinzip ein durchaus neues. Der eingereichte Entwurf hatte den vollen Titel: Proposition de Loi sur l'aggravation progressive des peines en cas de récidive et sur leur atténuation en cas de premier délit; der erste Teil ist in der Loi du 27./V. 1885 sur les récidivistes und in der Loi du 14./VIII. 1885 sur les moyens de prévenir la récidive (libération conditionnelle, patronage, réhabilitation) längst Gesetz geworden, der zweite (noch ausstehende) enthielt vornehmlich eine Modifikation des Art. 463 des Code pénal. Dieser hatte schon in der Fassung vom 13./V. 1863 wesentliche Strafmilderungen begründet; es heiſst dort: „Die gesetzlichen Strafen gegen den- oder diejenigen unter den schuldig befundenen Angeklagten, zu deren Gunsten die Jury das Vorliegen mildernder Umstände erklärt hat, werden wie folgt abgeändert: . . . . . . In allen Fällen, wo das Strafgesetz Gefängnis- oder Geldstrafe ausspricht, ist der Gerichtshof ermächtigt, selbst bei Rückfall die Gefängnisstrafe auch unter 6 Tage und die Geldstrafe auch unter 16 frcs. zu ermäſsigen; auch kann er die eine oder andere dieser Strafen getrennt aussprechen und selbst die Geldstrafe an Stelle des Gefängnisses treten lassen, ohne dass er indes unter die einfachen Polizeistrafen hinuntergehen darf.“ Statt dessen wollte Bérenger setzen: „Wenn im Fall der Verurteilung zu Gefängnis mildernde Umstände vorliegen, wenn auſserdem der Beschuldigte keine Verurteilung erlitten hat, und wenn sein früheres Verhalten, seine Stellung, die Zeichen seiner Reue genügende Gewähr zu bieten scheinen, so werden die Zuchtpolizeigerichte ermächtigt, nachdem sie die Verurteilung ausgesprochen, in einer mit Gründen versehenen Entscheidung anzuordnen, daſs die Vollstreckung der Strafe aufgeschoben werde, solange der Verurteilte nicht neuen Anlaſs zu Klage biete. — Im Fall einer zweiten Verurteilung in einer Frist von fünf Jahren wird die erste Strafe zuvörderst vollstreckt und darf nicht mit der zweiten verrechnet werden. Die Vollstreckung beginnt mit dem Tag der Inhaftnahme zu laufen.“ Der Entwurf, an dem die Menge der Voraussetzungen und das Fehlen einer oberen Grenze bei der zu ersetzenden Gefängnisstrafe beachtenswert sind, enthält schon alle wesentlichen Merkmale des belgisch-französischen Strafaussetzungssystems. Seine Begründung weist den bis in die allerjüngste Zeit (vgl. z. B. Grenzboten vom 21./IX. 1889), namentlich aus Laienmund oft gehörten, ziemlich oberflächlichen Einwand zurück, daſs hier oft ein Schuldiger straflos wegkomme, daſs keine Züchtigung auf ihm laste und die Sache für die Öffentlichkeit den Anschein der Freisprechung gewinne. „Der Einwurf wäre ernsthaft“ — wird dort gesagt — „wenn immer schwebende Drohung mit der Strafe nicht als ebenso wirksam (inflictive) betrachtet werden müſste, als die Strafe selbst. Aber die Beobachtung erlaubt keinen Zweifel daran, daſs der Mensch allemal der Furcht vor dem Übel zugänglicher ist, als dem Übel selbst, und daſs jene zugleich einen tiefern und nachhaltigeren Eindruck auf sein Gemüt ausübt. Einige Tage Gefängnis abzusitzen, ist sicherlich une pénale épreuve, aber eine Prüfung, die fast so schnell vorüber, als empfunden ist, und deren Erinnerung sehr rasch verblafst; unaufhörlich die Drohung des Gefängnisses vor Augen zu haben, ist härter und übt auf den Geist einen Eindruck aus, der sich nicht wegwischen läfst, wie die Strafe selbst." So werde vereint, was jede gute Strafjustiz sich zum Ziel setzen müsse: „le minimum de pénalité avec le maximum d'intimidation".

Es folgte, da anscheinend jene Worte ungehört verhallten, ein Entwurf von Michaux: [1]) Proposition de Loi, relative au pardon, au sursis à l'exécution des peines en cas de premier délit, à l'emprisonnement et à l'amende, dessen ersten Artikel wir bereits kennen lernten. Es lautet

Article second. — Lorsque les tribunaux correctionnels prononceront la peine de l'emprisonnement contre un prévenu qui n'aura subi aucune condamnation, ils pourront, si les circonstances paraissent atténuantes, déclarer qu'il y a lieu de surseoir à l'exécution de cette peine.

Le sursis ne dépense pas de la condamnation aux frais; il ne peut dépasser le délai de cinq années.

Si, pendant ce délai, le condamné n'a pas subi aucune nouvelle condamnation, la peine sera purgée.

(So oft die Zuchtpolizeigerichte gegen einen Beschuldigten, der noch keine Verurteilung erlitten hat, Gefängnisstrafe verhängen, können sie, falls mildernde Umstände vorliegen, erklären, dafs ein Aufschub der Vollstreckung dieser Strafe Platz greife. Der Aufschub befreit nicht von der Verurteilung in die Kosten; er darf die Frist von 5 Jahren nicht überschreiten. Hat während jener Frist der Verurteilte keine neue Verurteilung erlitten, so ist die Strafe damit abgethan.)

---

[1]) (Schoelcher, Béral, Mazeau, Naquet, Tolain.) Bull. X, 259.

Also im wesentlichen — abgesehen von der Regelung der Kostenfrage und von der Erleichterung der Voraussetzungen — dieselbe Behandlung wie bei Bérenger. Beide Vorschläge wurden Kommissionen überwiesen oder vielmehr einer Kommission auf Verwendung Bérals, der in seinem Rapport sommaire, in der Senatssitzung vom 12./XII. 1885, u. a. folgende günstige Folgen als zu erwarten betrachtete: man erlaube diesen Leuten, inmitten ihrer Familien zu bleiben, die ihre Abwesenheit ins Elend stürzen würde, und beuge so einer fast unausbleiblichen Brandmarkung vor, die sie bisweilen geradezu gegen ihren Willen Verbrecher zu werden zwinge; — man lasse die einer gründlichen Reform so hinderliche Überfüllung der Strafanstalten verschwinden; — man verringere beträchtlich die Kosten der Gefängnisverwaltung.

Zu allem Überflufs brachte im Jahre 1886 noch ein Herr Reybert und Genossen eine dritte Proposition de Loi, tendant à donner aux tribunaux correctionnels la faculté d'attribuer un caractère suspensif aux condamnations prononcées par eux, mit wohlgemeintem, aber etwas konfusem Inhalt und in ziemlich ungeschickten Ausdrücken abgefafst, bei der Chambre des Députés zunächst mit keinem besseren Erfolge ein.[1])

Bei den Beratungen der ersten Sektion der Pariser Allgemeinen Gesellschaft für Gefängniswesen hielt man sich an

---

[1]) Proposition de Loi etc. Présentée par MM. Reybert, Gagneur, Bourgeois-Jura, Victor Poupin, Chamberland, Yves Guyot, Sigismond Lacroix, Colfavru — Députés. Der Wortlaut ist folgender (Bull. X, 1091):

Article 1. — Les tribunaux correctionnels, appréciant la gravité des délits et la valeur morale des délinquants traduits devant eux, pourront décider que la peine encourue ne sera pas appliquée et ordonner la mise en liberté suspensive des condamnés.

Article 2. — Dans le cas où les condamnés ayant bénéficié de l'article premier seraient traduits devant le tribunal correctionnel pour un délit nouveau et condamnés une seconde fois, les juges pourront déclarer exécutoire la première peine qui s'ajoutera à la nouvelle condamnation.

Article 3. — Il sera fait mention au casier judiciaire dans une colonne spéciale de la condamnation dont l'effet aura été suspendu.

Bérengers Modifikation des Art. 463 C. p., doch erschien es nach verschiedenen Erwägungen in einer Sitzung im Februar 1888 als geraten, ein Maximum der auszusetzenden Freiheitsstrafe zu bestimmen, und zwar ein recht niedriges Maximum. Von manchen Seiten wurden 6 Monate befürwortet, nach längerer Debatte einigte man sich auf Anregung von Rivière zu einem Monat (Bull. XII, 150). Für den Eingang jenes Abänderungsvorschlages wurde demnach beschlossen: „En cas de condamnation à un emprisonnement de moins de un mois, si les circonstances sont atténuantes, etc.“ [1]) Dagegen hatte in einer kurz vorher veröffentlichen Abhandlung: La réforme pénale et pénitentiaire, Labroquère das Maſs von drei Monaten anempfohlen (Bull. XII, 62); aus seinen Ausführungen geht übrigens, wie auch aus der Michauxschen Begründung deutlich der Einfluſs hervor, den die englische, nicht gesetzlich fixierte Praxis auf ihren Gedankengang und auf die Ausbildung der Theorie des Sursis gehabt hat.

Die eben angegebenen Vorschläge wurden fast allseitig günstig aufgenommen, wenn auch hier und da einige Bedenken laut wurden. In hübscher Weise stellt Alimena die Ansichten der Anhänger des Verweises einer-, des Sursis anderseits gegenüber, wobei er aber — wie schon oben angedeutet wurde [2]) und wie hier gegenüber v. Liszt, Mitteil. der Intern. krim. Ver. I, 1 S. 49, nochmals bemerkt sei, obwohl das ja an den dort vorgetragenen Gegengründen nichts ändern, sie höchstens in gewisser Weise verstärken kann, — unter Verweis weder die einfache réprimande, noch die komplizierte riprensione giudiziale con malleveria versteht, sondern ein Mittel, das wenig von Strafe an sich hat und am wenigsten eine starke Demütigung herbeiführen will, das vielmehr nur Konstatierung und Vor-

[1]) vgl. ob. S. 126, v. Liszt, Z IX, 765; Alimena, Riv. Pen. XXVII, 55 ff. sub V, Bull. XII a. a. O.

[2]) ob. S. 98 am Schluſs.

halten einer strafbaren Handlung einerseits und Warnung vor Wiederholung andrerseits ist, kurz den echten französischen Pardon. Daher seine Behauptung, die Kommission zur Reform des Code pénal habe das von ihm empfohlene System des Nebeneinanderstehens von Verweis und Strafaussetzung adoptiert (vgl. Franz. StGEntw. Art. 66 oben, Artt. 67—69 unten); daher seine individuelle Behandlung der Verbrecherklassen teils mit „perdono", teils mit „perdono da minaccia", teils mit „pena". (Riv. Pen. a. a. O. sub V.)

In jenem Streite nun um Verweis oder Strafaussetzung heifst es einmal: „Jener hilft für alle jene Delikte, die mehr durch Zufall als aus Schlechtigkeit begangen sind, den beklagenswerten Wirkungen der Bestrafung ab; das Mittelmafs vermeidet die Übel einer Freisprechung und die Übel einer Verurteilung." (Dies kann wörtlich auch für den Aufschub des Strafvollzugs geltend gemacht werden und wird es auch.) „Während der Verweis die Wirksamkeit der Strafe nicht vermindert, da er niemals eine laufende Münze sein kann, die durch aller Hand geht, sondern auf vielleicht 200 Fälle im Jahr beschränkt sein wird (?), wird die Strafaussetzung in einer zu grofsen Anzahl von Fällen angewandt werden. Sie hat überdies den schweren Mangel, dafs es seltsam und ungerecht scheinen mufs, wenn ein Individuum, welches nach der Art seines Deliktes sehr wohl nach 3 Jahren habilitiert werden könnte, unter jenem Alp 5 Jahre lang seufzen mufs." (Man sieht, dies wendet sich nur gegen die augenblicklich angenommene Form des Systems; das Prinzip ist vorher sogar anerkannt.) Von der Gegenseite sagt man, was wir oben ebenfalls schon geltend machten: „Der Verweis kann in einem kleinen Lande, wo alle sich kennen, nützlich sein, kann aber keinen Wert haben in Frankreich, wo die Bevölkerung so gleichgültig und zum Spott geneigt ist (così indifferente e beffardo). Ferner ist es nicht stichhaltig zu sagen, dafs er sehr selten angewendet werden wird, da man ja gerade nach diesen Reformen strebt, um das ewige Übel der kleinen Strafen los zu werden. Nun ist es klar, dafs bei seltener Anwendung des Ersatzmittels das Übel, welches man vermeiden will, selten vermieden wird." [1]) An diese Betrachtung, die übrigens im allgemeinen eine Wiedergabe der Verhandlung im Schofse der Société Générale des Prisons ist, knüpft Alimena in der schon angedeuteten Weise die Empfehlung beider Strafmittel: „Manche unter den Delinquenten flöfsen durch ihr Alter, Charakter, Vorleben, Wesen des Vergehens das Zutrauen ein, dafs zu ihrer Besserung der Verweis genüge. Andrerseits kann es in vielen Fällen, wenn wir uns Verbrechern gegenüber befinden, die nicht dies Vertrauen einflöfsen, gerecht und von Nutzen sein, nicht ihr Leben durch den entsittlichenden Akt einer kurzen Strafe zu zerrütten, und, da die Anwendung des Verweises gefährlich ist, wird man ein anderes Mittel, das mehr Sicherheit bietet, versuchen: die Strafaussetzung." Hieraus ist vollends klar, dafs nicht ein Verweis mit Friedensbürgschaft gemeint sein kann: dessen Anwendung wäre gar nicht gefährlich, ja böte mehr Sicherheit im Gegenteil, als die sospensione della pena, insofern man sich jeden Augenblick an das hinterlegte Geld halten kann, während jene zum wenigsten voraussetzt, dafs der rückfällige Thäter erst wieder ergriffen sei; es würde demnach dieses Mittel von mehr Mifstrauen zeugen und gerade nicht von mehr Vertrauen. Alimena meint auch eben einen blofsen Verweis, eine gerichtliche Verzeihung — denn bei den erwähnten Klassen ist eine scharfe Form ganz unnötig, ja wirkt weniger gut —; die Frage des Pardon aber und die Gründe zur Zurückweisung der Straflosigkeit in irgend einer Gestalt sind hinreichend erörtert; es sei hier nur nochmals betont, dafs eine definitive

[1]) Ähnlich Garraud, Traité théorétique et pratique de droit pénal français, t. I. p. 603. Paris 1888. Jedenfalls, meint Alimena „una cosa che fa pensare".

Erledigung auf diese Weise eben definitiv, eben irreparabel ist, während ein Fehler in der Handhabung der Strafaussetzung doch wieder wett gemacht werden kann; dafs man durch alleinige Zulassung des Sursis weder bei einigermafsen dehnbaren Gesetzesbestimmungen gewisse Schuldige zu schwer trifft, noch den Richter in eine ganz unnötige Verlegenheit der Wahl setzt. Die Friedensbürgschaft, und den damit verbundenen Verweis, behalten wir uns noch vor.

In der Realisierung nun eines Aufschubs des Strafvollzuges ging zunächst Belgien mit dem berühmten Gesetz vom 31./V. 1888 kühn voran und überflügelte Frankreich; doch auch dort wurde an der Verwirklichung des Gedankens langsam und im stillen gearbeitet, und auf der Brüsseler Versammlung der Internationalen kriminalistischen Vereinigung (7. u. 8./VIII. 1889) beanspruchte Prof. J. Leveillé aus Paris, Mitglied des Ausschusses für die Reform des französischen Strafgesetzbuches, sogar für die folgenden[1]) Bestimmungen des geplanten Entwurfes die Priorität vor dem belgischen Gesetze:[2])

(Chap. VI. §. 2.) Du sursis à l'exécution.

Article 67. — Le tribunal peut, lorsqu'il prononce une peine inférieure ou égale à trois mois d'emprisonnement ou de détention contre un inculpé n'ayant pas encore été condamné pour crime ou délit, ordonner qu'il sera sursis à l'exécution de cette peine.

Article 68. — Le sursis est revoqué de plein droit, si dans le

[1]) Mitteilungen, Heft 3 p. 154, 155 = S. 183. (La Belgique nous a devancé dans la réalisation de l'idée.)

[2]) vgl. auch BSG. XIII 923 (der sursis sei seit 1887 im franz. Entw.) und XIII 921, wo J. Leveillé folgendes bei Besprechung des Brüsseler Kongresses sagt: Les principes essentiels que MM. Prins, van Hamel et von Liszt ont arborés comme le drapeau des doctrines nouvelles, ce sont les principes mêmes qu'à Paris, soit à la Faculté, soit dans les commissions techniques, je défends avec une persévérance que rien ne lasse, depuis que j'ai le droit peut-être d'avoir en ces matières une opinion propre et une conviction réfléchie. Vgl. jetzt auch die neuen Vorschläge der Bérenger-Kommission, BSG. XIV, 401—409, 421—430.

délai de trois années le condamné commet un nouveau crime ou un délit passible de l'emprisonnement ou de la détention.

Dans ce cas, la première condamnation sera subie sans confusion avec la seconde.

Article 69. — La condamnation sera considérée comme exécutée, s'il n'est pas prononée de nouvelle condamnation dans les termes du précédent article.

(Art. 67. Wenn der Gerichtshof gegen einen Angeschuldigten, der noch nicht wegen Verbrechens oder Vergehens verurteilt worden ist, eine Strafe unter oder von 3 Monaten Gefängnis oder Einsperrung verhängt, so kann er verfügen, daſs der Vollzug dieser Strafe ausgesetzt werde. — Art. 68. Die Aussetzung wird von Rechtswegen widerrufen, wenn der Verurteilte innerhalb einer Frist von 3 Jahren ein neues Verbrechen oder ein mit Gefängnis oder Einsperrung bedrohtes Vergehen verübt. In diesem Fall wird die erste Verurteilung ohne Verrechnung mit der zweiten verbüſst. — Art. 69. Das Urteil gilt als vollstreckt, wenn keine neue Verurteilung nach Maſsgabe des vorigen Artikels ausgesprochen ist.)

Wir machen noch auf folgende Punkte aufmerksam: 1) Die Vergünstigung kann allen Personen zu gute kommen. 2) Verbüſsung einer Freiheitsstrafe wegen Übertretung hindert nicht die Anwendung, Verbüſsung einer andern Strafe wegen Verbrechens oder Vergehens macht sie nicht zulässig. 3) Ob die Verurteilung im Inlande erfolgt sein muſs, oder auch im Ausland erfolgt sein kann, ist nicht gesagt; ersteres hat mehr für sich. 4) Weitere Voraussetzungen betreffs des Charakters, der Persönlichkeit, des Deliktes sind nicht gemacht. 5) Nur emprisonnement und détention sind aufschiebbar; ob sie nur infolge mildernder Umstände eintreten, kommt nicht in Betracht. 6) Es ist (wie bei Labroquère) eine obere Grenze von drei Monaten gezogen. 7) Ob die Strafe bei Konkurrenz mehrerer strafbaren Handlungen oder mehrerer Strafgesetze stattfindet, oder nicht, bleibt sich gleich. 8) Von Sicherheitsleistung, Bürgschaft oder sonstigen Verpflichtungen, wie Wohnen an einem bestimmten Orte, Unterlassung des Besuches gewisser Lokalitäten u. dergl., wird die Vergünstigung nicht abhängig gemacht. 9) Die Dauer der Aussetzung ist nicht im Einzelfall dem Ermessen des Gerichts überlassen, sondern ein für allemal festgesetzt. 10) Sie beträgt drei Jahre, ist also kürzer als die allgemeine Verjährungsfrist. 11) Nach dieser Zeit gilt die Strafe als verbüsst, es kann also nicht die Wohlthat des Gesetzes gegen dieselbe Person zum zweiten Male zur Anwendung kommen. 12) Der Widerruf tritt nicht ein bei Verurteilung wegen Übertretung, auch zu Freiheitsstrafe. Er tritt ein, wenn ein mit emprisonnement oder détention bedrohtes Vergehen vorliegt, selbst wenn im gegebenen Fall andere Strafen angewendet werden (doch kann das Wort „passible“ zweifelhaft sein). 13) Bei der den Widerruf verwirkenden Verurteilung kann niemals Strafaussetzung eintreten. 14) Der Sursis gilt stets als Vorbestrafung.

Indem wir uns einem anderen Lande zuwenden und in der geschichtlichen Aufeinanderfolge einen Schritt zurück thun, wollen wir jetzt den ersten gesetzgeberischen Versuch in dieser Richtung, das vielgenannte belgische Gesetz vom 31./V. 1888, einer eingehenden Betrachtung unterziehen. Wir schicken voraus, daſs auch dort die Bewegung bereits im Flusse war, und bereits 1880 Prins in seinem mehrfach citierten Werke „Criminalité et répression“ (p. 109) zur Erweiterung der richterlichen Freiheit eine Unterscheidung in der Gefängnisstrafe in der Weise vorgeschlagen hatte, daſs in gewissen Fällen das Urteil augenblicklich vollstreckbar sein, dagegen in anderen nur vollzogen werden solle, wenn der Delinquent zum zweiten Male vor Gericht erscheint. Auf diese Vorgängerschaft und auf die der französischen Bestrebungen sich stützend, legte am 23./III.

1888 der belgische Justizminister Jules Le Jeune der Chambre des Réprésentants einen Gesetzentwurf vor, der später unverändert angenommen wurde und dessen Artikel IX, betreffend die bedingte Verurteilung,[1]) in Übersetzung heiſst (den Wortlaut s. u. S. 140.):

„Wenn ein Gerichtshof oder eine Rechtsbank zu einer oder mehreren Strafen verurteilt, so können sie, falls die zu verbüſsende Getängnisstrafe, sei es als Haupt- oder Nebenstrafe, sei es durch Zusammenlegung mehrerer Haupt- und Nebenstrafen, sechs Monate nicht übersteigt, und falls der Verurteilte keine frühere Verurteilung wegen Verbrechens oder Vergehens erlitten hat, in einer mit Gründen versehenen Entscheidung anordnen, daſs die Ausführung des Urteils oder der Verfügung verschoben werde, während einer Frist, deren Dauer sie festsetzen und die von dem Tage des Urteils oder der Verfügung an zu rechnen ist, aber fünf Jahre nicht übersteigen darf.

Die Verurteilung ist gleichsam nicht vorgekommen, wenn der Verurteilte während jener Frist keine weitere Verurteilung wegen Verbrechens oder Vergehens erleidet. Im entgegengesetzten Falle werden die Strafen, für welche der Aufschub bewilligt ist, und diejenigen, welche den Gegenstand der neuen Verurteilung ausmachen, zusammengehäuft."

Im Exposé des motifs wird kurz zusammengefaſst, was den Inhalt unseres zweiten Hauptteils ausmachte: leicht kenntliche und tief einschneidende Verschiedenheiten sondern die, welche das Gesetz der nämlichen Strafe unterstellt. Für viele liegt das Übel derselben voll und ganz in der Brandmarkung durch die gegen sie ergangene Sentenz, für viele wieder in dem peinigenden Gedanken an die Hunger leidenden Ihren; für andere ist die ganze Geschichte eine banale Formalität, das Gefängnis ein gut eingerichteter Gasthof (une hôtellerie bien

[1]) Das Gesetz sollte im übrigen die bedingte Entlassung einführen.

montée), in dem ein vorübergehender Aufenthalt, besonders im Winter, nicht ohne Reiz ist; für die grofse Mehrzahl das Übergangsstudium zwischen der Stellung des Mannes, den Selbstachtung und Familienbande auf dem Weg des Rechten halten, und der Lage des Unglücklichen, der in seinen Augen herabgewürdigt, vor seiner Familie entehrt, dem Gewohnheitsverbrechen verfallen ist. Die Wirkung der Einsperrung ist sehr selten eine moralische Erhebung, sehr häufig eine Entsittlichung, durch die das Gefängnis geradezu zur sozialen Gefahr wird; dem soll durch den Regierungsvorschlag gesteuert werden: hat der Richter Grund, von der Beschämung und dem Schrecken der öffentlichen Verhandlung eine wohlthätige Einwirkung auf den Angeklagten zu vermuten, so wird er ihn nur unter der aufschiebenden Bedingung eines Rückfalls verurteilen und die Frist nach Vorleben, Moralität, persönlicher Lage und Reuezeichen desselben abmessen. — In den Verhandlungen vom 1., 9. und 11. Mai, in welchen namens der Section centrale ein M. Thonissen das Gesetz befürwortete, und eben derselbe, sowie van Cleemputte und der Justizminister, noch verschiedene Male lebhaft für das Gesetz eintraten, wurde gerade nicht viel Neues geltend gemacht. Es wurde darauf hingewiesen, dafs zwei Thatsachen unwiderleglich durch die Statistik aller europäischen Völker bezeugt seien: das Vorherrschen und die Nutzlosigkeit der Freiheitsstrafen kurzer Dauer; dafs den zu Gefängnis Verurteilten sozusagen zwei Strafen träfen, eine moralische und eine materielle, dafs man es bei der ersten, die immer da sei, bewenden lassen und jene andere erst, wenn es unumgänglich nötig sei, nachholen könne; dafs es aber selbstverständlich sei, den Betreffenden nicht etwa unter steter Drohung fortleben zu lassen, sondern die Frist zu beschränken; dafs hierin für den so Verurteilten ein viel gröfserer Sporn läge, tadellose Sitten anzunehmen und festzuhalten, als für den gerichtlich Verfolgten überhaupt existiere. Wie es scheint, war man sich dabei über den Unterschied von dem englischen System und die (vor dem Act von 1887) verschwindende Anwendung desselben nicht klar; denn das Thema von der „seit 30 Jahren praktischen“ Vorgängerschaft Englands wurde eifrigst und zum öfteren ganz unrichtig ausgebeutet, um zu zeigen, dafs Belgien nicht etwa eine gewagte Neuerung mache, einen Sprung ins Dunkle unternehme. Erwähnenswert ist die Schlufssitzung vom 16. Mai, zunächst durch ein Amendement De Sadeleer, welches die Bedingungen, von denen die Strafaussetzung abhängt, ermäfsigen wollte: es sollte genügen, wenn der Angeklagte keine Verurteilung wegen Verbrechens und auf Rechnung von Vergehen keine Hauptstrafe von mehr als 8 Tagen Gefängnis erlitten habe; denn es wäre unvernünftig, einen einmal mit 1 frc. Geldbufse vorbestraften Menschen für unwürdig der Vergünstigung zu erklären. Der Justizminister führte dagegen Beispiele von „collectioneurs“ ins Feld, bei denen sich 30 bis 40 nie über 8 Tage Gefängnis hinausgehende Verurteilungen ansammelten; denn sie kännten völlig den Code und die Rechtssprechung und liefsen in ihrem casier nur Strafen ihrer Wahl zu. Er begrenzte bei dieser Gelegenheit zugleich das Gebiet der Begnadigung, die jenen Fehler der Strenge des Gesetzes gut zu machen habe, und schlofs, wie es scheint, durch die Forderung des Handinhandgehens von Begnadigung und Strafaussetzung, die erstere in dem Fall überhaupt aus, wo schon die letztere eingetreten.[1]) Vergebens war die Konstruktion von Fällen seitens der Antragsteller, in denen eine in Olims Zeiten (dans la nuit des temps) vorgekommene Lappalie wieder hervorgeholt werden und den einen von zwei Mitthätern von dem Aufschub der Vollstreckung ausschliefsen könnte: — der Justizminister beharrte dabei, an dem Prinzip dürfe nicht gerüttelt werden: pas d'indulgence pour les rechutes!, und die Kammer verwarf demge-

---

[1]) Zweifelhaft ist darüber v. Liszt Z IX, 759.

mäſs den Vorschlag. Immerhin ist es erfreulich, daſs auf diese Schwäche der belgischen Formulierung (wenigstens wo nicht die Begnadigung gewissermaſsen ein auſserordentliches Rechtsmittel darstellt) aufmerksam gemacht wurde; die Änderung, so wie sie gewünscht wurde, in das Gesetz aufzunehmen, würde allerdings wohl gefährlich, zum mindesten miſsverständlich gewesen sein. Man hätte eben weiter gehen, das Gesetz in seiner ganzen Tragweite erfassen und seine Natur als Ersatzmittel kurzzeitiger Freiheitsstrafen völlig würdigen sollen: da man ja doch eine wirkliche erste Einsperrung so lange als möglich verhüten wollte, so hätte man erklären sollen, daſs auch nur eine solche der gesetzlichen Wohlthat unwert mache; dann wäre man mit v. Liszt [1]) dazu gekommen, nur durch die thatsächliche Verbüſsung einer Freiheitsstrafe die Aussetzung des Vollzuges ausschlieſsen zu lassen, nicht aber durch Geldstrafe, Verweis u. a. m.

Jene letzte Verhandlung vom 16./V. 1888 brachte ferner die bekannte wichtige Interpellation des Justizministers durch den Abgeordneten Woeste über Auslegung der Worte: „La condamnation sera comme non avenue." — „Die Verurteilung ist gleichsam nicht vorgekommen" u. s. w. Im Sinne Le Jeunes bedeuteten diese Worte etwa: Die Verurteilung sei sehr wohl vorgekommen und habe auch ihre Wirkungen, nur in der kurz vorher angedeuteten Richtung, in der dem ganzen Gesetz zur Basis dienenden Beziehung, nämlich in Hinsicht auf ihre Realisierung, auf ihre Umsetzung in ein wirkliches Strafübel merke der Schuldige nichts von ihr, sei sie für ihn „gleichsam" nicht vorgekommen. Genau dieselbe Bedeutung war jenem Ausdruck auch gelegentlich in der Debatte untergeschoben worden, so bemerkte M. Thonissen [2]) beiläufig, wie selbstverstädlich: es sei ja nicht die Existenz einer Verurteilung be-

[1]) Z X 72.

[2]) am Schlusse seines Rapport, Séance du 1 mai 1888.

dingt, sondern allein die Ausführung der Strafe. Doch diese Interpretation war eine sehr enge; man mufste zu einer andern kommen, wenn man den Worten „non avenue“ ihre volle Kraft liefs. Deshalb warf M. Woeste die Frage auf: „Ich verstehe, wenn man sagt, eine Strafe solle nicht mehr ausgeführt werden; ist nun aber der Sinn des Ausdruckes im Entwurf der, die Verurteilung solle als nichtexistierend gelten, être considérée comme n'ayant jamais existé, comme inexistant? Sei nun ein Individuum bedingt verurteilt, die Verurteilung niemals ausgeführt worden, also nach Art. 9, Abs. 2 als nicht vorgekommen, d. h. nicht vorhanden anzusehen (devrait être considérée comme non avenue c'est-à-dire comme n'existant pas), — kann dieses Individuum folglich zum zweiten Male bedingt verurteilt werden?“ Man sieht, es war dem Herrn Justizminister nur ein, zur Vervollständigung geradezu notwendiges, „considérée“ in seinen Text hineinkorrigiert worden, das auch bis heute noch nicht daraus zu bannen gewesen ist,[1]) — aber ohne Zaudern und unumwunden erklärte er eine solche Rechtsprechung als dem Geist des Gesetzes absolut zuwider: „on m'objecte que, d'après le texte, la condamnation antérieure doit être considérée comme non avenue: — c'est là forcer le sens des mots!“ Und bei dieser seltsamen Entscheidung ist es auch geblieben; man ersetzte jenen Ausdruck, der freilich bislang noch keine praktische Bedeutung gewonnen haben wird, nicht durch so einfache klare Worte, wie wir sie im französischen Entwurf sahen, etwa durch ein „sera considérée comme subie“

[1]) Dies Wörtchen spukt noch immer dergestalt in dem Gesetze, dafs es meistens mitzitiert wird, als zum Wortlaut gehörig, obwohl es weder im Gesetzentwurf, noch in der von der Kammer, noch in der vom Senat angenommenen Fassung vorkommt. Ganz unheimlich wird die Sache vollends, wenn von zwei sonst bis auf das kleinste Tüttelchen übereinstimmenden amtlichen Ausgaben die eine mit, die andere ohne „considérée“ ist, und wenn Prins in der Révue de Belgique ohne, in den Mitteil. der Intern. krim. Ver. I. 1 mit „considérée“ zitiert. Es scheint u. E. richtiger zu fehlen.

„zal als voltrokken geacht worden," wenn man schon die Auffassung der Regierung gelten lassen wollte. Die Woestesche Interpellation, die natürlich allein dem Wortlaut des Gesetzes gerecht wird, hat aber wenigstens den fruchtbaren Gedanken angeregt, dem schon von v. Liszt mehrfach Ausdruck verliehen wurde und der sich an oben Bemerktes folgerichtig anschliefst, dafs nach günstigem Verlauf der Probezeit unbedenklich noch einmal bedingt verurteilt werden kann; denn nur eine wirklich verbüfste Freiheitsstrafe macht dessen unwürdig. Ob der Fall gerade viel vorkommen wird, ist eine andre Frage.

Demnach lautet nun der fremdsprachliche Text des Artikels 9 des Gesetzes vom 31./V. 1889, betreffend die Einführung der bedingten Entlassung und der bedingten Verurteilung:

> Les cours et tribunaux, en condamnant à une ou plusieurs peines, peuvent, lorsque l'emprisonnement à subir, soit comme peine principale ou subsidiaire, soit par suite du cumul de peines principales et de peines subsidiaires, ne dépasse pas six mois et que le condamné n'a encouru aucune condamnation antérieure pour crime ou délit, ordonner par décision motivée qu'il sera sursis à l'exécution du jugement ou de l'arrêt, mais qui ne peut excéder cinq années.
>
> La condamnation sera comme non avenue, si, pendant ce délai, le condamné n'encourt pas de condamnation nouvelle pour crime ou délit.
>
> Dans les cas contraire, les peines pour lesquelles le sursis à été accordé et celles qui font l'objet de la nouvelle condamnation, sont cumulées.

Der vlämische Wortlaut des Art. 9 der Wet waarbij voorwaardelijke invrijheidstelling en voorwaardelijke veroordeeling in het Strafrecht worden ingevoert, ist:

De gerechtshoven en rechtbanken, bij het veroordeelen tot éénе of verscheidene straffen, mogen, wanneer de gevangenzitting, te ondergaan, hetzij als hoofdstraf, hetzij als bijkomende straf, hetzij ten gevolge van samengevoegte hoofdstraffen en van bijkomende straffen, geene zes maanden overtreft en dat de veroordeelte nog geene vroegere veroordeling wegens misdaad of wanbedrijf heeft beloopen, bij met bewegredenen gestaafte beslissing, mogen bevelen dat de uitvoering van het vonnis of van het arrest zal opgeschorst worden gedurende een tijdsbestek waarvan zij den duur bepalen te rekenen van de dagteekening van het vonnis of van het arrest, maar die niet over de vijf jaar gaan mag.

De veroordeling zal als niet bestaande geacht worden, indien de veroordeelte gedurende dit tijdsbestek geene nieuwe veroordeling wegens misdaad of wanbedrijf beloopt.

In het tegenovergestelde geval, zullen de straffen waarvoor de opschorsing werd verleent, en die welke het voorwerp der nieuwe veroordeeling uitmaken, samengehoopt worden.

Die Besprechungen des belgischen Gesetzes, die sehr zahlreich sind, erteilen demselben fast alle [1]) ihre Zustimmung, so Brunner, [2]) Prins, [3]) von Jagemann; [4]) auch Lammasch (Z. IX. 448), der allerdings die Strafe ausgesprochen wissen will, aber sonst mit seinen Vorschlägen aufzuerlegender Bedingungen aller Art und zu bestellender Kautionen und Bürgschaft mehr dem englischen Vorbild folgt, citiert neben dem

---

[1]) Einige Bemerkungen über das belgische Gesetz von Domela-Nieuwenhuis in der Tijdschrift voor Strafrecht waren mir nicht zugänglich.

[2]) Allg. österr. Gerichtszeitung 1889 Nr. 1 ff.

[3]) Révue de Belgique 1888.

[4]) Bl. f. Gef.-K. XXIV, 17: „vielleicht in der Strafhöhe (von 6 Monaten) zu weit gehend“.

Avant-projet du Code pénal pour Neuchâtel 1888, Art. 373 f. das belgische Gesetz. Ebenderselbe widmete noch neuerdings (Mitteil. der Intern. krim. Ver. I, 1) der bedingten Verurteilung eine ausführliche Besprechung und prüfte, unter welchen Voraussetzungen die Einführung in sonstige Strafgesetzgebungen sich eigne. Kann der Gesetzgeber sich der Überzeugung hingeben, dafs die Freiheitsstrafen seines Rechtes ihrem Ideale vollkommen entsprechen, so wird er von deren Vollzug grundsätzlich nicht absehen können, vielmehr selbst eine Begnadigung auf ganz ausnahmsweise Umstände beschränken müssen: „Ist er aber nicht für alle Fälle von der Heilsamkeit oder auch nur Unschädlichkeit der von ihm angedrohten Freiheitsstrafen durchdrungen, so wird er sich der Erwägung der Frage nicht entziehen können, ob er nicht vielleicht die Zwecke des Strafrechts vollkommner erreicht, wenn er dem Richter die Ermächtigung einräumt, im öffentlichen Interesse auf die Geltendmachung des staatlichen Anspruchs auf Strafverbüfsung (unter gewissen Modalitäten) zu verzichten.“ „Das Auftauchen und die Erörterung dieser Frage liegt durchaus im Gange der Entwicklung, welche das Strafrecht einer Anzahl mitteleuropäischer Staaten in neuester Zeit genommen hat, indem deren Gesetzgebungen auch sonst Entstehung und Geltendmachung des öffentlichen Strafanspruchs von mannigfachen aufserhalb der That des Verbrechers selbst gelegenen Bedingungen abhängig gemacht haben, und zwar teilweise sogar von Bedingungen, die nicht bestimmt sind, das öffentliche Interesse, sondern einzig und allein dasjenige einer Privatperson, des Verletzten, zu wahren.“ Da nun fast nirgends Zufriedenheit mit dem herrschenden Strafsystem obwaltet, so müfste man überall ein Auge auf den Aufschub des Strafvollzugs werfen; nur für zwei Arten von Ländern würde derselbe nach Lammasch sich nicht empfehlen. Erstens würde es da bedenklich sein, die Vorstellung von der Notwendigkeit einer Aufeinanderfolge von Verbrechen und Strafe abzuschwächen, wo die Wirksamkeit der Strafdrohung als Generalprävention ohnedies eine geringe ist, weil viele Schuldige sich der Justiz entziehen; zweitens würde die Suspendierung nicht ratsam sein, wo das Vergeltungsbedürfnis ein besonders reizbares zu sein pflege. Nach diesen allgemeinen Erörterungen tritt L. noch in eine spezielle Würdigung einzelner Punkte ein: I. Was die Person des Beschuldigten anbetrifft, so sei die Einrichtung zunächst und besonders nützlich einmal für jugendliche Delinquenten — eine Amendierung des RStGB. §. 57_4 in diesem Sinne wird vorgeschlagen — und sodann für weibliche, da die Einflüsse, denen eine im übrigen sittlich noch unberührte Frauensperson seitens ihrer Mitgefangenen ausgesetzt ist, ungünstiger sind, als jene bei Männern. Bei männlichen Erwachsenen sollen eine Menge von Einschränkungen gemacht werden, die aber vorläufig noch zu wenig begründet sind und auch von v. Liszt[1]) nicht bestehn gelassen werden: man solle einzelne Deliktsgattungen, z. B. Zweikampf, grundsätzlich ausscheiden, bei andern Zustimmung des Verletzten fordern, auch den Fall realer Konkurrenz ausnehmen. Der vorletzte Punkt wurde nachher auch auf der Brüsseler Versammlung von Garofalo beantragt; aber wie überhaupt auf die Bemerkungen von Seuffert-Breslau und Tempels-Brüssel hin die Stimmung der Privatanklage wenig günstig war, nur in ganz untergeordneten Fällen ein Mitreden des Verletzten zugestanden und im übrigen das soziale Interesse an der Strafe betont wurde, so trat man auch dieser Forderung u. a. mit der schlagenden Konsequenz entgegen: falls bei leichten Beeinträchtigungen die Zustimmung des Gekränkten einzuholen wäre, würde dieselbe um so mehr für schwerere zur folgerichtigen Notwendigkeit werden, und soviel Gewicht sei den Privatinteressen nicht zuzugestehen. Auf das

---

[1]) Z X 70/71, ebenso Aschrott, Ersatz (Nwd. Gef.-Ver. XIX 220).

andere Verlangen (Einschränkung bei Deliktskonkurrenz) erwidert v. Liszt,[1]) dafs trotz dieses Zusammentreffens der Fall einen schweren Charakter nicht anzunehmen brauche. „Man denke an den gewöhnlichen Verlauf eines Wirtshausstreites: Körperverletzung, Beleidigung, Sachbeschädigung, Hausfriedensbruch, Widerstand gegen die Staatsgewalt können die unangenehmen Folgen eines und desselben trunkenen Zustandes sein. Ist es nicht sehr gut denkbar, dafs ein solcher Fall, der bei dem bisher gänzlich unbescholtenen, durchaus friedfertigen Angeklagten infolge einer Verkettung besonderer Umstände zum erstenmal vorgekommen ist, mildere Beurteilung verdient, als ein andrer, in welchem nur eine strafbare Handlung vorliegt?" II. Von näheren Besonderheiten des Erkenntnisses wünscht Lammasch: a) Feststellung der besonderen Umstände, die zu dieser ausnahmsweisen Verfügung Anlafs gaben; b) Bestimmung der Suspensionsdauer ein für allemal, und zwar in Einklang mit der Strafvollstreckungsverjährung, d. h. zu Gunsten des Verurteilten kürzer als jene; c) Unwirksamkeit der früheren Verurteilung nach Ablauf der Probezeit, auch zur Begründung einer Rückfallschärfung; d) Bewirkung des Widerrufs auch durch Verurteilung im Ausland.[2])

An gleichem Orte (Mitteilungen S. 44—51) zeigt v. Liszt die Überlegenheit des Sursis à l'exécution über alle sonstigen Ersatzmittel, insbesondere die von uns schon besprochenen. „Wenn der Richter dem Schuldigen sagt: Du bist zu drei Monaten Kerker verurteilt; aber die Strafe wird nicht vollstreckt, falls du fünf Jahre lang keine neue strafbare Handlung begehst —, so wird dieser Spruch, gerade wegen seiner klaren

[1]) Z X 74/75; mit v. Liszt gegen Lammasch auch Schütze a. a. O. S. 17.

[2]) Durch Verurteilung im Inlande natürlich erst recht. Merkwürdig inkonsequent ist aber dann dabei der Satz: „Nur wenn die Verurteilung wegen des späteren Delikts eine ganz unbedeutende (etwa zu einer Freiheitsstrafe von nicht mehr als einer Woche) wäre, könnte ungeachtet derselben das frühere Urteil in Schwebe bleiben."

Einfachheit, seiner trockenen Geschäftsmäſsigkeit, nicht nur in den Ohren, sondern auch in dem Herzen des Verurteilten nachklingen, auch nachdem er längst den Gerichtssaal verlassen hat. Er weiſs, daſs er sein Schicksal in der eignen Hand hat. Bis zum letzten Tage der Frist wird der Gedanke an den Richterspruch in ihm auftauchen, wenn die Versuchung an ihn herantritt. Das ist mehr, weit mehr, als der gerichtliche Verweis (mit oder ohne Friedensbürgschaft) leisten kann.“ So stellt v. Liszt zum Schluſs die Thesen auf:

„1. Die thunlichste Einschränkung der kurzzeitigen Freiheitsstrafe ist die wichtigste und zugleich die unbestrittenste kriminalpolitische Aufgabe der Strafgesetzgebung.

2. Das geeignetste Mittel zur Erreichung dieses Zieles ist die Einführung der bedingten Verurteilung im Sinne des belgischen Gesetzes vom 31. Mai 1888.“

Die schwere, aber zugleich erhabene Pflicht des Richters hatte bereits Prins hervorgehoben, und daſs sie durchaus erfüllt werde, daſs der Richter mit seinen höhern Zwecken wachse, konnte auf der Brüsseler Versammlung Jules Guillery aus eigner Beobachtung bestätigen: während früher, solange das Miſstrauen des Gesetzgebers dem Richter bloſs enge Schranken zog, diesem Stande eine gewisse Schläfrigkeit nachzusagen gewesen sei, habe das jetzt aufgehört, er sei sich des Wertes seiner freieren Rechtswaltung voll und ganz bewuſst. Nach diesen Anführungen werden auch die Angriffe v. Kirchenheims gegen die ganze Idee bedingter Verurteilung (in seinem Rapport, pp. 10—17 und jetzt auch GS. **43**, 51—70 in deutscher Fassung) sich nicht allzuschwer zurückweisen lassen. Die etwas doktrinär angehauchten Bemerkungen vom Standpunkt einer ziemlich unklaren Strafrechtstheorie aus können um so eher beiseite gelassen werden, als sie zu einer deutlichen Ausführung nicht gediehen sind und in der Behauptung gipfeln, die Grundvesten des Strafrechts würden durch derartige Maſsregeln erschüttert (p. 10 u., p. 12 o., p. 16 M., p. 17 u.). Im übrigen sind die Angriffe insofern auffallend, als trotz derselben der Verweis empfohlen wird (s. o. S. 102). Denn dort ist das malum passionis pro malo actionis, welches hier vermiſst wird, doch noch weniger zu finden. Zudem ist die Wirksamkeit der Strafdrohung, die ausschlaggebende Bedeutung des abhaltenden Motivs, das die Willensbildung dieses betr. Individuums für die Garantiezeit beherrschen wird, nach den citierten Erwägungen Bérengers (ob. S. 127) für eine groſse Zahl von Fällen so wenig in Zweifel zu ziehen, daſs man von der Forderung, die v. Kirchenheim an eine ideale Strafe stellt: „L'individu qui se révolte, doit être forcé à se plier à l'ordre légal," fast sagen möchte: „Gerade die Aussetzung der Strafvollstreckung wird das oft ganz besonders bewirken." In der That scheint v. Kirehenheim auch die prophylaktische Kraft dieses Ersatzmittels sehr wohl zu empfinden, wie sein „psychologischer" Gegengrund und die angeführten Rückertschen Verse beweisen. Die dabei vorgenommene Scheidung zweier Delinquentenklassen ist ja sogar die Voraussetzung der praktischen Anwendung unseres Institutes: sie soll der Richter vornehmen, um die Gunst des Gesetzes da eintreten zu lassen, wo eine wohlthätige Einwirkung zu erwarten ist (vgl. das belgische Exposé des motifs, ob. S. 136). Mit mehr Erfolg kann diese Trennung der Böcke von den Schafen gegen den Verweis, also gegen v. Kirchenheim selbst, verwendet werden, und das ist oben (S. 100 ff.) zur Genüge geschehen. Denn wenn der Verweis nur auf eine relativ recht kleine Gruppe von Delinquenten angewendet werden kann, so ist er eben als allgemeines Ersatzmittel unbrauchbar. Bei unserer Maſsregel ist dagegen jene Sonderung nicht in dem pessimistischen Sinn v. Kirchenheims zu vollziehen, sondern hier wird die Schafgruppe der Bockgruppe numerisch überlegen sein, weil der sursis doch nicht condamnation purement idéale ist, weil er auch nicht eine leere, pädagogisch verfehlte, Drohformel (s. p. 13) ist, sondern weil bei neuem Fehltritt sich unweigerlich an dem Unwürdigen eine sehr empfindliche, ihn vielleicht unwiderruflich aus dem Kreise der Rechtsgenossen bannende Strafe vollzieht, weil hier gewissermafsen den Übelthäter doppelte Ahndung trifft (vgl. o. S. 136, die Verhandlungen in der belg. Kammer), weil — das ist der springende Punkt — ein Vergreifen des Richters, ein Übermafs von Milde nicht irreparabel ist, wie beim Verweis. Gerade dieses Merkmal, dafs es nach dem zweiten Schritt vom Wege kein Zurück mehr geben darf, dieses selbstthätige Sicherheitsventil mufs mit aller Zähigkeit festgehalten werden; in diesem Punkte kann uns die weichherzige Milde Aschrotts (s. u., Entw. §. 3) viel weniger anmuten, als das hartnäckige: „Pas d'indulgence pour les rechutes!“ aus dem Munde Le Jeunes.

Weitere Angriffe (p. 13) und die nicht sehr glückliche Zusammenstellung mit der bedingten Entlassung treffen nicht den Gedanken, sondern höchstens die Form, in der der Gedanke erscheint. Was weiter anlangt ce que le peuple en dira, so ist nicht abzusehen, warum das Volk an den trivialen Satz: „Der Verweis ist eine Strafe“ sich ohne Prüfung anklammern und deshalb eine bedingte Strafe nicht begreifen sollte. Wie der Verweis mehr als die einfachen, deutlichen Worte des den Strafvollzug aussetzenden Richters (vgl. v. Liszt, Mitteil. der Intern. krim. Ver. Heft 1, S. 51) in die Augen fallen sollte (tomber sous les sens), namentlich wenn er nach dem von v. Kirchenheim empfohlenen Art. 17 des Thür. StGB. schriftlich oder ohne Zuziehung der Verletzten erteilt wird, ist wohl nicht abzusehen. Endlich ist unser Vergeltungsbedürfnis in den hier in Betracht kommenden Fällen kein besonders starkes, wir Deutschen sind im allgemeinen nicht allzu rachgierig, ja die Laien neigen oft mehr als die Juristen dazu, dem erstmaligen Sünder zu verzeihen, und die erste Aufwallung, in der man den Richter bei ganz kleinen Straffällen anrief, weicht nach der Urteilsverkündung oft der Reue. Daher würde jeder wohl einsehen, namentlich wenn ihm etwaige Entschädigung zugebilligt ist, dafs die ihm und der Gesellschaft gewährte Genugthuung völlig hinreicht. Die Behauptungen endlich, dafs mit der Strafsuspension jedem Bürger ein Freibrief ausgestellt (p. 14) oder dafs damit ein Klassenprivileg geschaffen werde (p. 18) wird kein weiter Denkender unterschreiben.

Sicherlich ist zuzustimmen der Grundauffassung unseres Institutes, die auch Aschrott (Ersatz u. s. w. a. a. O. XIX, 218) vertritt: dafs die Aussetzung der Strafvollstreckung Gnadensache ist, ein dem Richter deferierter Teil des staatlichen Begnadigungsrechtes (p. 14 u., p. 17).[1] Daher ist auch eine Kombination von beiden nicht denkbar (s. o. S. 137, Anm. 1). Von diesem Gesichtspunkt aus fragt es sich nun einzig und allein: Ist diese allgemeine Devolution gerechtfertigt? Sind die Bedürfnisse, welche in einer so grofsen Anzahl von Fällen Begnadigung erfordern, dafs die oberste Instanz trotz alles Bemühens (v. Kirchenheim p. 16 ob.) ihnen nicht genügen könnte, wirklich so drängend? Das ist bisher allgemein geglaubt worden, aber eine eingehende Würdigung der verschiedenen zu bekämpfenden Übel (vgl. z. B. Béral ob. S. 128) in ihrer ganzen Tragweite vermifst man bei v. Kirchenheim. Deshalb können seine (an StPO. §. 488 doch nur in sehr äufserlicher Weise angeknüpften) Vorschläge, die darauf hinauslaufen, jenes Begnadigungsrecht der Regierung zwar etwas zu modifizieren und zu verallgemeinern, aber doch bei der ursprünglichen, höchsten Instanz zu belassen, als zur nachdrücklichen Bekämpfung der kurzzeitigen Freiheitsstrafen ungeeignet, nie und nimmer auf Billigung in weiteren Kreisen rechnen.

---

[1]) Dagegen mit Entschiedenheit v. Hippel GS. **43**, 115 f.

Wir kehren nunmehr zur Besprechung der verschiedenen Gesetzgebungsversuche zurück und können unsre Behandlung des belgischen Gesetzes, da auf kleinere, besonders von Lammasch angeregte Punkte einzugehen sich noch Gelegenheit bieten wird, mit dem Urteile v. Liszts (Z IX. 759) schliefsen, dafs trotz mancher Mängel es einen hoch beachtenswerten Versuch bedeute, „mit dem ganzen Jammer der kurzzeitigen Freiheitsstrafe aufzuräumen und den Gelegenheitsverbrecher vor der sittlichen Verderbnis zu schützen, welche ein nach Tagen oder Wochen bemessener Aufenthalt im Gefängnis, mag dieses auch nach belgischem Muster mit der genügenden Anzahl von Einzelzellen versehen sein, notwendig mit sich bringt".

Nach der allgemeinen Befriedigung, mit welcher der Schritt Belgiens begrüfst ist, kann es uns nicht wunder nehmen, wenn auch in Ländern deutscher Zunge legislatorische Bestrebungen dieser Art sich regen, denen freilich, namentlich in den letzten Wochen, auch heftige Gegner entstanden sind.[1]) Z IX. 761/762 ist ein Gesetzentwurf des Abgeordneten Dr. Bareuther mitgeteilt, den am 29./V. 1889 Justizminister Graf Schönborn dem österreichischen Abgeordnetenhause vorgelegt hat. Inzwischen ist aber auch in den Entwurf eines „Strafgesetzes über Verbrechen, Vergehen und Übertretungen" vom gleichen Jahre auf Antrag des Ausschusses folgender §. 24[2]) aufgenommen worden:

„Das Gericht kann den Aufschub des Vollzuges einer

---

[1]) Die während des Druckes erschienenen Schriften von Wach und Appelius, desgl. die Verhandlungen des nordwestdeutschen Gefängnisvereins vom 31. Mai d. J., die sich sämtlich gegen die bedingte Verurteilung aussprechen, konnten nähere Berücksichtigung nicht mehr erfahren. Desgl. sind durchaus ungünstig die auf einen Zirkular-Erlafs des preufs. Justizministers erstatteten 13 Gutachten von Oberlandesgerichtspräsidenten und Oberstaatsanwälten, vgl. die Zusammenstellung im Just.-Min.Bl. Jahrg. 52, Nr. 24, Ausg. vom 13./VI. 1890, S. 177—187; die Gründe sind hier freilich auffallend schwach.

[2]) Über diese Einfügung an ungeschicktem Ort s. Schütze, Die sog. bedingte Verurt., Wien 1890, S. 12.

zuerkannten, die Dauer von sechs Monaten nicht übersteigenden Freiheitsstrafe mit der Wirkung beschliefsen, dafs die Strafe als abgebüfst anzusehen ist, wenn der Verurteilte innerhalb der vom Gerichte festgesetzten Zeit, welche mit mindestens einem Jahr von der Rechtskraft des Urteils anzusetzen ist und die Dauer von drei Jahren nicht übersteigen darf, ein Verbrechen oder Vergehen nicht begangen hat.

Dieser Beschlufs kann in besonders rücksichtswürdigen Fällen bei Personen ausgesprochen werden, deren Wohnsitz festgestellt ist und welche noch nicht wegen Verbrechens oder Vergehens verurteilt worden sind, gegen welche nicht auf Schmälerung der staatsbürgerlichen Rechte, auf Zulässigkeit der Stellung unter Polizeiaufsicht oder Verwahrung in eine Zwangsarbeits- (Besserungs-) Anstalt, auf Verweisung oder Untersagung der Ausübung eines vorsätzlich mifsbrauchten Berufs erkannt wurde.

Auf Freiheitsstrafen, welche im Fall der Uneinbringlichkeit von Geldstrafen an deren Stelle zu treten haben, finden vorstehende Bestimmungen keine Anwendung.

Die Eintreibung zuerkannter Entschädigungsansprüche und Geldbufsen, sowie der Vollzug von Nebenstrafen wird von dem Beschlufs auf Aufschub des Strafvollzugs nicht berührt."

Das Einführungsgesetz, Art. 40, will folgendes bestimmen:

„Der Beschlufs auf Aufschub des Strafvollzuges [1]) in Gemäfsheit des §. 24 des Strafgesetzes mufs bei Verkündung des Urteils eröffnet werden.

Die Beschlufsfassung auf Aufschub des Strafvoll-

---

[1]) Gegen diesen Namen wendet sich Aschrott (NWd. Verein f. Gef.W. XIX 219). Seine Polemik gegen v. Liszts Bezeichnung beruht auf einem Mifsverständnis. Er selbst schlägt vor: „Urteil mit bedingter Strafe".

zuges steht dem Gerichte erster Instanz und, wenn gegen das Urteil auch nur von einer Seite ein Rechtsmittel ergriffen wurde, dem über dieses Rechtsmittel erkennenden Gerichtshofe zu.

Dem Ankläger steht das Recht der Beschwerde gegen den Beschlufs auf Aufschiebung des Strafvollzuges zu. Über diese Beschwerde entscheidet, wenn gegen das Urteil ein Rechtsmittel ergriffen wurde, der über dieses Rechtsmittel erkennende Gerichtshof, in andern Fällen, wenn das Urteil von einem Bezirksgerichte geschöpft wurde, der Gerichtshof erster Instanz, sonst das Oberlandesgericht.

Nach Ablauf der im Beschlusse angegebenen Zeit hat das Gericht die Erlöschung der Freiheitsstrafe auszusprechen. Gegen den vom Gericht erster Instanz zu fassenden Beschlufs auf Erlöschung der Strafe hat die Staatsanwaltschaft, gegen den Beschlufs, dafs die Strafe ungeachtet des auf Aufschub des Vollzuges ergangenen Ausspruchs in Vollzug zu setzen ist, hat der Verurteilte das Beschwerderecht.

Die Beschwerde, welche binnen drei Tagen nach Bekanntgabe des Beschlusses anzubringen ist, geht gegen Beschlüsse der Gerichtshöfe erster Instanz an das Oberlandesgericht und gegen Beschlüsse der Bezirksgerichte an den Gerichtshof erster Instanz.

Wenn der Beschlufs, womit das Erlöschen der Freiheitsstrafe ausgesprochen wurde, rechtskräftig geworden ist, kann derselbe wegen eines erst nachträglich bekannt gewordenen, wenn auch innerhalb der festgesetzten Frist begangenen Verbrechens oder Vergehens nicht angefochten werden."

In Vergleichung mit dem früheren, selbständigen Gesetzentwurf seien folgende Dinge noch besonders hervorgehoben:

1) Der Aufschub kann bei jeder **Art von Freiheitsstrafe** eintreten, auch wenn dieselbe einen **entehrenden Charakter** hat — ein böser Widerspruch![1]) — 2) **Es ist eine obere Grenze** gezogen, unter der sich der **Richter mit seiner Ausmessung halten** mufs, wenn er einen der Wohlthat des Gesetzes Würdigen derselben nicht berauben will. 3) Es ist eine Frist zur Prüfung des Verhaltens je nach der Lage des Einzelfalls festzusetzen; mit Recht, denn es ist nicht abzusehen, warum ein Gesetz, das dem individuellen Ermessen des Richters so weiten Spielraum eröffnet, ihm nicht auch die Fähigkeit zutrauen sollte, die richtige Dauer der Probezeit ungefähr zu treffen; mag sich auch in der Praxis bald ein gewöhnliches Mittelmafs herausbilden, so liegt doch die Möglichkeit, davon abzugehen, wenigstens stets vor, und das wird man doch nicht behaupten wollen, dafs gerade einer dreijährigen Frist die Bedeutung sozusagen eines Universalheilmittels beiwohne. Eine solche Fixierung durch den Gesetzgeber ist im Grunde genommen noch willkürlicher, als die spezielle durch den Richter, der in einer ganzen Reihe von Umständen doch einigermafsen Anhalt hat, während jene eine leere Formel ist, die eben auch nur die Bedingung erfüllen soll, kürzer zu sein, als die allgemeine Vollstreckungsverjährung. Dem genügt die österreichische Bestimmung vollkommen; ja noch mehr, sie beugt (im Unterschiede auch von dem Bareutherschen Entwurf) auch einer übermäfsigen Milde durch Setzung einer untern Grenze vor, die wohl auch ganz richtig gewählt ist: eine gewöhnliche Rauferei oder sonstige Bagatelle ist nach einem Jahre meist längst vergessen. In diesem Punkte erscheint uns die österreichische Anordnung des Nachahmens wert. Dagegen will zwar Schütze (Die sogenannte bedingte Verurteilung und verwandte Reformen unseres Strafen-

---

[1]) Der Aufschub geschieht doch in Erwartung einer Besserung; wie sollte sich diese aber mit ehrlos machender Einsperrung vertragen? v. Liszt, Z X a. a. O. sagt: „gründlich verfehlt“.

systems. Wien 1890. S. 13) von einer unteren Grenze ganz absehen, aber sein Hauptgrund fällt, wenn wir die Haft als Übertretungsstrafe ganz streichen. Dasselbe vertritt Aschrott in seinem Entwurf §. 2, letzter Satz. 4) Innerhalb der besagten Frist darf der Verurteilte kein neues Verbrechen oder Vergehen — Übertretungen schaden nichts,[1]) die Strafart ist ohne Einfluſs — begehen; maſsgebend ist also hier, wie im französischen Entwurfe, die Zeit der Handlung, nicht die Zeit des Urteils, ein bedeutungsvoller Unterschied: tritt z. B. die Aburteilung einer während der drei Jahre ausgeübten Strafthat erst nach Ablauf dieser drei Jahre ein, sei es wegen Belastung der Gerichte oder Fallens der Schwurgerichtsperiode, sei es weil es dem Thäter gelang, seine That oder seine Person so lange zu verbergen oder die Untersuchung in die Länge zu ziehen, so ist nach Bérenger, Michaux, Reybert, nach dem belgischen Gesetze, sowie nach den noch zu besprechenden Entwürfen von Wirth und v. Liszt die erste Verurteilung schon als vollzogen bzw. als nicht vorhanden anzusehen, eine Möglichkeit sie auszuführen ist in keiner Weise mehr gegeben, ja es steht womöglich dem Richter frei, abermals die Vergünstigung anzuwenden. Nach der österreichischen Bestimmung muſs der Vollzug jetzt eintreten. Daſs nur dies das Richtige ist, dürfte klar sein: jene Frist soll ja zur Kundgebung des Wohlverhaltens dienen, davon und nicht von Zufälligkeiten der Rechtsprechung, die zum Teil sogar in der Hand des Schuldigen liegen und dienen können, der Gerechtigkeit ein frivoles Schnippchen zu schlagen, muſs der definitive Erlaſs der Freiheitsstrafe abhängig gemacht werden. Aus praktischen, aber kaum einwandfreien Gründen sind diese Prinzipien allerdings stark abgeschwächt durch den letzten Absatz der Bestimmung des Einführungsgesetzes: es kann danach bisweilen

[1]) Dagegen wendet sich Schütze a. a. O. S. 13.

trotz inzwischen begangener Strafthat die Möglichkeit eines Vollzuges der ersten Verurteilung entfallen sein. 5) Die Frist läuft von der Rechtskraft des Urteils, in Belgien von der Verkündigung des Urteils ab; nach dem Schönbornschen Entwurf hätte das der Bestimmung des Gerichts unterlegen, im französischen bleibt es ganz unklar. 6) Nach Ablauf der Frist gilt die Strafe als abgebüfst: sie steht im casier, sie begründet Rückfallschärfung, nochmalige Anwendung der Vergünstigung ist unmöglich. Der Eintritt dieses Zustandes fingierten Vollzogenseins wird wie der des Aufschubs, durch Gerichtsbeschlufs ausgesprochen. 7) Die Person, welcher Aufschub bewilligt werden soll, mufs eine Reihe von Bedingungen erfüllen: **a.** noch nicht wegen Verbrechens oder Vergehens verurteilt sein, wegen Übertretung mag sie auch Freiheitsstrafe erlitten haben; übrigens ist die wirkliche Verbüfsung gleichgültig. Hiergegen wendet sich mit voller Energie Schütze (a. a. O. S. 14) vom Standpunkt der ratio legis; die wirkliche Verbüfsung mufs mafsgebend sein, bei einer dementsprechenden Fassung werden die weitern Einschränkungen dieses Absatzes (s. unter 8) ganz überflüssig. — **b.** Der Wohnsitz mufs festgestellt, also vor allen Dingen vorhanden sein, nach dem Bareutherschen Antrag genügte die Heimatsangehörigkeit; es erinnert dies an englisch-amerikanische Bestimmungen, vgl. z. B. English Probation Act, Art. 3, ob. S. 121. Schütze a. a. O. (S. 13) empfiehlt alternative Festsetzung; doch diese Erfordernisse können wohl ohne Not und Gefahr ganz fehlen. — **c.** Der Fall mufs ein besonders rücksichtswürdiger sein; diese Voraussetzung ist eigentlich eine selbstverständliche Phrase; etwas substanziierter war das Verlangen, dafs „mit Grund Besserung zu erwarten“ sei, in dem andern Entwurf. Schütze hält diesen Zusatz nicht nur für müfsig, sondern auch für gefährlich. 8) Nur der Entwurf des Ausschusses trifft hinsichtlich der aufzuschiebenden Strafe die Einschränkung, dafs sie mit einer Reihe von Nebenstrafen (an der Ehre) nicht verbunden sein dürfe. 9) Andere Nebenstrafen treten unabhängig von dem Beschlufs auf Aussetzung des Vollzuges der Hauptstrafe ein; desgleichen nach dem StGEntw. die Eintreibung von Entschädigungsansprüchen und Geldbufsen, nach der Regierungsvorlage „die mit einer Verurteilung verbundenen Rechtsfolgen“, hinsichtlich deren das Ende der Abbüfsung der Strafe zusammenfallen sollte mit dem Anspruch des Gerichts auf Erlöschung. Diesen ganzen Passus bekämpft Schütze (S. 16 f.): Total Verschiedenes sei durcheinander gemengt; denn Entschädigung, Kosten und Geldbufsen bedürfen der Erwähnung nicht; Neben- und Nachstrafen seien unmöglich vollziehbar bei Aufschub der Hauptstrafe (man dürfe nur nicht Nebenstrafe und Mithauptstrafe verwechseln); Rechtsfolgen könnten allerdings sofort eintreten, seien aber im Zweifel mitaufgeschoben und miterloschen, der Beschlufs müsse das regeln. 10) Dafs subsidiäre Freiheitsstrafe (an Stelle primärer Geldstrafe) nicht der Aussetzung fähig sein soll, ist (Schütze a. a. O. S. 14 u. 15) höchst inkonsequent und ungerecht, da doch ein leichterer Fall vorliegt; das Gegenteil könnte freilich praktisch zu einer Prämie für Insolvenz werden. Trotz schwerwiegender Bedenken entscheidet Schütze sich für die Ausdehnung dieses Instituts auf Geldstrafen und deren Vertretung. Wir haben uns mit diesen Strafmitteln erst später zu befassen, und es wird uns dort diese Frage gar nicht auftauchen.

Das Abgeordnetenhaus ist in eine Beratung des Entwurfs zum StGB. noch nicht eingetreten, doch kann man wohl unserm Paragraphen ein gutes Schicksal voraussagen; denn dafs diese Errungenschaft in Österreich als „Anfang einer epochemachenden Wendung“ gefeiert werden würde, sagt ein Blick in die Zeitungen. So ergeht sich — bei manchen Aussetzungen im einzelnen — die Neue Freie Presse (Nr. 7958, 3./VIII. 1889) in folgenden Lobeserhebungen: „Wir sind der zweite Staat, der dem Beispiel Belgiens folgt. Es ist das glänzendste Zeugnis für dessen sofort einleuchtende Ersprießlichkeit, daß es, obwohl der Gedanke ganz neu ist, auch hier weder im Ausschuß, der es beantragt hatte, noch bei der Regierung irgend Widerspruch erfuhr. . . . . Welch einen Anreiz und mächtige Verstärkung seines moralischen Halts es für den Verurteilten aber hat, wenn er weiß, daß er durch seine gesetzestreue Haltung von der noch durch einige Zeit über ihm schwebenden Strafe befreit wird, braucht kaum hervorgehoben zu werden. Wenn noch etwas zu wünschen wäre, so wäre es dies, daß erstens die Bedingung des festgestellten Wohnsitzes entfalle (denn auch die nicht seßhaften Leute können berücksichtigungswert sein), und zweitens, daß nicht schon jedes Vergehen innerhalb der Schwebezeit den Vollzug der aufgeschobenen Strafe herbeiführe, da manches Vergehen, z. B. die Beleidigung, die nun ein Vergehen bildet, geringer anzuschlagen ist als manche Übertretung. Bei einer so guten That darf man der Schablone nichts opfern, damit die Genugthuung, die man empfindet, eine vollständige sei." [1])

Auch bei uns in Deutschland hat der Gedanke einer Aussetzung des Strafvollzuges schon weiteste Kreise ergriffen und fast überall Freunde gefunden. Feinde haben sich allerdings ebenfalls hier und da gezeigt, aber wenn sie so ungefährlich sind, wie jene Dame, die in den Grenzboten 21./IX. 89 unter der Rubrik: Maßgebliches und Unmaßgebliche seinen von Unrichtigkeiten, Misverständnissen und Ungeheuerlichkeiten strotzenden Artikel veröffentlicht, so mögen sie noch viel verbissener sein, und man wird über sie weg zur Tagesordnung gehen können.[2])

---

[1]) Einen numerischen Anhalt für den Umfang der Anwendung sucht zu gewinnen Schütze a. a. O. S. 10. Es fehlt aber an einer genügenden Rückfallstatistik.

[2]) Ebensowenig hat der Verfasser eines Artikels in den Grenzboten vom 23./I. 1890 sich die Tragweite der von ihm bekämpften Ideen klar zu machen vermocht.

Es finden sich ab und zu Spuren, dafs uns das vorgeschlagene Ersatzmittel früher nicht gänzlich unbekannt gewesen ist; so scheint es dem Polizeirecht von Hamburg vor 1870 angehört zu haben, wahrscheinlich aber nicht als etwas Gesetzliches, sondern als Privatmafsregel der Sicherheitsbehörden, die entweder die Strafvollstreckung ruhig verjähren liefsen, wenn nicht ein eklatanter zweiter Fall hinzutrat, oder vermutlich sogar die Strafverfolgung nach englischem Vorbild auf sich beruhen und das staatliche Anrecht auf sie verfallen liefsen, indem sie höchstens nach Art der französischen Parkette eine Verweisung oder Warnung vor Wiederholung ergehen liefsen, wie wir dies schon einmal oben berührt haben. Jedenfalls sind die Andeutungen zu schwach, um uns an dieser Stelle eine nähere Nachforschung überhaupt zu ermöglichen. — Noch auf einem zweiten Wege kommt man nicht eben selten der Strafaussetzung wenigstens entgegen. Weitaus nicht jede Freiheitsstrafe wird sofort vollstreckt,[1]) sei es nun, weil eine augenblickliche Überfüllung in den Gefängnissen herrscht, sei es, dafs der Grund in den Verhältnissen des Verurteilten liegt, z. B. bei der ländlichen Bevölkerung während der Erntezeit. So entsteht nicht eben selten ein Intervall von mehreren Monaten und, wenn sich die Verhältnisse komplizieren, kann selbst ein Jahr verfliefsen. Die Strafe mag hier und da wohl vergessen werden, dann und wann vielleicht gar absichtlich; so viel ist gewifs, eine solche, so spät erst vollzogene Freiheitsstrafe hat, wenn das noch sein kann, noch mehr Schlimmes an sich, als jede andere. In Belgien, wo natürlich ebenso häufig sich rückständige Posten ansammeln, machte bei Beratung des Gesetzes 31./V. 88 van Cleemputte auf diese Übelstände aufmerksam: „In den Augen der einen erscheint das Delikt nicht bestraft, sie glauben es vergessen; in den Augen der anderen

[1]) Anlehnung bietet StPO. §. 488; vgl. Schütze a. a. O. S. 8.

erscheint das Gefängnis häufig ungerecht und grausam, wenn es, während das Andenken fast erloschen, plötzlich ausgeführt wird, wenn etwa gerade eine neue, aussichtsvolle Stellung, die er durch sein Wohlverhalten sich errungen, dem Verurteilten winkt.“ Von dem Aberglauben sagt man sich ja wohl leicht los, dafs der ehrliche Bürger, der strafgerichtlich verfolgt wird, nun urplötzlich ein gefährliches Subjekt und mit Räubern und Mördern in einen Topf zu werfen sei (comme des êtres coulés dans le même moule — sagt Prins in der Révue de Belgique L IX, SA. Bruxelles, Muquardt-Falck, 1888). Vielmehr ist der Durchschnittsünder, der zum erstenmal „eingesteckt“ wird, nicht besser und nicht schlechter als der Durchschnittsphilister, der auf den „Halunken“ schimpft; man könnte ihn ruhig laufen lassen, ohne dafs man einen Rückfall zu befürchten brauchte. Um so mehr, wenn er, wie in unseren Beispielen, erst die ganze Öffentlichkeit der Verhandlung, der Zeitungsberichte, des Geklatsches hat über sich ergehen lassen müssen und die wahrhaft demütigende Seite der Strafe ausgekostet hat. Warum sollte man also nicht, an die Häufigkeit einer längeren Zwischenzeit bis zur Vollstreckung des Urteils anknüpfend, auf diese unter gewissen Voraussetzungen und Vorbehalten ganz verzichten? Gewinnt man dann doch auch mehr Raum, Zeit und Kraft zu dem Erziehungswerk an denen, die es wirklich nötig haben. Die oben (S. 142 f.) erwähnten Voraussetzungen Lammaschs sind bei uns erfüllt, aus dem deutschen Volkscharakter und aus den Verhältnissen unseres Rechtslebens können keine Bedenken hergeleitet werden (s. von Liszt, Z X 70). Sieht man nun, wie überall Stimmung hierfür gemacht wird, liest man die Worte Berners (Nat.-Z. 20./IV. 89):[1])

[1]) In Anknüpfung an den ob. S. 58 berührten Fall, dafs ein junger Mann, wegen leichter polizeilicher Verstöfse in Ausübung seines Fuhrgewerbes, in Geldstrafe und, als diese nicht beizutreiben war, in Haft genommen, sich, als ihm nochmals dieses Schicksal drohte, das Leben nahm.

„Ist es nicht an der Zeit, daſs das öffentliche Gewissen erwache, um den unberechenbaren Schädigungen, welche überhaupt die ganz kurzen Freiheitsstrafen anrichten, wenigstens für die Zukunft vorzubeugen? Es geht der Zug der Zeit auf Verdrängung der Freiheitsstrafen aus der Region der kleinen Delikte. An Vorschlägen, womit diese Freiheitsstrafen zu ersetzen seien, fehlt es nicht; Belgien ist auf diesem Wege bereits vorangegangen; laſst uns in einer so ernsten Sache nicht zurückbleiben!" —,

hält man die Äuſserung eines Praktikers (Simonson, Nat.-Z. 31./VIII. 1889) daneben:

„Es ist sicher zu erwarten, daſs diese Bewegung einen immer weiteren Umfang annehmen wird, da sie nicht nur die Juristen, sondern das ganze Volk berührt" —,

so scheint es sich, trotzdem ganz neuerdings gerade an einer der maſsgebenden Stellen so energisch Front gemacht wird gegen diese Gedanken, die freilich, wie Wahlberg[1]) anmerkt, „fernab von der Gewohnheit breitgetretnem Wege" liegen, allerdings nur noch zu fragen, wie, nicht mehr, ob die Aussetzung der Strafvollstreckung in das deutsche Recht aufzunehmen sei, und wir bedürfen kaum noch der trefflichen v. Lisztschen Entwickelung vom logischen Standpunkt (ZIX 755): „Geht man von dem Gedanken aus, daſs die Tage und Nächte, welche der zum ersten Male Verurteilte in dem Gefängnisse zubringt, zusammengeworfen mit graugewordenen Verbrechern, ohne Beschäftigung und ohne Aufsicht, in den meisten Fällen entscheidend sind für sein späteres Leben; . . . . ist man sich klar darüber, daſs auch die Einzelhaft nicht bessert oder abschreckt, sondern nur abstumpft und die stärkste Triebfeder

---

[1]) Betrachtungen über die Freiheitsstrafen in dem österreichischen Strafgesetzentwurfe sowie über die Grundsätze der Internationalen kriminalistischen Vereinigung. Wien 1890. S. 34.

knickt, die von der Verbrecherlaufbahn zurückhält, die Achtung vor sich selbst — dann liegt die Schlufsfolgerung nahe genug, dafs es sich empfehlen müfste, dem Erstverurteilten eine Frist zu gewähren, ehe die Gesellschaft ihn preisgiebt, noch einmal ihm sein Schicksal in die eigne Hand zu legen, damit er sich zu retten in der Lage sei."

Hauptsächlich drei Vorschläge zu legislatorischer Verwertung sind bis jetzt bei uns gemacht worden. Zunächst legte im März 1888 der Geh. Justizrat Wirth, Strafanstaltsdirektor zu Plötzensee, dem preufsischen Justizminister eine Denkschrift vor, die sich betitelte: „Bausteine zu dem Werke der Reform unseres Strafen- und Gefängniswesens". Strafvollzug, Arbeitsverdienst der Gefangenen u. s. w. sollte anders geregelt werden, — so hiefs es unter 6): „Der Strafvollzug in Einzelhaft bildet bis zur Dauer von einem Jahr die Regel. Motivierte Ausnahmen von dieser Regel sind zulässig." — Für unsere Zwecke ist von Wichtigkeit Punkt 9, der schon Z IX 760 mitgeteilt wurde, aber der Übersicht halber auch hier stehen soll:

> „Bei Aburteilung von Personen, deren Verhältnisse durch die Verbüfsung einer Freiheitsstrafe besonders schwer betroffen würden, namentlich bei jugendlichen Personen, ist der Richter ermächtigt, mit Festsetzung der urteilsmäfsigen Strafe, falls diese nur in Entziehung der Freiheit bestehen kann, auszusprechen, dafs die Strafe vorläufig nicht vollstreckt werden soll, jedoch nur in dem Falle, wenn der Abgeurteilte zum erstenmal gerichtlich bestraft wird und das Urteil auf nicht länger als einen Monat Strafzeit lautet." „Zu jedem solchen Urteil hat der Richter eine Garantiefrist von mindestens 2 und höchstens 3 Jahren, die vom Tage des Urteilsauspruches an gerechnet läuft, festzusetzen." „Innerhalb dieser Garantiefrist darf der vorläufig Abgeurteilte vor keinem deutschen Gericht wegen irgend einer strafbaren Hand-

lung zur Bestrafung kommen." „Hat er dieser Bedingung genügt, so gilt die vorläufig nicht vollstreckbare Strafe als verbüſst." „Hat er sich innerhalb der Garantiefrist wieder strafbar gemacht, so wird die vorläufig nicht vollstreckbare Strafe alsdann an ihm vollstreckt. Die Nichteinhaltung der Garantiefrist bildet für die neue Aburteilung bei der Strafausmessung einen Grund zur Strafschärfung." „Auſserdem kann der Richter für den Ausspruch der vorläufigen Nichtvollstreckbarkeit eines Urteils sich von dem Abgeurteilten oder für diesen von dritten Personen auf die Dauer der Garantiefrist eine Kaution in Geld im Betrage von 10 bis zu 10000 M. bestellen lassen. Die Kaution ist zur Staatskasse verfallen, wenn die vorläufig nicht vollstreckbare Strafe doch noch zur Vollstreckung kommen muſste; sie wird zurückgegeben, wenn dies nicht der Fall gewesen ist."

Aus der Begründung führe ich an: Wirth erwähnt, daſs bei dem Elend unserer kurzen Freiheitsstrafen ein Richter sich manchmal entschlieſse, einen Schuldigen freizusprechen. Das solle ebensowenig sein. „Satz 9 soll zunächst einzelnen Personen unter bestimmten Voraussetzungen ersparen, daſs sie s i t z e n müssen." Denn d a s degradiere in der Volksmeinung und habe vielfache sonstige Nachteile, „besonders bei jugendlichen Personen (Schulkindern)." „Der Modus der praktischen Ausführung ist den Vorschriften des §. 23 ff. StGB. nachgebildet: die dort an das Ende der Strafzeit gesetzte Wohlthat der vorläufigen Entlassung tritt hier gleich bei der Urteilsfällung ein. Die Momente, welche bei der vorläufigen Entlassung zu Gunsten des Sträflings verlangt werden, müssen hier zu Gunsten des Abzuurteilenden aus seiner früheren Lebensführung, aus seinem Charakter, seinen sozialen Verhältnissen, den die Strafthat begleitenden Umständen u. s. w. vorliegen. Die sichere Kontrolle darüber, daſs die Garantiefrist gewahrt wird, ist durch die für das ganze Deutsche Reich bestehende Einrichtung des casier judiciaire gegeben.“ „Ich bin der gewissen Überzeugung, dafs die vorgeschlagene Einrichtung von ebenso segensreichen Folgen begleitet sein würde, wie die vorläufige Entlassung, und dafs die Richter von derselben ebenso vorsichtig Gebrauch machen werden, wie dies seitens der Justizverwaltung hinsichtlich der vorläufigen Entlassung der Fall ist.“

Der zweite gesetzgeberische Vorschlag ist von v. Liszt (Z X) gemacht worden. Um diesen sehr sorgfältig abgefafsten und mit lauter klaren, einfachen Ausdrücken arbeitenden Entwurf ganz zu verstehen und in seiner vollen Tragweite zu begreifen, ist es nötig, die folgenden Erklärungen bezüglich des durchaus umgestalteten, v. Lisztschen Strafensystems überhaupt zu geben: Das Mindestmafs der Freiheitsstrafe ist bei ihm 6 Wochen; die „kurzzeitige“ ist also weggefallen, die Haft existiert nicht mehr; Übertretungen werden nur mit Geldbufse geahndet (vgl. übr. Lammasch Z IX 449), deren gründliche Reform noch Gegenstand unserer Betrachtung sein wird; die Freiheitsstrafe, nach Abschaffung auch des festen Strafmafses, ist stets mit Arbeitszwang verbunden und heifst bis zu 2 Jahren Gefängnis, darüber Zuchthaus, ersteres stets in Einzelhaft, letzteres bis zu einem Jahr in solcher vollstreckt, letzteres obligatorisch mit Ehrenschmälerung und Polizeiaufsicht verbunden, ersteres nie. Auf diesen Grundlagen, welche die Wissenschaft nach Durchprüfung der Gründe (Z X 51 ff.) gewifs akzeptieren wird, baut sich nun auf (Z X 81) folgender

Gesetzvorschlag, betreffend die Einführung des bedingten Aufschubs der Strafvollstreckung.

§. 1. Bei jeder Verurteilung zu Gefängnisstrafe kann das Gericht, wenn die Gefängnisstrafe nicht wegen Annahme mildernder Umstände an Stelle von Zuchthaus ausgesprochen wurde und der Verurteilte bisher Freiheitsstrafe im Inlande weder ganz noch teilweise verbüfst hat, anordnen, dafs die Vollstreckung der erkannten Strafe bis auf weiteres auszusetzen sei.

Die Vollstreckung der etwa neben der Freiheitsstrafe erkannten Geldstrafen wird durch diese Anordnung nicht berührt.

§. 2. Die Aussetzung der Vollstreckung kann von der Bestellung einer Sicherheit abhängig gemacht werden (Friedensbürgschaft). Die Höhe der zu bestellenden Sicherheit, sowie die Art ihrer Bestellung bestimmt das Gericht nach freiem Ermessen.

Wird die Bestellung der Sicherheit innerhalb der vom Gerichte bestimmten Frist nicht nachgewiesen, so ist die erkannte Strafe zu vollstrecken.

§. 3. Der Beschlufs des Gerichts, durch welchen die Aussetzung der Vollstreckung angeordnet, oder die beantragte Aussetzung abgelehnt wird, kann nur mit den gegen das verurteilende Erkenntnis gerichteten Rechtsmitteln und nach den für diese geltenden Grundsätzen angefochten werden.

§. 4. Die Vollstreckung der erkannten Strafe entfällt, und die bestellte Sicherheit wird frei, wenn der Verurteilte innerhalb der nächsten drei Jahre nach Rechtskraft des Erkenntnisses nicht wegen einer neuen nach dieser begangenen strafbaren Handlung im Inlande zu Freiheitsstrafe verurteilt wird.

Der Eintritt dieser Folgen ist auf Antrag des Verurteilten durch Beschlufs des Gerichts auszusprechen.

§. 5. Wird der Verurteilte innerhalb der nächsten drei Jahre nach Rechtskraft des Erkenntnisses wegen einer neuen nach dieser begangenen strafbaren Handlung im Inlande zu Freiheitsstrafe verurteilt, so verfällt die bestellte Sicherheit der Staatskasse und die früher erkannte Strafe kommt neben der für die neue strafbare Handlung verwirkten Strafe unverkürzt zur Vollstreckung.

Die Erhebung der Klage wegen der neubegangenen strafbaren Handlung hemmt den Ablauf der dreijährigen Frist für die Dauer des Verfahrens.

§. 6. Wenn vor Ablauf der dreijährigen Frist die Verurteilung wegen einer strafbaren Handlung erfolgt, welche vor Rechtskraft des in §. 1 erwähnten Erkenntnisses begangen war, so finden die §§. 74—78 StGB. Anwendung, und das die Strafe nach diesen Paragraphen bestimmende Gericht hat darüber zu beschliefsen, ob die Anordnung der Aussetzung aufrecht zu erhalten oder aufzuheben sei.

Die Erhebung der Klage wegen der neu bekannt gewordenen strafbaren Handlung hemmt den Ablauf der dreijährigen Frist für die Dauer des Verfahrens.

Diesen beiden Entwürfen schliefst sich in allerjüngster Zeit noch ein dritter an. Aschrott möchte in seiner schon mehrfach erwähnten Abhandlung: Ersatz kurzzeitiger Freiheitsstrafen. Eine kriminalpolitische Studie, (zuerst erschienen im 19. Vereinsheft des nordwestdeutschen Vereins für Gefängniswesen) seinen „Vorschlag bezüglich der Einführung von Urteilen mit bedingter Strafe" folgendermafsen formulieren (a. a. O. 229/230):

§. 1. Das erkennende Gericht jeder Instanz ist ermächtigt, wenn es einen noch nicht mit Freiheitsstrafe vorbestraften Angeklagten zu einer Freiheitsstrafe von nicht mehr als einem Monat verurteilt, bei der Verurteilung zu bestimmen, dafs die Vollstreckung der Strafe unter der Bedingung der Bestellung einer Friedensbürgschaft auf bestimmte Zeit ausgesetzt, und dafs nach Ablauf dieser Zeit im Falle des Wohlverhaltens des Verurteilten die Strafe ganz erlassen werde.

§. 2. Die Höhe der zu bestellenden Friedensbürgschaft, sowie die Art ihrer Bestellung bestimmt das Gericht nach freiem Ermessen. Die vom Tage der Rechtskraft des Urteils laufende Frist, für welche die Bürgschaft zu leisten ist

(„Bewährungsfrist"), bestimmt das Gericht ebenfalls nach freiem Ermessen. Diese Frist darf jedoch bei Übertretungen nicht mehr als ein Jahr, bei Vergehen nicht mehr als drei Jahre betragen.

§. 3. Wenn der Verurteilte während der Bewährungsfrist eine strafbare Handlung begeht, so entscheidet das über diese neue Strafthat erkennende Gericht, ob die Friedensbürgschaft als verwirkt zu erachten und die ausgesetzte Strafe nunmehr zu vollstrecken sei. Das Gericht kann dabei nur in besonders leichten Fällen von der Erklärung der Verwirkung der Friedensbürgschaft und von der Vollstreckung der Freiheitsstrafe Abstand nehmen. Von der getroffenen Entscheidung ist dem Gerichte erster Instanz, welches in der fraglichen Sache erkannt hatte, sofort Kenntnis zu geben.

§. 4. Wenn der Verurteilte während der Bewährungsfrist eine strafbare Handlung nicht begangen hat oder die begangene strafbare Handlung als besonders leichter Fall in Gemäſsheit des §. 3 erachtet worden ist, so hat das Gericht erster Instanz durch unanfechtbaren Beschluſs die Friedensbürgschaft als frei geworden und die erkannte Strafe als erlassen zu erklären.

Die wichtigste Ähnlichkeit dieser drei Entwürfe ist die Verbindung mit einer Sicherheitsleistung, welche bei Wirth und v. Liszt der Richter fordern *kann*, bei Aschrott fordern *muſs*. Indem wir den letztern Standpunkt, der eine Einschränkung unseres Instituts auf die vermögenden Klassen involvieren würde [1]) und nur dazu beitragen könnte, die ganze Einrichtung unpopulär zu machen und einige der v. Kirchenheimschen Einwendungen (s. o. S. 148) in Kraft zu belassen, der zudem in seiner Besonderheit noch nicht genügend gerecht-

---

[1]) Ebenso in trefflicher Ausführung v. Hippel, GS. 43, 119 f.

fertigt erscheint (Aschrott a. a. O. 226 f.), a limine abweisen, überlassen wir das Nähere dem Kapitel der Friedensbürgschaft. Im übrigen sei noch einzelnes zur speziellen Kennzeichnung der drei Entwürfe hervorgehoben, wobei wir der von v. Liszt gegebenen Begründung seines Vorschlags folgen (Z X 70 ff.) und die von v. Hippel „Die Vorschläge zur Einführung der bedingten Verurteilung in Deutschland" GS. 43, 99—131 geübte Kritik berücksichtigen wollen.

1. Die Strafaussetzung ist für alle Personen zugelassen, von Wirth aber bei Jugendlichen besonders empfohlen: v. Liszt will nicht die Erwachsenen dadurch gewissermaſsen in den Hintergrund drängen, die Anwendung der Maſsregel auf sie weniger wichtig erscheinen lassen. Auch Aschrott ist dieser Meinung (a. a. O. 220 f.): da man ja dem Richter die Möglichkeit geben will, mehr als bisher zu individualisieren, so soll man ihn auch im konkreten Fall entscheiden lassen; desgl. meint v. Hippel a. a. O. 101, daſs die in Amerika gemachten Erfahrungen uns von jener stufenweisen Entwicklung dispensieren. — 2. Bei v. Liszt ist zum ersten Male die Ersatzmittelnatur in allen Konsequenzen durchgeführt: daher ist die einzige Voraussetzung des Aufschubs bisherige Nichtverbüſsung einer Freiheitsstrafe; irgend eine sonstige Strafe macht der Wohlthat nicht unwert, ebensowenig aber auch die bloſse frühere Verurteilung zu Freiheitsstrafe. „Nur wenn jemand bereits gesessen hat, kann man sagen, daſs es unbedingt und allgemein keinen Zweck mehr habe, ihm die schädlichen Folgen einer erstmaligen Einsperrung ersparen zu wollen." Ferner ist hier allein (und in der v. Hippelschen Modifikation GS. **43**, 123) klar und unumwunden nur der inländischen Freiheitsstrafe diese Wirkung beigemessen; das Gegenteil ist allerdings nirgends ausdrücklich gesagt. Auch Aschrott streift diese letzte Frage überhaupt nicht; bezüglich der ersteren steht er (a. a. O. 221 f.) prinzipiell auf dem nämlichen Standpunkt, und nur dieser ist

aus dem Wortlaut seines Entwurfes herauszulesen. Die Ausnahme, die er aber zu Gunsten solcher Leute machen möchte, die wegen Uneinbringlichkeit einer Geldstrafe gesessen haben, würde sich nur zu einer Übergangsbestimmung eignen und mit der unwürdigen Anwendung von Freiheitsstrafe als Substitut der Vermögensstrafe von selbst schwinden.[1]) Weder bei ihm, noch bei v. Liszt sind durch sonstige Voraussetzungen (vgl. Bérenger, Österreich, Wirth), die den Richter nur verwirren könnten, seinem freien Ermessen Schranken gezogen. — 3. Ausgeschlossen ist der Aufschub nur bei Zuchthaus, wegen des entehrenden Charakters; bei Wirth und Aschrott taucht die Frage wegen der geringen Strafdauer nicht auf (zu Österr. vgl. ob. S. 152 sub 1). Die Dauer der aussetzbaren Einsperrung ist bei Wirth und Aschrott die kleinste, bei v. Liszt die gröfste oder vielmehr grundsätzlich eine unbegrenzte: praktisch sind zwei Jahre die obere Grenze, was allerdings die Festsetzung einer genügend langen Strafe sichert. Dieser weite Rahmen ist auch, wenn wirklich (wie Aschrott a. a. O. S. 223 sagt) bei so hohen Strafen „schon von selbst keinem Richter der Gedanke kommen wird", dieselben auszusetzen, ganz gefahrlos. Im übrigen aber beruht jener einschneidende Unterschied auf den durchaus abweichenden Grundanschauungen und Endzwecken: die Projekte eines Wirth, eines Aschrott sind von unmittelbar praktischen Gesichtspunkten getragen, drängen auf eine demnächstige Umsetzung in reale Wirklichkeit (vgl. Aschrott a. a. O. S. 223, sub 3, letzt. Abs. — Mit dieser Idee steht freilich auch der obligatorische Charakter seiner Friedensbürgschaft insofern im Widerspruch, als dieses uns gänzlich

[1]) Ebenso denkt hierüber v. Hippel, GS. 43, 105 und Note 1 daselbst: an sich ist die Mafsregel zum Ersatz subsidiärer Freiheitsstrafe nicht geeignet, aus Zweckmäfsigkeitsrücksichten ist aber jede gesetzliche Zurücksetzung des Unvermögenden dem Wohlhabenden gegenüber zu vermeiden.

entfremdete Institut ziemliche Mühe haben wird, sich in Deutschland das Bürgerrecht zu erwerben —). Dagegen steht der gewaltige, ebenmäfsig schöne Bau, den v. Liszt in grofsen Zügen vor uns aufgezeichnet hat, noch in nebelhafterer Ferne, ist uns noch nicht handgreiflich nahe gerückt: er selber bezeichnet seine Ideeen als „Anregungen“ und als solche sollen sie befruchtend wirken, den Boden bereiten einem Werk, das erst die Zukunft schauen wird. Mit einem Wort: jener Standpunkt ist ein praktischer, dieser ein wissenschaftlicher, und damit rechtfertigt sich auch der bezeichnete Dissens. Wenn es sich für unser Institut um den ersten Schritt ins Leben handelt, wird v. Liszt gegen eine obere Grenze auch nichts einzuwenden haben. Das Maximum ist dann allerdings besser mit v. Hippel auf 6, als mit Aschrott und Wirth auf 4 Wochen anzusetzen. aus den GS. **43**, 108 angeführten Gründen. — 4. Die Lammaschschen Ausscheidungsversuche gewisser Delikte (s. S. 143) werden, als nicht scharf genug abgegrenzt und abgrenzbar, zurückgewiesen; desgleichen die Abhängigmachung von der Zustimmung des Gekränkten: es könnte sich des Verurteilten „eine Verbitterung bemächtigen, die der Gesamtheit nicht weniger gefährlich ist, als dem Verletzten selbst.“ Das „prinzipielle Bedenken“ v. Hippels GS. **43**, 102 trifft auch Slutschewskij in seinem Rapport, p. 17 f. — 5. Hinsichtlich der Aussetzungsdauer ist nach dem oben (S. 152 sub 3) Gesagten zu beklagen, dafs nicht die Fassung des österreichischen Entwurfs adoptiert wurde.[1]) Wirths Rahmen ist etwas eng, über Aschrott s. o. — 6. Das definitive Entfallen der Strafvollstreckung ist nach Aschrott (wie in den beiden österr. Entw.) durch Beschlufs auszusprechen. Ob es aber richtig ist,

[1]) Davon, dafs die v. Lisztsche Behandlung die richtigere sei, haben mich v. Hippels Ausführungen GS. **43**, 110 nicht überzeugt: die Notwendigkeit eines Unterschiedes in der Probezeit erkennt er S. 111 selbst an. Zuzugeben ist, dafs sie nicht k ü r z e r zu sein braucht, als die Verjährungsfrist (vgl. ob. S. 152).

eine halb eingeschlafene Geschichte nochmals ohne besondere Not an die Öffentlichkeit zu zerren? Anmutender erscheint deshalb die Fassung Wirths, wonach von Rechts wegen von bestimmtem Zeitpunkt ab die Strafe als abgebüfst gilt, und wonach ebenso von Rechts wegen durch die blofse Begehung eines neuen Deliktes der Ablauf der Garantiefrist zum Stillstand gebracht wird. Das kann indessen doch wieder zu weit gehen, die aurea mediocritas vertritt v. Liszt: auch hier tritt prinzipiell der Zustand des fingierten Vollzogenseins ipso jure ein, aber der Verurteilte hat die beachtenswerte Möglichkeit, einen Beschlufs des Gerichts zu erwirken, wodurch das Erlöschen der Freiheitsstrafe nach aufsen hin konstatiert wird (also deklaratorischer Natur). Dieser Beschlufs ist natürlich anfechtbar: das Gegenteil hätte nicht zu billigende Folgen (v. Hippel GS. **43**, 123). — 7. Nach dem Entwurfe v. Liszts wird zum ersten Male ganz zweifellos das frühere Urteil mit sämtlichen Folgen spurlos wegfingiert. Dies ist auch sicher aus dem belgischen Gesetz herauszuinterpretieren; es ist ebenso sicher abgelehnt im französischen und österreichischen, sowie in den Entwürfen von Wirth und Aschrott. Namentlich letzterer, trotz der etwas unklaren Ausdrucksweise (§. 4), protestiert schon durch die von ihm gewählte Bezeichnung: „Urteil mit bedingter Strafe“, wie durch seine Auffassung von dem Wesen des Instituts als eines dem Richter übertragenen Begnadigungsrechtes, das keinesfalls über die Befugnisse des Souveräns selber hinausgehen dürfte, gegen jene Unterstellung. Es sind aber zwei Konsequenzen derselben zu unterscheiden (Schütze, Die sog. bed. Verurt. u. s. w. S. 18 f.): 1. Dieselbe Person kann zum zweiten Male bedingt verurteilt werden; 2. sie ist nicht vorbestraft, daher eventuell nicht rückfällig oder gewohnheitsmäfsig verbrecherisch. Lassen wir die erste Folge zu, so ist einzuräumen, dafs das praktische Vorkommen zwar aufserordentlich selten sein wird: aber es lassen sich ganz gut Fälle denken, wo die Möglichkeit der abermaligen Strafaussetzung recht erwünscht sein möchte. Die Polemik richtet sich auch meist gegen die zweite Konsequenz, so auch die von Aschrott, und seine Betrachtungen (a. a. O. S. 204 u. 218) erscheinen mir (abgesehen von den Seitenblicken auf das englische Recht, aus dem ein uns durchaus fremder Geist weht) durchschlagend. Danach wäre etwa die Fassung Wirths anzunehmen, aber in einer beigefügten Klausel zu bestimmen, dafs die fingierte Verbüfsung sich nicht auf die Voraussetzungen einer neuen bedingten Verurteilung beziehe.[1]) — 8. Mafsgebend für den Widerruf[2]) ist bei v. Liszt die Zeit des zweiten Urteils (über die sich dabei ergebenden Unzuträglichkeiten vgl. ob. S. 153 sub 4 und Aschrott a. a. O. S. 204, 225). Bei Wirth ist die Sache im Dunkeln: einmal heifst es, der Betreffende dürfe während der Garantiefrist nicht „zur Bestrafung kommen“, ein andres Mal: „sich nicht wieder strafbar machen“. v. Liszt verteidigt seine Fassung aus Gründen praktischer Bequemlichkeit und betrachtet im übrigen seine Zusatzbestimmung, dafs Erhebung der — öffentlichen oder privaten — Klage den Fristablauf für die Dauer des Verfahrens hemme, als Sicherheitsventil. Nach Erledigung des Prozesses (durch Einstellung oder Freisprechung) läuft die unterbrochene Probezeit weiter. Ganz allgemein ist freilich unseren Beschwerden damit nicht abgeholfen; aber selbst wenn das der Fall wäre, könnte nun im Gegenteil eine Beeinträchtigung des bedingt Verurteilten befürchtet werden. Oder sollte jeder frivolen Beschuldigung die Kraft innewohnen, dem red-

---

[1]) Im Resultat übereinstimmend v. Hippel GS. 43, 116 f.

[2]) In der Frage, welche Strafthat die Verwirkung herbeiführen soll, räumt Aschrott (§. 3) dem Richter eine übergrofse diskretionäre Befugnis ein, die auch bei Übertretungen nur zum Teil angebracht und höchstens dann am Platze ist, wenn Freiheitsstrafe nicht mehr als Übertretungsstrafe verwendet wird. Die moralische Macht dieses Ersatzmittels wird gewaltig erhöht, wenn der Schuldige weifs, dafs er durch ein neues Delikt unwiderruflich die Brücke hinter sich abbricht.

lich an seiner Besserung Arbeitenden durch einen langwierigen Prozefs diese seine Mühe halbwegs zu vereiteln; sollte ein frecher Übelwollender, der aus sicherer Deckung seine Denunziation hervorzuschleudern weifs, den Unglücklichen um die Frucht seiner lange geübten Tugend betrügen können? Nein! wir könnten diesen Teil des v. Lisztschen Projektes nur mit dem Vorbehalt annehmen: „Ein freisprechendes Erkenntnis stellt zugleich fest, dafs eine Unterbrechung der dreijährigen Frist nicht stattgefunden habe." 7. Die Bestimmung des §. 6 entspricht vollkommen der Lammaschschen Forderung (Mitteil. der Intern. krim. Vereinigung, I, 1, S. 41) und stellt jedenfalls den einzig richtigen Ausweg dar. Es empfiehlt sich auch sicherlich, dies zur Vermeidung jeder Zweideutigkeit ins Gesetz aufzunehmen, obwohl es wegen §. 79 RStGB. nicht nötig gewesen wäre.

Wir konnten uns hier kurz fassen, da wir auf unserm in diesem Kapitel zurückgelegten Weg vom zeitlich Früheren zum Neuesten, und vom Unvollkommneren zum Vollendeteren, wiederholt Halt gemacht hatten, um bei jedem Abschnitt zugleich Vorzüge und Mängel, oder wenigstens die Eigenheiten zu demonstrieren. Es erübrigen noch einige ziemlich selbstverständliche prozessualische Fragen betreffs der Anfechtung. Eine solche darf nur mit der des Urteils zulässig sein, von dem die Strafaussetzung einen Teil bildet. Was die Zulässigkeit der Nichtigkeitsbeschwerde wegen Gesetzesverletzung angeht, so ist die Antwort deutlich, da jeder Revisionsgrund das ganze Urteil angreift. Im übrigen unterscheidet Lammasch[1]) die Länder, welche weit ausgedehnte Berufung gegen den Schuldigspruch und desgleichen gegen das Strafausmafs (Österreich) zulassen, und diejenigen, welche jene Berufung nicht oder nur für gewisse Deliktsgattungen zulassen. In ersteren soll

---

[1]) a. a. O. S. 41/42..

gegen Gewährung der Suspension der Staatsanwaltschaft die Berufung zustehen; aber nicht der Verteidigung gegen Ablehnung des Aufschubsgesuches — letzteres aus dem doppelten Grunde, weil eine solche Befugnis mifsbraucht werden und in den allerseltensten Fällen dem Angeklagten etwas nützen würde; da beide Einwendungen richtig sind, so schlagen sie einander oder schwächen sich wenigstens gegenseitig. Für die zweite Gruppe von Staaten wird eine Kautel gefordert, bestehend in Ausweisen der Gerichte, die in Parlamentsberichte oder statistische Publikationen aufzunehmen sind (vgl. belgisches Gesetz, Art. 10). — Die beiden österreichischen Entwürfe geben im Einführungsgesetz dem Ankläger (in der Regierungsvorlage: Staatsanwalt) gegen den Beschlufs auf Aufschiebung des Strafvollzuges ein Beschwerderecht; nicht im umgekehrten Fall dem Angeklagten, also im Sinne des Lammaschschen Vorschlages. Gegen diesen „prozessualen Mifsgriff" wendet sich mit besonderer Schärfe Schütze a. a. O. S. 19 ff., desgleichen erklärt sich dagegen Aschrott a. a. O. S. 228. Die Entwürfe von Wirth und Aschrott schweigen und geben damit dieselbe Antwort, wie v. Liszt in seinem Vorschlag §. 3. „Nur auf Grund der die Schuldfrage erörternden mündlichen Verhandlung, nicht aber lediglich auf Grund der Akten kann das Gericht sich ein Urteil darüber bilden, ob in der Person des Verurteilten die Voraussetzung für die Annahme zu treffen ist, dafs die Aussetzung der Strafvollstreckung ihm und der Gesamtheit zum Vorteil gereichen werde." Es ist also lediglich die Anfechtung mit den gegen das Endurteil in dem betreffenden Lande gerichteten Rechtsmitteln zu gestatten.

Werfen wir noch einen Blick auf die neusten Phasen der Frage nach Einführung der bedingten Verurteilung, so läfst sich jetzt weniger denn je verkennen, dafs ein harter Kampf mit den täglich sich mehrenden Gegnern bevorsteht. Zwar die am 26. März 1890 in Halle eröffnete erste deutsche Landesversammlung der internationalen kriminalistischen Vereinigung hat nahezu mit Einstimmigkeit die Fragen bejaht:

1. Ist eine Änderung des Strafensystems notwendig in der Richtung auf Umgestaltung der kurzzeitigen Freiheitsstrafen?

2. Empfiehlt sich die Verurteilung mit bedingtem Strafvollzuge?

3. Wird Verurteilung mit bedingtem Strafvollzuge für zulässig erachtet a. bei Gefängnis bis zu 3 Monaten? b. bei Haftstrafen?

Aber der Petersburger Gefängniskongreſs der letzten Tage hat sich nicht mit Entschiedenheit für unsere Maſsregel erklären mögen: die Frage blieb nach dem Vorschlage von Pols „reserviert“. Indessen wir gehen dem ferneren Kampf entgegen in dem Bewuſstsein, daſs die Einführung des empfohlenen Mittels weder dem gesunden Verstande noch dem unverdorbenen Gefühle widerstehen wird, allerdings aber der Macht eingewurzelter Vorurteile und einer kleinmütigen Angst, die der Geist unseres Volkes nicht rechtfertigt.

Damit schlieſsen wir dieses Kapitel ab, welches in dem Teile über die direkten und unmittelbaren Ersatzmittel kurzzeitiger Freiheitsstrafen den Kern- und Mittelpunkt des Ganzen bildet, und dessen Mittel unbestritten das Feld behauptet. Wie vorher schon alles auf diese Aussetzung des Strafvollzuges als die Krone aller Ersetzungen der Freiheitsstrafe uns vorzubereiten schien, indem die sonst angepriesenen Surrogate den Anschein der Brauchbarkeit immer erst gewannen, wenn ihre Gestaltung sich den hier verkörperten Ideen näherte, so werden wir nun auch im Folgenden sehen, wie von den vorgeschlagenen Maſsregeln jede nur dann und insofern Erfolg verspricht, wenn und inwieweit sie sich mit dem Aufschub der Strafvollstreckung in eine mehr oder minder organische Verbindung setzen läſst.

D. Friedensbürgschaft.

Das Wort Friedensbürgschaft hat einen doppelten Sinn [1]) — oder besser es umfafst zweierlei zugleich: eine Verpflichtung eines Menschen, selbst unter gewissen Modalitäten, während gewisser Zeit, insbesondere gegen gewisse Personen, das Rechtsgut des öffentlichen Friedens nicht stören zu wollen, — und eine Verbürgung für einen andern, dafs dieser sich in der bezeichneten Weise ruhig verhalten werde; in demselben Recht wird meistens beides alternativ und kumulativ verwendet. Jene Verpflichtung enthält stets auch das Versprechen, für den Fall einer Nichterfüllung der übernommenen Bedingungen eine näher geregelte Zahlung leisten zu wollen; verstärkt ist dieser promissorische Teil entweder durch Ausstellung eines bedingt gehaltenen Schuldscheins, oder durch Hinterlegung einer Sicherheit: ersteres ist das in England fast allein gebräuchliche Verfahren und dieses Schuldbekenntnis heifst dort recognizance, [2]) letzteres wird in der neuern Gesetzgebung und Wissenschaft ziemlich ausschliefslich unter Friedensbürgschaft verstanden. Zwei verschiedene Formen treten uns entgegen, je nachdem das Mittel mehr zur Präventivmafsregel oder zur Repressivmafsregel ausgestaltet ist, je nachdem es mehr polizeilicher Natur und zur Verstärkung anderer Strafen geeignet, oder mehr spezifisch rechtlichen Charakters und zur Ersetzung sonstiger Ahndungen passend ist. Nur dieses Letzte kann uns hier interessieren, wenn allerdings das andere ebenfalls gestreift werden mufs.

Endlich kann die repressive Friedensbürgschaft in zwiefacher Weise für ein Strafensystem verwertet werden, rein oder in Verschmelzung mit andern Mitteln; in der ersten Anwen-

---

[1]) Schierlinger, Einl. S. 3.

[2]) während Kaution durch bail bezeichnet wird.

dungsart empfiehlt sich von vornherein schon die Kaution, obwohl auch die recognizance vorkommt; bei der zweiten haben wir es gleichfalls fast immer mit Sicherheitsleistung zu thun.

I. Die präventive Friedensbürgschaft.

Nur von dieser Gestalt handelt das Buch Schierlingers (Erlangen 1877) und diese einseitige Auffassung ist der Hauptfehler desselben; sie hat ihn zu Vorschlägen als Endresultat geleitet, die Lammasch (Z IX 449) als völlig verfehlt bezeichnete. Dagegen findet man dort eine gründliche Darstellung der geschichtlichen Entwicklung in deutschen und verwandten Rechtsgebieten. An Sühnevertrag und Friedensverbürgung, an das asseurement (asegurement) des altfranzösischen und die Urpheda des altdeutschen Rechtes schließt sich Artikel 176 der CCC. mit seinen, Strafjustiz und Polizei vermengenden, für das gemeine Strafrecht grundlegenden Bestimmungen, die wir ohne weitere Kritik zur Vergleichung mit den sehr ähnlichen, gleich mitzuteilenden englischen Zuständen hersetzen:

> Von straff oder versorgung der personen, von den man auss ertzeygten ursachen übels und missethat warten muss.

CLXXVI. Item so eyner eyn urphed frevenlich oder fürsetzlich verbrochen, sachen halben, darumb er das leben nit verwirkt hat, Item ob eyner über vorgeübte nachgelassene und gerichte missethat mit worten oder schriften andern dergleichen übels zu thun, doch sunst on weiter beschwerlich umbstende trohet, und aber damit nit sovil gethan hett, dass jm darumb das leben [vgl. Art. 178] genommen werden möcht, Und auss jtzgemelten oder andern genugsamen ursachen eyner person nit zu vertrawen oder zu glauben wer, dass sie die leut gewaltsamer thätlicher beschedigung und übels vertrüge, und bei recht und billicheyt bleiben liess, und sich solchs zu recht gnug erfünde, — Unnd dann dieselbig person desshalb keyn notturfft caution, gewissheyt oder sicherheyt machen kündt, solchen künfftigen unrechtlichen schaden und übel zu fürkommen,

Soll dieselbig unglaubhafftige bosshaftige person inn gefengknuss, als lang biss die nach erkantnuss desselben gerichts gnugsame caution, sicherung, und bestandt für solche verächtliche thätliche handlung thut, durch die schöpfen rechtlich erkant werden, jedoch sol solch straff nit leichtvertiglich oder on mergklich verdechtlicheyt künfftigs übels (als obsteht), sonder mit radt der rechtverständigen beschehen. Und sol solcher gefangen inn dem gericht, darinn er also beklagt und überwunden wirdet, enthalten werden. Und wo er sich von seinen selbs güttern inn solcher gefengknuss zu enthalten nit vermöcht, so soll alssdann durch den ankläger zu seiner enthaltnuss dem büttel sein gebürlich wartgeld, nach ermessung des richters gegeben werden, und er der ankläger derhalb zimlichen bestand thun. Wo nun der ankläger solchen kosten auch nit vermöcht, soll die oberkeit den selben kosten tragen. So aber gemelt gefangen inn dem selben oder andern gerichten an seinen güttern als vil hette, davon ob gemelte sein enthaltung und verwarung gar oder zum theyl beschehen kündt, die sollen zu derselben underhaltung on der oberkeyt verhinderung gebraucht werden.

Es liegt darin, wie Schierlinger[1]) ausführt, ein ganzes Präventivsystem: Urfehde — Kaution — Gefängnis — Todesstrafe; bemerkenswert ist, wie die (dem commitment for want of sureties entsprechende) Verhaftung gegenüber der Sicherheitsbestellung entschieden in den Vordergrund tritt: sie verdiente sowohl als das Neuere, wie als das praktisch Wichtigere hervorgehoben zu werden.[1]) Der Carolina folgen, indes mit Beschränkung der Sicherungsmaſsregeln auf bestimmte (angedrohte,

---

[1]) a. a. O. S. 31. S. 36.

vorbereitete, versuchte) Verbrechen, verschiedene Partikulargesetze,[1]) doch ohne viel Erfolg; an den Code pénal schliefst sich Baden, welches die Friedensbürgschaft als Ersatzmittel der Polizeiaufsicht behandelt (StGB. v. 1./III. 1845, §§. 25 bis 32)[2]) und mit dieser sie auch in den von Schierlinger nicht erwähnten, wieder auf deutschen Boden gehörigen §§. 280—283 in Verbindung setzt. Jene Gestaltung der Polizeiaufsicht ist auch nicht im Entwurfe von 1839 zu finden, wohl aber diese zweite, echte Präventivmafsregel, die nicht dem allgemeinen Teil angehört. Der Entwurf sagt:

§. 255. (Strafbare Drohungen.) Wer einen andern, ohne die Absicht der Nötigung (§. 253), mit Verletzungen bedroht, welche zur Klasse der schwereren Verbrechen gehören, wird, wenn die Verwirklichung der Drohung mit Grund zu befürchten ist, auf Anzeige des Bedrohten verurteilt, selbst und durch zwei unbescholtene Männer für gesetzmäfsiges Verhalten auf eine Zeit von 6 Monaten bis zu 2 Jahren mit einer vom Richter zu bestimmenden Summe Sicherheit zu leisten. Vermag er dies nicht in genügendem Mafse, so ist er für die gleiche Zeit unter polizeiliche Aufsicht zu stellen, und wenn er die Vorschrift des §. 29 Nr. 1[3]) übertritt, für die übrige Zeit der Dauer der polizeilichen Aufsicht zur Einsperrung im Kreisgefängnis zu verurteilen.

§. 256. (Verfall der Sicherheitsumme.) Die Sicherheitsumme verfällt, wenn binnen der Zeit, für welche die Sicherheit geleistet ist, dem Bedrohten von dem Urheber der

[1]) Pr. ALR. II, 20 §§ 44, 534. Pr. KrimO. 11./XII. 1805, §§ 231 f. Sächs. rev. StPO. 1./VIII. 1868, Art. 151.

[2]) Schierlinger a. a. O. S. 99 u. 100.

[3]) Der unter polizeiliche Aufsicht Gestellte darf seinen Wohnort ohne Erlaubnis des Ortsvorstandes nicht über Nacht verlassen, und zu einer über 8 Tage dauernden Abwesenheit wird die Genehmigung der Polizeibehörde erfordert.

Drohung die angedrohte oder eine andere strafbare Verletzung vorsätzlich zugefügt wird.

§. 257. (Nur teilweise.) Ist die wirklich zugefügte Verletzung eine geringere als die früher gedrohte, so kann die Sicherheitsumme nur zu einem verhältnismäfsigen Teil für verfallen erklärt werden.

§. 258. (Wiederaufhebung der Sicherungsmafsregel.) Fällt der Grund zu der erkannten Sicherungsmafsregel (§. 255) vor Ablauf der Zeit, für welche dieselbe erkannt ist, hinweg, so wird sie wieder aufgehoben.

Das Strafgesetzbuch selbst erläutert näher jene „schwereren Verbrechen", so dafs dahin aufser Angriffen auf Leib und Leben die heute im RStGB. §§. 304—328 aufgezählten Delikte (gröfstenteils wenigstens) gehören; dem mündlichen oder schriftlichen Bedrohen ist das Unternehmen von Handlungen, wodurch die Ausführung des beabsichtigten Verbrechens vorbereitet wurde, gleichgestellt. Die primäre Strafe ist ferner nicht die Friedensbürgschaft, sondern die polizeiliche Aufsicht, die aber (Allg. T. §. 29) durch Leistung einer dem Betrage nach vom Richter zu bestimmenden Sicherheit für gesetzmäfsiges Verhalten abgewendet werden kann. Zum Verfall dieser Sicherheitssumme genügt das versuchte Delikt.

Diese wesentlichen Abänderungen lassen es durchaus erklärlich erscheinen, wenn in Baden von dem Institut der Friedensbürgschaft (nach dem Zeugnis Mittermaiers) „gar nicht oder doch höchst selten" Gebrauch gemacht wurde, während dasselbe in England bei einer volkstümlich wirkenden Gerichtsverfassung sich vorzüglich bewährt und beispielsweise 1863 in 11 077 Fällen, von denen 4402 auf Gewaltthätigkeiten und Mifshandlungen Bezug hatten, Anwendung gefunden hat.[1]) Wir wenden uns jetzt diesem Lande zu, welches für neuere gesetz-

[1]) v. Holtz, Allg. d. StrRZ. 1864, IV 651, zitiert Mitterm., Heidelb. Jahrbb. 51, 805.

geberische Versuche das Vorbild darstellt, indem wir eine kurze Skizzierung an der Hand Aschrotts (Strafensystem und Gefängniswesen in England, S. 98/103) versuchen:

(I.) Ursprünglich rein präventive, polizeiliche Schutzmaſsregel, so recht eigentlich in den Wirkungskreis des „Friedens"-Richters, des Hüters der allgemeinen Ordnung fallend, gewann die Friedensbürgschaft, bei welcher immer Schuldbekenntnis (recognizances) und die Stellung von Bürgen (von sureties) neben einander gehen kann, allmählich folgenden (1.) Umfang: (a.) als Surety, Recognizance for the peace ist sie auf 3 Fälle beschränkt; umfassender dagegen und jenes in sich schlieſsend (b.) als Surety, Recognizance for good behaviour (od. abearance). In dieser Gestalt wird sie auf Edward the Confessor, namentlich aber auf das Gesetz 34 Edward III c. 1 (= 1360) zurückgeführt: „Jeder Friedensrichter [1]) ist ermächtigt, von Personen, that be not of good fame, Bürgschaft zu verlangen for good behaviour towards the king and his people, damit das Volk nicht beunruhigt oder beschädigt, noch der Friede vermindert werde, auch Kaufleute und andere auf Landstraſsen nicht gestört und gefährdet werden." Hieran anknüpfend wurde die Praxis (namentlich nach den Kämpfen der Rosen) durch auſserordentlich weite Interpretation Hauptquelle der Entwickelung. [2]) (2.) Die Friedensbürgschaft besteht nun darin, daſs der Beschuldigte und seine Bürgen (meist 2, s. ob. Bad. Entw.) sich als Schuldner des Königs auf einen bestimmten Geldbetrag [3]) bekennen, falls der Beschuldigte eine Bedingung, condition, nicht erfüllt, die wie Verpflichtungsdauer, Bürgenzahl, Sicher-

---

[1]) Die (County oder Borough) Quarter Sessions bestehen seit 1826.

[2]) „not of good fame" sowohl als Verhalten contra bonos mores, wie contra pacem gedeutet. Allzu willkürlicher Subsumtion wirkten entgegen: Forderung eidlichen Beweises — Habeas Corpus Act — Bestimmung, daſs die Kautionsauflage regelmässig durch zwei Friedensrichter erfolgen soll — Kontrole durch die Gerichtshöfe als Berufungsinstanz.

[3]) 5, 50, 300, 600, für einen Lord 1200 £.

heitshöhe nach der Lage des Falls verschieden ist (z. B. in der nächsten Quartalssitzung [1]) zur definitiven Erledigung zu erscheinen [2]) —) (a.) Die Friedensbürgschaft wird durch (detailliert festzustellendes) Zuwiderhandeln verwirkt (forfeited), andernfalls erledigt (discharged); (b.) kann sie, weil keine Bürgen zu finden sind, oder die etwa verlangte Kaution nicht aufzubringen ist, nicht geleistet werden, so tritt commitment for want of sureties bis zu einem Jahr ein.

(II.) Die vorzügliche Bewährung als Mittel zur Verhütung von Rechtsbrüchen in der Hand der Polizei führte zu dem wichtigen Schritt einer Verwendung der Friedensbürgschaft als Strafe (oder in höherem Grade als Strafe), zumal das ausübende Organ für beide Zwecke dasselbe war. (1.) Zunächst wurde das putting under recognizances gegen entlassene Verbrecher gebraucht als praktischer Ausweg zum Schutz der Gesellschaft ohne die Gehässigkeiten der Polizeiaufsicht (vgl. die festländischen Versuche); bald aber auch (2.) darin, aufser einem Schärfungsmittel der Freiheitsstrafe, in Verbindung mit Geldstrafe ein Ersatzmittel derselben erkannt. Dies ist bekanntlich noch der Standpunkt des Criminal Law Consolidation Act (24 a. 25 Vict. c. 96—100), der fünf grofsen Gesetze von 1861, durch welche vornehmlich die Materien des Diebstahls, der Sachbeschädigung, Fälschung, Münzverbrechen und Angriffe auf Leib und Leben eine umfassende Regelung erfuhren. Bei allen hier behandelten Delikten hat der Richter (nicht blofs der Friedensrichter) die Befugnis, soweit felony [3]) vorliegt, eine Friedensbürgschaft (to keep the peace oder to be of good behaviour oder beides) neben der Freiheitsstrafe aufzuerlegen (dem Verurteilten oder Bürgen oder beiden), soweit misdemeanour

---

[1]) Die (County oder Borough) Quarter Sessions bestehen seit 1326.

[2]) so bei der recogn. to keep the peace — und bis dahin allgemein oder dem Kläger gegenüber Frieden zu halten.

[3]) Dreiteilung der Delikte in treason, felony, misdemeanour.

gegeben ist, neben oder statt der Freiheitsstrafe auf Geldstrafe und Stellung einer Friedensbürgschaft zu erkennen.

In allem Wesentlichen verrät sich immer noch der ursprünglich polizeiliche Charakter; namentlich ist Kautionsleistung oder Realsicherheit nicht gebräuchlich. In engstem Zusammenhang steht mit diesen Rechtszuständen die Zulassung von bonds to keep the peace and be of good behaviour, welche bei jeder Verurteilung wegen misdemeanour verlangt werden können, in einer Reihe nordamerikanischer Staaten (Kentucky, Ohio, Indiana, Jowa, Illinois, Michigan, Alabama, Texas, St. Louis, New-York).

Dieselbe Auffassung der Friedensbürgschaft als einer Verhütungsmaſsregel findet sich auch in dem deutscherseits gemachten Einführungsversuche. Die Bundesrats-Vorlage zu einem Entwurf einer Strafgesetz-Novelle[1]) sagt das auch in den Motiven ausdrücklich und will nur die Ausübung der energischeren Handhabung des Richters überlassen. Doch ist gleich die Voraussetzung sehr viel enger und spröder, als die englischen, daſs der Verdächtige verurteilt sei; und zwar ist die Kautionsauflage zulässig bei Verbrechen und Vergehen gegen folgende Paragraphen des RStGB. 1) §§. 241, 126, 201, 110, 111. 2) §§. 231, 303ff., 130, 130a. 3) §§. 49a, 44 (in Bezug auf Verbrechen); sie ist gerichtet in den Fällen der zweiten Gruppe gegen Wiederholung einer begangenen, in den andern gegen Ausführung einer angedrohten bezw. eingeleiteten strafbaren Handlung. Es kann auf sie neben Freiheits- oder Geldstrafe erkannt werden (Betrag 30—3000 M., Zeitdauer 1 Monat bis 1 Jahr seit dem Tag der Erledigung der Hauptstrafe; — § 39a). Bis zur Leistung einer Realsicherheit, über deren Güte der Richter befindet, bleibt der Verurteilte in Haft (§ 39b). Wird der Friede gewahrt, so wird nach dem Ablauf der Frist die

[1]) Bundesr.-Session 1875, Drucks. Nr. 72 S. 24 ff.; Schierlinger S. 78.

Sicherheit frei oder auch schon früher nach Ermessen des Richters; bei Friedensbruch verfällt sie der Staatskasse (§ 39c).

Dafs die so befürwortete Friedensbürgschaft bei uns scheiterte, darin teilte sie nur das Schicksal des ganzen Entwurfes; es ist aber überhaupt fraglich, ob sie in dieser Gestalt sehr lebensfähig gewesen wäre. Man denke an die Fundamente, auf welchen die Wirkungskraft dieses Instituts in England ruht und die uns so gut wie abgehen: [1]) 1. der gesetzliche Sinn ist in England mehr ausgebildet wie bei uns. 2. Die wirtschaftliche Leistungsfähigkeit des britischen Volkes ist eine ungleich gröfsere. 3. Die Stellung des Friedensrichters nimmt der Recognizance einen grofsen Teil der Gehässigkeit, erleichtert das Auffinden von Bürgen, ja, macht sie populär. 4. Wieweit Anlafs und Zweckbestimmung dem richterlichen Ermessen in England unterliegt, ist zwar unklar; [2]) doch schon soweit es bekannt ist, geht es weiter, als es bei uns denkbar wäre, und dem Bedürfnis der Rechtssicherheit wird in umfassenderer und gefügigerer Weise gedient.

2. Die repressive Friedensbürgschaft, alleinstehend.

Ein wichtiger Schritt — wenigstens scheint es uns Ausländern so — wurde mit der Selbständigmachung der Friedensbürgschaft in England gethan. Sir James Fitzjames Stephen löste sie zuerst von den prozessualischen Mitteln, zu denen man sie im System bisher gestellt hatte, los und wies sie 1877 in seinem Digest of the Criminal Law in den allgemeinen Teil. Artikel 14 enthält die auch als Hauptstrafe verwendbare Mafsregel des Putting under recognizances; dieselbe besteht

---

[1]) Schierlinger a. a. O. S. 84/85.

[2]) è dubbio se in Inghilterra possa ancora il gindice di pace chiedere di propria iniziativa la malleveria, senza che sia stato commesso alcun reato e senza richiesta di alcun interessato. Mot. Prog. Zanard. Artt. 27, 28.

darin, „dafs man dem Delinquenten aufgiebt, das Versprechen abzulegen, eine in dem Schuldbekenntnis ausgedrückte Geldsumme an Ihre Majestät zu bezahlen, falls er dessen Bedingung bricht; sowie andere Personen zu finden, welche in seinem Interesse und als seine Bürgen ein ähnliches Versprechen abzulegen haben. Wo die Gerichtsbehörde ermächtigt ist, solche Sicherheit[4]) zu fordern, kann sie anordnen, dafs der Deliquent in Haft zu nehmen sei, bis er das Schuldbekenntnis eingeht und die Bürgen findet.“ Nachdem Stephen durch seinen Digest die Möglichkeit einer Kodifikation des englischen Rechts gezeigt nnd von der Regierung den Auftrag erhalten hatte, einen Strafgesetzentwurf auszuarbeiten, nahm er auch 1878 in seine Indictable Offences Bill die Friedensbürgschaft auf. Section 13 daselbst lautet:

> Every person who under any provision of this or any other Act of Parliament is convicted of any indictable offence for which he is liable to be sentenced to penal servitude, or imprisonment, or fine, may, in addition thereto or instead thereof, be required to enter into his own recognizances and to find sureties (both or either) to such amount as the court by which he is tried considers reasonable, that he shall keep the peace, be of good behaviour, abstain from repeating or continuing the offence of which he has been convicted or do or forbear from doing any other act of the same kind which the court may consider proper, or that he will appear and receive jugdment when called upon, or be of good behaviour (both or either).

(Jedem, der nach einer Verordnung dieses oder eines andern Parlamentsgesetzes einer zur Zuständigkeit des Geschwornengerichts gehörigen strafbaren Handlung schuldig be-

---

[4]) security, dagegen surety Bürge.

funden ist, für welche er einer Verurteilung zu Strafknechtschaft, Gefängnis oder Geldbuſse unterliegt, kann daneben oder statt dessen aufgegeben werden, ein eignes Schuldbekenntnis auszustellen und Bürgen zu finden (eins oder beides) auf solchen Betrag, als der Gerichtshof, vor dem die Sache verhandelt wird, für angemessen erachtet; und zwar dafür, daſs er den Frieden bewahren, sich wohl verhalten, die strafbare Handlung, deren er schuldig befunden ist, nicht wiederholen oder fortsetzen, oder irgend eine andere Handlung der Art, welche der Gerichtshof für passend befindet, thun oder unterlassen solle, oder daſs er auf Vorladung erscheinen und sein Urteil entgegennehmen, oder sich wohl verhalten werde (eins oder beides).)

In wie mannigfaltiger Weise dieser Vorschlag die Bestimmungen der Konsolidationsgesetze erweitert, und zu welcher ungeheuren Ausdehnung das richterliche Ermessen gelangt ist — kann doch im extremsten Fall statt lebenslänglicher Strafknechtschaft auf Stellung von Friedensbürgschaft erkannt werden — ist auf den ersten Blick klar. Wenn nun oben gesagt wurde, mit dieser Selbständigmachung s c h e i n e uns ein wichtiger Schritt gethan, so muſste diese zurückhaltende Form der Behauptung gewählt werden, weil das genaue Verhältnis zum geltenden Recht nicht festzustellen, insbesondere nicht einmal zu sagen ist, ob der Friedensrichter die Freiheitsstrafe statt durch Geldstrafe mit Friedensbürgschaft durch die letztere allein ersetzen konnte.[1]) Fast scheint es so, sollte doch auch die Bill nicht sowohl Neuerungen schaffen, als die gegenwärtig ungeschriebenen Rechtssätze zu Papier bringen; es würde so sich auch die — von Lammasch[2]) gemachte — auffallende

[1]) ob also (s. ob. S. 180 f.) in Fällen des misdemeanour die Hauptstrafe des putting under recogn. schon zulässig war (vgl. auch Lammasch a. a. O.), demnach Crim. Code Bill, sect. 13, nur für felonies eine Neuerung bedeutete.

[2]) Allg. österr. Gerichtszeitung vom 24./I. 79, Jahrg. XXX (N.F. XVI) Nr. 7.

Bemerkung erklären, dafs Sir J. Stephen diese wichtige Änderung übersehen, d. h. nicht als solche erkannt habe. Etwas deutlicher scheint zu sein, dafs die Bestimmung des Entwurfs teilweise realisiert ist in dem Gesetz 42a. 43 Vict. c. 19. s. 16. = Summary Jurisdiction Act 1879, wo den Höfen mit summarischer Gerichtsbarkeit, also den Friedensrichtern überlassen ist, sich der Friedensbürgschaft zu bedienen "in the particular case of so trifling a nature that it is inexpedient to inflict any punishment, or any other than a nominal punishment." Es wird damit die Erinnerung verbunden, dafs der Angeklagte das nächste Mal eine strengere Strafe zu gewärtigen habe, als die, mit welcher er bei dieser ersten Übertretung davongekommen sei.

Diese Ersetzung der Freiheitsstrafe überhaupt und naturgemäfs so gut wie ausschliefslich nur der kurzen Freiheitsstrafe durch die Friedensbürgschaft, welche sicher nicht mehr (wie Lammasch will) als blofse Präventivmafsregel aufzufassen ist, findet sich auch in englischen Kolonieen. So ordnet der New Zealand Justices of the Peace Act 1882 an, dafs die Richter von schuldig befundenen Personen neben oder statt der Strafe Sicherheit des Friedens fordern können (sect. 16: Justices may require convicted persons to give sureties [1]) of tho peace in addition to or in lieu of punishment). [2]) Eine Erweiterung planten die schon früher erwähnten Strafgesetzent-

[1]) Hier wird surety im Sinne von security gebraucht, anders in England.

[2]) Wherever upon the hearing of any information for an offence punishable in a summary way, it shall appear to the justice hearing the same, by the evidence, that the defendant has used any threats, or done any act for which he might be required to enter into recognizances of the peace, such justice may, if he think fit, require the defendant to enter into such a recognizance, either in addition to or in lieu of punishment to which he shall be liable upon conviction of the said offence, and whether the informant shall have required sureties of the peace against the defendant or not.

würfe von 1880 (sect. 15) und von 1886 (sect. 14).[1]) In dieser Gestalt würde die Friedensbürgschaft bei uns unmöglich sein, zum allermindesten müfsten wir statt des blofsen Schuldbekenntnisses eine wirkliche Kaution fordern, aber selbst dann würde die alleinstehende Kaution nur auf einen sehr engen Kreis beschränkt sein. In ziemlich weiter Ausdehnung wurde allerdings die malleveria vom Codice penale von Neapel 1819 für Vergehen und Übertretungen als Nebenstrafe und als Ersatz verwendet, während das Gesetzbuch von 1808 sie nur als Konsequenz der Stellung unter Polizeiaufsicht kannte. Desgleichen stellt das spanische StGB. (1870) die Caución weder unter Penas aflictivas, noch correccionales, noch leves, sie bildet vielmehr mit der Multa zusammen eine besondere Gruppe von Penas communes á las tres clases anteriores, ist aber nicht Nebenstrafe (artt. 26, 44). Dagegen kennt das den Cortes am 18./IV. 85 vorgelegte Reformprojekt die caución de conducta nur in dem einen Fall der Bedrohung (amenaza) und zwar sowohl als consecuencia del delito, wie als complemento de la pena. (Art. 40, Z. 3.)

Von Schriftstellern empfehlen die Friedensbürgschaft Bonneville de Marsangy und nach ihm von Holtzendorff gegen Personen, „von welchen eine fortgesetzte Störung der öffentlichen

[1]) Bill 1886, sect. 14. lautet: 1) Every one who is convicted of any crime for which he is liable to penal servitude or imprisonment, with or without hard labour, may instead of any punishment hereby authorized, or in addition to any term of imprisonment, or any fine, be required to enter into his own recognizances, or to find sureties, or both, to such amount, and for such time, as the Court, by which he is tried, considers reasonable, that he shall keep the peace and be of good behaviour. 2) Every one required to find sureties as aforesaid, shall be liable, if the Court thinks fit, to be imprisoned till he find such sureties. 3) The Court may in its discretion suspend such last-mentioned imprisonment on such terms as it thinks fit, or may limit the period of such imprisonment. 4) No one shall be imprisoned for not finding sureties for more than one year, exclusive of another period for which he may be imprisoned by the sentence of the Court.

Rechtsordnung besorgt werden darf;" ferner Aschrott,[1]) Lammasch (bei Übertretungen, Z. IX, 449) und Prins für Fälle des Raufhandels, Körperverletzung und Beleidigung. Desgleichen wurde sie, doch wohl mit in diesem Sinne, als „in ernste Erwägung zu nehmen" auf dem Brüsseler Kongreſs bezeichnet [Mitteil. p. 162/3 = S. 190/1]. Indessen, bei Lichte betrachtet, ist doch eine solche Kaution, deren Stellung im Urteil ausgesprochen wird, nichts anderes als eine Geldstrafe mit Aussetzung des Strafvollzuges; und da die Geldstrafe zwar auf Kosten der Freiheitsstrafe wegen deren groſser Mängel immer mehr zunimmt, aber an Wirksamkeit, wie an allgemein möglicher Anwendung derselben durchaus nachsteht, so wird auch diese Art bedingter Verurteilung neben dem Aufschub der Einsperrung nicht in dem Maſse vor Versuchungen schützend sich bewähren, zudem aber vor der ausgesetzten Freiheitsstrafe sehr wenig oder nichts voraushaben, weil ja eben erst der wirkliche Vollzug die Gebrechen jener hervortreten läſst. Wer die — doch ziemlich hoch anzusetzende und deshalb wenigeren erschwingliche — Realsicherheit leisten kann, macht sich gewiſs weniger daraus, dieselbe verfallen zu lassen, als bei Zuwiderhandlung sofort von einer recht empfindlichen, gar nicht kurzen Freiheitsstrafe betroffen zu werden. Ferner: wenn man sich wegen der sozialen Stellung eines Individuums oft genug scheut, dasselbe ins Gefängnis zu stecken, so braucht man bei der Möglichkeit bedingter Verurteilung sich durchaus nicht vor Anwendung dieser Strafart (nämlich des Sursis) zu scheuen, oder Geldbuſse lieber zu wählen, da man doch gerade voraussetzt, zu einem thatsächlichen Vollzug werde es nicht kommen.

Etwas ganz anderes hingegen als die bisher behandelte

---

[1]) Aschrott, Ersatz (a. a. O. S. 219) u. desgl. Schütze, Die sog. bedingte Verurteilung (S. 14/15) möchten die Friedensbürgschaft in der Gestalt einer selbständigen Hauptstrafe als logische Konsequenz der Aussetzung einer Freiheitsstrafe hinstellen. Dagegen v. Hippel GS. 43, 120 Anm.

reine Friedensbürgschaft, von der wir glauben, dafs sie nur in kleinem Rahmen und halb zu präventiven Zwecken (— soweit nicht jede Repression zugleich Prävention ist —) d. h. ohne dafs ein ernstliches, erhebliches Delikt vorliegt, Anwendung zu finden bestimmt sei, ist die Friedensbürgschaft als (arbiträres) Verstärkungsmittel anderer Ersetzungsmittel der kurzzeitigen Freiheitsstrafe, über die wir noch einige Worte sagen müssen.

3. Die repressive Friedensbürgschaft in Verbindung mit anderen Ersatzmitteln.

Hierhin gehörte schon die oben mehrfach erwähnte Verbindung von Geldstrafe und Friedensbürgschaft in den englischen Gesetzen von 1861: für unsere Verhältnisse und Anschauungen würde eine alleinige, etwas höher zu bemessende Geldbufse wohl besser passen, selbst in der später zu besprechenden Form einer reformierten Vermögensstrafe würde die Zahlung einer definitiven Bufse sehr oft die Leistungskraft so weit erschöpfen, dafs die Forderung einer Kaution unnütz, illusorisch wäre: denn für eine blofse recognizance würden wir uns nicht erwärmen können; einen Bürgen aber zu finden, würde, weil es uns etwas ganz Ungewohntes ist, mit den gröfsten Schwierigkeiten verbunden sein. Und wo die Leistungsfähigkeit genügend ist, warum sollte da nicht schon statt der einfachen Friedensbürgschaft, wenn man diese für genügende Sühne ansehen wollte, eine endgültige Geldstrafe gesetzt werden, was um so mehr in unserm Fall für den Richter wie für den Verurteilten bequemer und angenehmer wäre?

Viel bedeutsamer ist das neueste Vorgehen Italiens in seinem Strafgesetzbuch vom 1./I. 1890 (Einführungsgesetz vom 30./VI. 1889, Art. 1). Die Artikel 27 und 28 des Progetto Zanardelli heifsen jetzt im Codice penale per il Regno d' Italia folgendermafsen:

Articolo 26. Quando la pena stabilita dalla legge non superi un mese di detenzione o di arresto, tre mese di confino, ovvero trecento lire di multa o di ammenda, ove concorrano circostanze attenuanti, e il colpevole non abbia riportato mai condanna per delitto, nè condanna per contravenzione a una pena superiore ad un mese di arresto, il giudice può dichiarare, che alla pena da lui pronunziata è sostituita una riprensione giudiziale.

La riprensione giudiziale consiste in un ammonimento, adatto alle particolari condizioni della persona e alle circostanze del fatto, che, intorno ai precetti della legge violata e alle conseguenze del reato commesso, il giudice rivolge al colpevole, in pubblica udienza.

Se il condannato non si presenti all' udienza fissata per la riprensione, o non l' accolga con rispetto, è applicata la pena stabilita nella sentenza per il reato commesso.

Articolo 27. Nel caso preveduto nell' articolo precedente, il condannato deve obbligarsi personalmente, e, ove il giudice lo riputi opportuno, anche in concorso di uno o più fidejussori idonei e solidari, a pagare una determinata somma a titolo di ammenda, qualora, entro un termino da prefiggersi nella sentenza, non superiore ai due anni per i delitti e ad un anno per le contravenzioni, egli commetta un altro reato; salvo per il nuovo reato l' applicazione della pena stabilita dalla legge.

Spetta al giudice decidere sulla idoneità dei fidejussori.

Se il condannato non si assoggetti al predetto obbligo o non presenti fidejussori idonei, è applicata la pena stabilita nella sentenza per il reato commesso.

(Art. 26. Wenn die vom Gesetz bestimmte Strafe einen Monat Einsperrung oder Haft, 3 Monate Eingrenzung oder

300 Lire Vermögensstrafe oder Geldbufse nicht übersteigt, wenn mildernde Umstände vorliegen und der Schuldige noch keine Verurteilung wegen Vergehens, und keine wegen Übertretung zu einer einen Monat Haft übersteigenden Strafe erlitten hat, so kann der Richter erklären, dafs an Stelle der von ihm ausgesprochenen Strafe ein gerichtlicher Verweis trete. Der gerichtliche Verweis besteht in einer den besonderen Verhältnissen der Person und den Umständen der Sache angepafsten Ermahnung, welche der Richter hinsichtlich der Vorschriften des verletzten Gesetzes und der Folgen der begangenen Strafthat in öffentlicher Sitzung an den Beschuldigten richtet. Wenn der Verurteilte zu dem für den Verweis angesetzten Termine nicht erscheint oder den Verweis nicht mit Achtung entgegennimmt, so findet die im Urteil für die begangene Strafthat festgesetzte Strafe Anwendung. — Art. 27. Im Falle des vorigen Artikels mufs sich der Verurteilte persönlich und, wo es der Richter für angemessen erachtet, auch vermittelst eines oder mehrerer geeigneter Solidarbürgen verpflichten, eine bestimmte Summe als Geldbufse zu bezahlen, sobald er innerhalb einer im Urteil vorherzubestimmenden Frist, die bei Vergehen zwei, bei Übertretungen ein Jahr nicht übersteigen darf, eine neue Strafthat begeht; vorbehältlich der Anwendung der vom Gesetz festgesetzten Strafe für die neue Strafthat. Der Richter hat über die Geeignetheit der Bürgen zu befinden. Unterwirft sich der Verurteilte nicht besagter Verpflichtung, oder stellt er keine geeigneten Bürgen, so findet die im Urteil festgesetzte Strafe Anwendung.)

Die Fassung weicht von der bekannten des Entwurfs aufser in unbedeutenden sprachlichen und stilistischen Kleinigkeiten in folgenden Punkten ab: 1. Im Entwurf ist dem confino das esilio locale gleichgesetzt. 2. Im Gesetz sind die Voraussetzungen strenger; der Entwurf verlangt einmal keine milderen Umstände und sodann nur, dafs in den letzten fünf Jahren keine Verurteilung vorgekommen sei; aufgewogen wird das allerdings teilweise durch die Bestimmung des Gesetzes, dafs eine Übertretungsstrafe unter einem Monat Haft von der Vergünstigung nicht ausschliefse. 3. Für die Garantiefrist hatte der Entwurf keine obere Grenze gezogen.

Was dieser Neuerung ihren Wert verleiht, ist nicht sowohl die Art der Lösung jener schwer wiegenden Frage, was an die Stelle der kurzzeitigen Freiheitsstrafe zu setzen sei, sondern die Entschlossenheit des Vorgehens, der Versuch einer durchgreifenden Lösung. An sich läge die Möglichkeit vor, den angedeuteten, auch in diesem vollendetsten Gesetzbuche der Gegenwart nicht beseitigten Hauptmangel der jetzigen Strafensysteme fast völlig zu vermeiden. Auch dem belgischen Gesetz gegenüber, das ja früher in Wirksamkeit getreten, bleibt das Verdienst dem Entwurf Zanardelli, den richtigen Weg zuerst beschritten zu haben.[1] An Methode der Ausführung, an Schneidigkeit der Verwirklichung steht indessen der Ansatz Italiens hinter dem Schritte Belgiens zurück; und einer unter denen, die jenen ersteren besonders lebhaft begrüfsten,[1] v. Liszt, hat das schon wiederholt ausgeführt.[2] Man kann die Sache von zwei Gesichtspunkten ansehen: betrachten wir den Verweis als wenig bedeutungsvoll, lassen wir ihn zusammenschrumpfen auf ein paar ernste Worte, wie sie schliefslich bei jeder Verurteilung fallen, so bleibt uns die einfache Friedensbürgschaft, die bedingte Geldstrafe übrig, und alle früheren Bedenken erwachen wieder; — sehen wir den Verweis in vielfach variierender Gestalt als Hauptsache an, so wird er durch die Legierung mit der malleveria seiner sonstigen wenig empfehlenden Eigenschaften nicht entkleidet, es bleibt bestehen, was v. Liszt so ausdrückt: „Jener unnahbare Ernst des Urteilsspruches wird

[1]) v. Liszt, Abhandll. des krim. Sem. z. Marb., I, 1. tit. II u. III. no. VI.

[2]) Mitteil. der Intern. krim. Ver. I, 1: 49/51. Z IX 777/778.

geschwächt, die Unpersönlichkeit der Gerechtigkeit, die über den menschlichen Leidenschaften in unbewegter Ruhe thront, wird herabgezogen, wenn der Richter, wie der Vater zu seinem ungezogenen Jungen, verweisend und verwarnend zu dem Verurteilten spricht, zu ihm herabsteigt, um ihm verständlich und handgreiflich zu machen, was als dunkle Ahnung tiefer von ihm empfunden wird: dafs er die Rechtsordnung gebrochen und ohnmächtig nunmehr in ihrer Gewalt sich befindet." Ist nun der Verweis schon nicht überall gut anwendbar, so ist die Wirksamkeit der italienischen Doppelstrafe auf ein noch kleineres Feld beschränkt, und die praktische Anwendung hat mit der Ungerechtigkeit zu kämpfen, dafs „der ehrliebende und besitzende Bürger zweimal bestraft" wird, während der „abgehärtete Habenichts sich ins Fäustchen lacht." [1])

Nach alledem ist die Friedensbürgschaft eine halbe Mafsregel, und die Lucchini-Zanardellische Verbesserung hinkt auf beiden Seiten. Weiter kommt man nur, wenn man die Unvollkommenheit jenes Mittels einsieht und darum dasselbe nur mit Vorsicht und als ergänzende strafschärfende Nebenstrafe da anwendet, wo man mit einer sonst bewährten Methode nicht durchzukommen meint und doch nicht zu dem bequemen Schlendrian der Freiheitsberaubung greifen will. Die Probe bestanden hat aber bis jetzt nur die Aussetzung der Strafvollstreckung; und ihr noch mehr Nachdruck zu verleihen, ist die Friedensbürgschaft berufen. Wir weisen auf die (ob. S. 161 mitgeteilten) Wirthschen Vorschläge und auf die §§. 2, 4, 5 des v. Lisztschen Gesetzentwurfs hin, Gedanken, denen sich Simonson (Nat.Z. 31./VIII. 89) und Schütze a. a. O. S. 18, sowie Wahlberg (Betrachtungen über die Freiheitsstrafen, S. 38/39) voll anschliefst. Aschrott (Entw. §. 1) weicht nur insofern ab, als er die Verbindung zu einer notwendigen machen will, was

[1]) Mitteil. der Intern. krim. Ver. I, 1: 49/51. Z IX 777/778.

zweifellos falsch ist. Aus praktischen Gründen will von solcher Verbindung ganz absehen, ohne indeſs eine Prinzipienfrage daraus zu machen, v. Hippel GS. **43**, 118 ff. Es sprechen aber noch folgende Gründe für diese Verknüpfung (Z X 75 f.): 1. Den guten Vorsätzen des Verurteilten wird gröſsere Kraft und Dauer verliehen. 2. Der Verfall der Sicherheitsumme bedeutet eine empfindliche Strafschärfung. 3. Dem Publikum springt durch diese Beschränkung des Verurteilten in der Verfügung über sein Vermögen der Zweck des Ganzen viel mehr in die Augen, die Maſsregel erscheint leichter und besser gerechtfertigt. Indessen muſs, worauf v. Liszt ebenfalls hinweist, die Frage ohne jedes Vorurteil behandelt werden, ob die Friedensbürgschaft überhaupt nötig sei; desgleichen welche Höhe und welche Bestellungsart — die Beschränkung auf eine Hinterlegung in „Geld“ bei Wirth ist unklar, übrigens wohl ein Versehen — angemessen erscheinen. Auch schon gesetzgeberisch ist diese höchst glückliche Verbindung verwendet worden in dem oben S. 120 zitierten englischen Probation of First Offenders Act, Artikel 1. — Übrigens ist die Verschmelzung mit dem Verweise wohl auch nicht ganz hoffnungslos und vielleicht bei Jugendlichen recht gut angebracht, indem dadurch das Interesse der Eltern oder sonstigen Angehörigen an der Überwachung viel reger erhalten wird.

E. Sonstige Vorschläge, meist Freiheitsbeschränkungen anderer Art.

1. Der Hausarrest.

Die Verbüſsung einer Freiheitsstrafe in der eignen Behausung, also, wegen der Beschränkung auf den kleinstmöglichen Raum ohne den in der Verhaftung liegenden physischen Zwang (contrainte par corps), der eine extremste Fall der Eingrenzung, war schon dem Altertum bekannt (vgl. l. 9. D 48, 22 de interdd. et releg.), kommt aber gar nicht häufig vor. So enthält ihn aufser dem StGB. für das Königreich beider Sizilien (1819), Art. 38, noch das österreichische Strafgesetz über Vergehen und Übertretungen, 27./V. 1852, §§. 246, 262, während die Anführung des Zürichschen Gesetzbuchs (so auch bei Prins, Rév. de Belg., und Motive zum Entw. Zanardelli, p. 105, meist sogar mit Angabe des Artikel 17) ein Versehen ist, das sich von einem Schriftsteller zum andern schleppt. Von den österr. Bestimmungen stellt §. 246 den Hausarrest als dritten Grad des Arrestes auf und erläutert den Begriff, während §. 262 die näheren Voraussetzungen regelt:

§. 246. „(Aufser diesen beiden Graden des Arrestes) kann auch auf Hausarrest, entweder gegen blofse Angelobung, sich nicht zu entfernen, oder mit Aufstellung einer Wache erkannt werden. Der Hausarrest verpflichtet den Verurteilten, sich unter keinem Vorwande vom Hause zu entfernen, bei Strafe, die noch übrige Arrestzeit in dem öffentlichen Verhaftorte zu vollstrecken.“

§. 262. „(Ferner) kann anstatt des Arrestes des ersten Grades Hausarrest verhängt werden, wenn der zu Bestrafende von unbescholtnem Ruf ist, und durch die Entfernung von seiner Wohnung gehindert würde, seinem Amt, seinem Geschäfte oder seiner Erwerbung obzuliegen.“

Nur der einfache Arrest (aber auch dann, wenn er Milderung des strengen, des zweiten Grades ist) kann dieser Herabsetzung unterliegen, aber auch nur, wenn die beiden übrigen Bedingungen vorliegen, sonst trotz aller Milderungsumstände nicht (vgl. Herbst, Bearbeitung, Wien 1884).

Dem an die Seite reiht sich der Stubenarrest unseres Militär-StGB. vom 20./VII. 1872, der nach §§. 19, 20 gegen

Offiziere verhängt werden kann und wobei dem Verurteilten nach §. 23 verboten ist, die Wohnung zu verlassen und Besuche anzunehmen. Eine Unterart ist der geschärfte Stubenarrest: er kann verhängt werden nur 1. gegen Hauptleute, Rittmeister, Subalternoffiziere, 2. durch Richterspruch; zur Vollstreckung dient ein besonderes Offizierarrestzimmer; dieser Modus ist nur eine privilegierte Art gewöhnlicher Einsperrung und deshalb allgemein natürlich unmöglich. Zuwiderhandeln gegen §. 23 zieht Freiheitsstrafe bis zu sechs Monaten nach sich, sowie Dienstentlassung, die bei Verlassen der Wohnung obligatorisch ist (§. 80). — Eine weitere Ausdehnung beabsichtigte diesem Mittel zu geben Artikel 23 des italienischen Entwurfs (entsprechend dem §. 398 im Entw. Zanard. I 1883 und §. 393 bei Savelli), woselbst es im zweiten Absatz hiefs: Se la pena dell' arresto da scontare non eccede un mese, il giudice, secondo le circostanze del fatto, può disporre che il condannato non recidivo sconti la pena nella propria abitazione. In caso di trasgresso, la intera pena dell' arresto si sconta nei modi ordinarii. (Übersteigt die zu verbüfsende Haftstrafe nicht einen Monat, so kann der Richter nach den Umständen des Falles anordnen, dafs der nicht rückfällige Verurteilte die Strafe in seiner eigenen Wohnung verbüfse. Im Übertretungsfall wird die ganze Haftstrafe in den gewöhnlichen Vollzugsformen verbüfst.) Die Relazione Ministeriale hebt in der Begründung (p. 105f.) hervor, dieser mandato in casa erspare, wiewohl er Strafe sei, dem ehrlichen Bürger das „Sitzen“, degradiere ihn weder in den Augen anderer, noch bringe er ihn mit dem Laster in zu nahe Berührung. Hüten solle man sich übrigens, diese Erleichterung nicht zum odiösen Klassenprivileg werden zu lassen, der cittadino non favorito dalla sorte solle sie auch geniefsen.

Unser Urteil wird ähnlich lauten, wie oben S. 191: Die Bestimmung ist bahnbrechend, insofern „die thunlichste Beseitigung der kurzzeitigen Freiheitsstrafen eine der ersten und dringendsten Forderungen der Kriminalpolitik" ist und der Hausarrest sich als „surrogato penale" in diesem Sinn ankündigt; — aber trotz der Befürwortung von Nocito auf dem Römerkongrefs, von Lammasch als Übertretungsstrafe, neuerdings von v. Jagemann, von Krohne, von Black-Swinton[1]) und von Wahlberg,[2]) sprechen zu gewichtige Gründe gegen ihn. Teichmann u. a. m. konnten sich schon auf dem Römerkongrefs nicht erwärmen, und, was namentlich gegen ihn einnimmt, hat v. Liszt (Mitteilungen J, 1. S. 48 und Z IX 778) zusammengestellt: 1. Das Strafübel ist als Ersatz zu gering. 2. Er wirkt zu verschieden auf den an Wohnung oder Laden Gebundenen oder den ein behagliches Stillleben führenden Rentner einerseits, auf den eiligen Geschäftsmann, den Büreaubeamten, das Gesinde andrerseits. 3. Die Überwachung ist einfach unmöglich. Will man jedem Arrestanten einen Schutzmann vors Haus stellen? Will man ihm auch nicht einen täglichen Spaziergang gönnen, den sogar der Strafgefangene hat? Diese Schwierigkeiten der Kontrole lassen auch Aschrott[3]) sich gegen den Hausarrest aussprechen.

Solche Erwägungen haben auch zu der bedeutenden Änderung geführt, die jetzt dem Entwurf gegenüber Art. 21 des Ital. StGB. 1./I. 90 aufweist: Absatz 2 lautet: (Abs. 1 handelt vom Vollzug der Haft im allg.)

> Per le donne e per i minorenni, non recidivi, se la pena non superi un mese, il giudice può disporre che sia scontata nella loro abitazione. In caso di trasgrezione, la intera pena dell' arresto si sconta nei modi ordinarî.

(Für nicht vorbestrafte Frauen und Minderjährige

---

[1]) Mitteil. der Int. krim. V. G. 3. p. 158 = S. 186.
[2]) Betrachtungen u. s. w. S. 29 f.
[3]) Ersatz u. s. w. a. a. O. XIX 233.

kann der Richter, falls die Haftstrafe einen Monat nicht übersteigt, anordnen, daſs sie in ihrer Wohnung verbüſst werde. Im Übertretungsfall u. s. w.)

2. Sonstige Freiheitsbeschränkungen, insbesondere die Interdiktion.

v. Jagemann empfiehlt noch folgende Ersatzmittel (Bl. f. Gef.K. XXIV, 17): „Wirtshausverbot, Ortsverbot, Eingrenzung (der Konfinierte darf ohne Erlaubnis der Obrigkeit während der Strafdauer den Ort nicht verlassen), Verbot des Waffentragens oder Waffenbesitzes, vielleicht auch Auferlegung der Pflicht zum Nachweis des Aufenthaltes.“ All das paſst aber nur für die patriarchalischen Verhältnisse kleiner Gebiete, wo die Obrigkeit jedem Schritt des Einzelnen mit sorgendem Auge folgen kann, ist aber in modernen Kulturstaaten eher geeignet, die Bewegung gegen die kurzzeitigen Freiheitsstrafen zu diskreditiren. Die Vorschläge fallen nebst dem Hausarrest unter zwei Gruppen: Die Eingrenzung und die Ausweisung, Verlassungsverbot eines Ortes und Aufenthaltsverbot daselbst, confino und esilio locale. Das letztere kann in das erstere übergehen, indem etwa der Wohnort des Verurteilten von einem Ring unbetretbarer Orte eingeschlossen ist. Das Aufenthaltsverbot ist bei uns als Folge der Polizeiaufsicht möglich (RStGB. §. 39 Z. 1.) und würde vielleicht auch allein gegen entlassene (nicht nur bedingt entlassene) Sträflinge sich empfehlen; gegen diese vielleicht auch eine Konfinierung, oder (wie die Grenzb. 3./X. 1889 = 48_{40} es nannten) eine „örtlich bedingte Verurteilung.“ [1]) Man könnte, hieran anknüpfend, solche Bedingungen vielleicht bei einer Aussetzung des Strafvollzuges zulassen, um z. B. einen Messerhelden für gewisse

[1]) Es sollte dadurch ein im Grunde eigentlich so blamabler Drahtbericht, wie der: „Berlin. Soeben 10 bekannte Taschendiebe vermutlich nach Hameln abgereist“ unmöglich und unnötig werden.

Zeit von allen Festlichkeiten, die er stören könnte, auszuschliefsen.

Aber alleinstehend empfehlen sich solche Interdiktionen, Besuchsverbote (d'un lieu déterminé, de fréquenter les cabarets, vgl. Teichmann a. a. O.) nicht. Solche Untersagung von Wirts- und Schenkhäusern ist in zahlreichen Schweizer Rechten zu finden, häufig freilich nur als Nebenstrafe, so Glarus (1887) (§§. 3 Z. 8., 11: Hauptstrafe, bis zu 3 Jahren); Bern (30./I. 1866) (§§. 7 Z. 6., 21, 82: subsidiär und akzessorisch, bis zu 2 Jahren; das Vergehen oder die Übertretung mufs mit einem Wirtshausauftritt oder mit unmäfsigem Genufs von Wein oder anderen geistigen Getränken in Verbindung stehen; auf Zuwiderhandeln steht Gefängnis bis zu 20 Tagen); Solothurn (1886) (§§. 5 Z. 8., 20, 23 Z. 5., 67, ähnlich wie Bern, das Verbot kann auf einen Bezirk beschränkt oder auf den Kanton ausgedehnt werden); Appenzell A. Rh. (28./IV. 1878) (§§. 3 Z. 13., 17, nicht über 3 Jahre, wenn nicht die Strafe der Eingrenzung eine Ausnahme bewirkt); Zug (20./XII. 1876) (§. 3 Z. 2 c., §. 11: bis zu 3 Jahren, Ehrenstrafe); Thurgau (15./VI. 1841) (§. 14a, wie Zug); Vaud (1867) (§§. 13 Z. 11., 30: exclusion de certains établissements publics, mitzuteilen aux autorités qui ont la surveillance sur l'établissement und aux maîtres de ces établissements). Als Nebenstrafe bis zu drei Jahren führt diese Exclusion auf das Cornazsche Projet de C. p. de Neuchâtel vom 5./III. 1889 (artt. 8,12º; 9, 41; vgl. art. 205, bei ivrognerie; art. 326 bei rixes et batteries). So recht der „guten, alten Zeit“ angehörig klingt auch die Bestimmung des Polizeistrafgesetzes von Unterwalden ob dem Wald (20./IV. 1870), Art. 4:

„Freiheitsstrafen sind ....

5) Nächtlicher Hausarrest. Dieser besteht in dem zeitigen Verbot, — nachweisbare ernsthafte Not vorbehalten — seine Wohnung während der Winterszeit (von Anfang November bis Mitte März) von 6 Uhr abends bis 6 Uhr morgens, und während

der übrigen Jahreszeit von 8 Uhr abends bis 5 Uhr morgens zu verlassen.

6) Das Trinkverbot. Dieses besteht nicht nur in dem zeitig bestimmten oder unbestimmten Verbot des Wirtshausbesuches, sondern hat überdem zur Folge, daſs der damit Belastete, auch wenn er anderweiter Trinkgelage oder überhaupt überflüssigen oder wiederholten Konsums geistiger Getränke überwiesen wird, mit einer Gefängnisstrafe von 5 Tagen bis zu 6 Wochen, ausnahmsweise mit einer Geldstrafe von 5 bis 30 Franken, und derjenige, der ihm dazu behilflich war, mit obgenannter Geldbuſse und bei besonderer Beschaffenheit des Falles mit obgemeldeter Gefängnisstrafe zu belegen ist.“

So lächerlich nun auch der bloſes Gedanke solcher Liliputerwirtschaft in unsern Verhältnissen im allgemeinen erscheinen mag, warum sollte es nicht oft genug sein Gutes haben, wenn in ländlichen Gegenden der Amtsrichter einem Bauernburschen durch derlei Bedingungen den Aufschub der Strafvollstreckung empfindlicher macht? Wir brauchen ja weder auf amerikanische teetotal pledges zu verfallen, noch jene Nebenbedingungen für die ganze Garantiefrist gelten zu lassen; wir brauchen diese Maſsregel nicht einmal besonders zu empfehlen, indem wir sie namentlich aufzählen, — aber eine Zulassung durch eine einfache Klausel im Gesetz: „Die Aussetzung des Strafvollzuges kann mit Bedingungen verbunden werden, die der Richter für gut findet, aufzuerlegen und für so lange Zeit, als er für angemessen erachtet. Nach dem Gutdünken des Richters können diese Bedingungen auch vor der festgesetzten Zeit schon aufgehoben werden. Mit einem Zuwiderhandeln ist ein Widerruf der Aussetzung des Strafvollzuges nicht notwendig verbunden.“ — könnte nichts schaden; und wenn sie auch noch so spärlich angewendet würde, in manchen Fällen würde sie den schwankenden Richter bewegen, die Vergünstigung bedingter Verurteilung auch einem Delinquenten zukommen zu lassen, der ihm als etwas „unsicherer Kantonist“ erscheint.

3. Die Prügelstrafe.

Die körperliche Züchtigung hat grofse Freunde (Mittelstädt, Schmölder, Schwarze) und grofse Gegner (Sichart). Englands Beispiel ist, glaube ich, für uns recht lehrreich, zulässig ist Whipping (Flogging) dort noch heute als Nebenstrafe bei jeder Einsperrung wegen Felony, es sei denn durch Spezialgesetz ausgeschlossen. Aber die Praxis kennt Prügelstrafe, doch wohl nicht ohne starke und zwingende Gründe, nur noch gegenüber jugendlichen Personen männlichen Geschlechts (abgesehen von zwei nicht häufigen Delikten bei männlichen Erwachsenen, 26 a. 27 Vict. c. 44 p. 1, 1863); hier aber wird sie ziemlich oft, 1883/84 von den Summary Jurisdiction Courts 3284 mal, und mit sehr befriedigendem Abschreckungserfolge angewendet (vgl. mehrere Berichte im vorletzten Jahrgang des Gerichtssaals). Bei Roheitsdelikten der halbwüchsigen Jugend ist dies Verfahren auch sicher ein sehr einleuchtendes; sonst aber keinesfalls zu empfehlen. So, aufser Jacobs (Die Besserung des Verbrechers u. s. w. Düsseld. 1889) S. 49, der indessen auch einer weitern Ausdehnung nicht abgeneigt scheint (s. S. 46 ff.), besonders Aschrott a. versch. OO. Z VIII 36 ff., Strafens. u. Gef.W. in Engl. S. 103/106, Ersatz kurzz. Freih. a. a. O. XIX 232. Sollte aber die öffentliche Meinung wirklich so dagegen sein, wie er an letztgenannter Stelle annimmt?

Wir brauchen uns wohl bei dem seltsamen Verlangen, Namen und Bild an die Schandsäule zu heften, eines Mittelstädt, der in der fanatischen Wut, in die er sich hineingeredet, das Verständnis für die Forderungen der Gegenwart einfach verloren hat, oder auch bei dem merkwürdigen Vorschlage Bonnevilles, vor allem mit der Geldstrafe zu hantieren und de reputer faillis envers l'État tous les débiteurs insolvables, und sonstigen auch mitten in einem System wohldurchdachter Mittel aufstofsenden Kuriositäten nicht aufzuhalten, da eine Befreundung damit von vornherein zu fern liegt. Bisher ist zu empfehlen nur, aber auch im höchsten Grade die Aussetzung der Strafvollstreckung als ein Äquivalent der Freiheitsstrafe, wo diese unbrauchbar ist, nötigenfalls in Verbindung mit Friedensbürgschaft, oder vielleicht auch mit sonstigen Freiheitsbeschränkungen.

Wir gehen nun zu ganz anderen Mitteln über, der Freiheitsstrafe Boden zu entziehen, zu dem besseren Ausbau und einer sehr erweiterten Ausdehnung der Vermögensstrafe.

F. Die Geldstrafe und ihr Ersatz.

Wenn die Aussetzung der Strafvollstreckung uns geeignet erschien, an Stelle nicht nur der kurzzeitigen Freiheitsstrafen, sondern aller mit Ausnahme des Zuchthauses, in einer grofsen Anzahl von Fällen zu treten, so verschlossen wir uns doch nicht der Erkenntnis, dafs man von diesem Mittel aus bei Verstofs gegen die auferlegten Bedingungen auf Umwegen doch wieder zu recht kurz dauernden Einsperrungen gelange, wenn man nicht ein für alle Mal eine feste Grenze zöge. So däuchte es ratsam, das Minimum der Freiheitsstrafe auf sechs Wochen (oder selbst auf vier Wochen) zu bestimmen, unter dasselbe aber unter keinerlei Umstand noch Vorwand hinunterzugehen. Nun wird zwar wohl ein grofser Teil der bisher unter dem Minimum erkannten Strafen über demselben angesetzt und des Aufschubs der Vollstreckung fähig werden, aber selbstverständlich lange nicht alle. Wir brauchen deshalb ein allgemein verwendbares Mittel, das sich erstens an ein Rechtsgut hält, welches so ziemlich allen Personen eignet, und das zweitens vielfache Abstufungen zuläſst: ein solches liegt uns aber in der Geldstrafe vor, wenn auch ihr Substrat, das Vermögen, direkt nicht allen Individuen zukommt und sich trotz einer langen Reihe möglicher Grade in allen praktischen Fällen oft nur zu bald erschöpft. Dennoch ist dieses Mittel ergiebiger als man glaubt; die Wissenschaft schlägt Wege genug vor, es gründlicher auszubeuten, und wir werden dieselben kurz berühren. Die Fälle, in welchen diese Strafe nicht anwendbar ist, werden sich auf einen wirklich kleinen Bruchteil verringern lassen. Und für diese Fälle wäre heranzuziehen, was auch diese Ärmsten vermögen, ihr „Vermögen“, ihre facultas, das, womit sie ihren Unterhalt verdienen, ihr Leben fristen (gagnent leur vie), und was dem Beutel des Zahlungsfähigen entspricht: die Arbeit ihrer Hände. Sie setzt ja jener (der Zahlungsfähige) erst in Geld um, damit er seine Schuld abtragen könne; hier unterbleibt nur diese Umsetzung und dem Staat wird die Arbeit direkt geliefert.

I. Die Geldstrafe.

Räumt man nun der Geldstrafe ein gröſseres Gebiet ein, so wird dies auch eine günstige Rückwirkung auf die Freiheitsstrafe äuſsern, mit deren Androhung die Gesetzgebungen so im Übermaſs freigebig sind, ohne einen andern Erfolg zu erreichen, als daſs der moralische Wert der Freiheit in den Augen der Bevölkerung gewaltig herabgedrückt und die kriminalpolitische Bedeutung der sie treffenden Strafe erheblich verringert wird.[1]) Geht auch Bonneville mit seinen Lobeserhebungen — qu'elle est la plus généreuse des peines, la plus libérale, la plus divisible, la plus économique, souvent la plus analogue au délit et la plus efficace — wohl zu weit, so kann

[1]) Fr. v. Holtzendorff, Allg. d. Str.R.Z. 1864, S. 653. (Bonnev. de Marsangy.)

man ihre Vorzüge doch auch nicht übersehen, die vornehmlich darin liegen, dafs sie frei ist von den korrumpierenden Wirkungen u. a. m. der Einsperrung, und darin, dafs sie eben doch eine Strafe ist, deren materieller Effekt jeden Augenblick in klingender Münze nachweisbar ist. Zwar man macht ihr manches zum Vorwurf: sie ist ungenügend, wenn der Schuldige infolge seiner sozialen Stellung selbst gegen einen bedeutenden Geldverlust wenig empfindlich ist; sie ist illusorisch, wenn der Übelthäter nichts hat, — sie ist teils zu milde, teils zu hart. Aber das liegt nur in der Handhabung und würde eine Ausdehnung auf ein gröfseres Gebiet, als gegenwärtig, nicht hindern. Ist eine solche doch ganz allgemein im Code pénal, Art. 463 (s. ob. S. 125) und im Summary Jurisdiction Act zugelassen. Nach letzterem kann in England vom Friedensrichter in allen seiner Kompetenz unterliegenden, also objektiv leichteren Straffällen bei einer ersten Verurteilung selbst dann auf Geldstrafe erkannt werden, wenn das angewendete Gesetz eine solche nicht vorsieht.[1]) In der That macht sie drei Viertel aller Strafen bei den erwähnten Delikten aus. Eine solche allgemeine Fassung, die bei den Übertretungen nach den v. Lisztschen Vorschlägen infolge Wegfalls der Haft selbstverständlich ist, würde sich wohl auch bei den Vergehen besser empfehlen, als eine detaillierte Aufzählung, wie Garofalo[2]) sie versucht. Auch dürften seine sonstigen Forderungen — der Delinquent müsse sein non récidiviste, non adonné à l'alcoolisme, non connu par sa conduite turbulente, par son improbité ou sa brutalité, oder er dürfe nicht aus einer Verbrecherfamilie stammen — entschieden keinen Ausdruck im Gesetze finden.[3])

---

[1]) Aschrott, Strafensystem und Gefängniswesen in England, §. 6.

[2]) Mitteil. Intern. kr. V. I, 1, S. 60. Nach v. Liszt Z X 68 ist dies wenigstens „heute noch verfrüht“.

[3]) Garofalos Vorschlag a. a. O. einer doppelten Geldstrafe, teils an den Staat, teils an die partie lésée bzw. eine Entschädigungskasse, liegt unsrer Frage ferner; vorzuziehen ist Zanard. Rel. Minist. I 113, wo die

Zu diesem Zweck mufs aber Berechnung und Einziehung ganz anders sein als bisher. Die erstere hat sich nach vielfachen, schon von Bentham sich herschreibenden Vorschlägen nach dem Vermögen oder richtiger nach der Leistungsfähigkeit zu richten, als deren Mafsstab das Einkommen oder der Bequemlichkeit, Zeit und Arbeitsersparnis halber der Jahresbetrag der direkten Steuern anzusehen ist:[1]) statt der absoluten Grenzen von 5 und z. B. 300 M. nehme man die relativen von $^1/_{10}$ bis $^{40}/_{10}$ etwa der genannten Steuer. Neuerdings tritt diesem Gedanken auch Aschrott (Ersatz kurzzeitiger Freiheitsstrafen, N. W. d. Ver. f. Gef.W. XIX 185/6) lebhaft bei, nachdem er in glücklicher Weise die aus der noch immer allzu festen Relation des §. 29 StGB. fliefsenden Inkonvenienzen veranschaulicht hat (S. 183 f.). Einheitssatz soll der Monatsbetrag sein, eine erleichterte, einfachere, billigere und vor allem auch strengere Exekution soll die Beitreibung durch die Steuerbehörde bilden, wobei der Richter die den Erwerbsverhältnissen des Betreffenden am besten entsprechende Zahlzeit wählen könnte; z. B. würde bei einem Urteil: „Der Angeklagte wird zu einer Geldstrafe in Höhe des dreimonatlichen Betrages seiner Klassen- resp. Einkommensteuer verurteilt. Die Zahlung hat im Monat Mai zu beginnen und in sechs gleichen Monatsraten zu erfolgen." die Steuerbehörde in der Zeit Mai-Oktober die anderthalbfache Steuer einziehen.

Hoffnung einer demnächstigen Verwendung durchblickt all' umanissimo intento di indennizare le vittime degli errori giudiziarii ed in ispecie del carcere preventivo e di risarcire i dannegiati poveri. Angebrachter wäre vielleicht bei Diebstahl, Betrug u. s. w., schon um das Verbrechen nicht noch gewinnreich zu machen, eine Schadloshaltung „jusqu'au dernier sou", als Nebenstrafe ohne zivilrechtliche Bedenken, vgl. v. L. Z X 69.

[1]) s. u. a. v. Holtzendorff, Allg. d. Strafr. Z. IV a. a. O. v. Liszt Z X 67, II sub 1. Die in der Tägl. Rundsch. No. 39 (15./II. 90) Unterh.-Beil. S. 154 erhobenen Einwendungen würden mit einheitlicher Reform des Einkommensteuerwesens, die der Realisierung unserer Vorschläge immerhin wohl noch vorausgehen wird, wegfallen, zugleich die dort gestellten Forderungen sich erfüllen.

Wie in England sollte man sich ferner nicht scheuen, von mehreren Komplizen den einen mit einer vielmal höheren Summe büfsen zu lassen als den andern. Der Wohlhabende wird empfindlich genug getroffen werden können, ohne dafs man nach Labroquères (Bull XII, 60/62) etwas gewagtem Vorschlag daneben auf öffentliche Bekanntmachung oder Ehrenstrafen zu erkennen brauchte. Der Staat würde trotz des Abganges in den unteren Stufen, — der übrigens auch zweifelhaft ist, — nach oben hin recht gut dabei wegkommen, und das „fiskalische Interesse“, ein hohes Minimum zu wählen, fiele weg. Die Übelstände der zu grofsen Belastung der unteren Klassen und des Erfolges durch Freiheitsberaubung sind oft genug geltend gemacht worden und einleuchtend genug; nach v. Holtzendorff (a. a. O.) „ist der im Preufs. StGB. für Polizeiübertretungen angenommene Minimalsatz von 10 Sgr. den Lohnverhältnissen der ländlichen Bevölkerung durchaus nicht angemessen. Die Folge davon ist Gleichgiltigkeit gegen eine Strafe, die man zu zahlen von vornherein aufser stande ist. Entwertung der Freiheit . . . ., wirtschaftliche Gefährdung der ärmeren Familien . . . ., Belastung des Staatsbudgets . . . ., Erweiterung der sozialen Gegensätze.“ Wird nun durch Bemessung der Geldbufsen nach dem Vermögen, wie sie nach den Angaben von Professor van Hamel-Amsterdam in Holland gehandhabt wird, eine Insolvenz und damit die Notwendigkeit eines Ersatzes schon bedeutend verringert, so wird die Uneinbringlichkeit noch seltener werden bei einer Regelung des Vollzuges, wie sie Garofalo in den Mitteilungen der Internationalen kriminalistischen Vereinigung (S. 56—59) in weiterer Ausführung seiner schon auf dem Römerkongrefs gemachten Vorschläge entwickelte. Diese Darstellung durchzieht übrigens der hier nicht weiter zu erörternde, bereits 1885 von Dreyfus und Jacquin bekämpfte Gedanke, dafs mit der Geldstrafe, welche in Garofalos System das Gefängnis sogar bis zu vier Monaten ersetzen soll, auch eine

Zahlung an den Verletzten oder Beschädigten — direkt, oder indirekt durch eine caisse des amendes — zu verbinden sei, um ihm seinen Verlust zu ersetzen und ihm auch seine Angst und vergeudete Zeit zu vergüten. Im einzelnen wird die Masse der erwiesenermaſsen Zahlungsunfähigen in zwei Kategorieen geteilt: zunächst die Ärzte, Advokaten u. s. w., also solche Personen, die auf unregelmäſsige Bezüge angewiesen sind; sie sollten auf die niedrige Lebenshaltung eines Arbeiters beschränkt werden und jeden Überschuſs abzuliefern haben, bis ihre Schuld an die caisse des amendes getilgt sei, — sodann Arbeiter und Angestellte, denen täglich, wöchentlich, monatlich ihr Lohn ausgezahlt wird; ihnen müſsten, mit Ausschluſs auch des unschuldigsten Luxus, jedesmal Abzüge gemacht werden, am besten gleich durch die lohnzahlende Verwaltung, bis zur Abtragung der Strafe, die nach dem vorigen nicht hoch gegriffen sein dürfte. In den noch übrig bleibenden nicht mehr allzu zahlreichen Fällen absoluter Zahlungsunfähigkeit ist teils eine andere Strafart, bedingte Verurteilung oder längere Einsperrung, durchaus am Platze, wenigstens in dem einen von Garofalos Beispielen, da wir der von ihm der Geldstrafe zugedachten Ausdehnung kaum zustimmen werden, — teils tritt dann die Notwendigkeit an uns heran, uns nach einem Ersatzmittel umzusehen. Nach Garofalo soll dieses auch bei Verweigerung der Zahlung Platz greifen und in Anhaltung zu produktiver Arbeit in Strafkompanieen (compagnies d'ouvriers) bestehen.

Das Wesentliche daran sind Ratenzahlungen und Zahlungsfristen, wie sie ja vielfach anempfohlen werden, wenn wir uns die Ausführung vielleicht im einzelnen auch etwas anders denken. Dieser Vollstreckungsmodus ist in England bekanntlich mit gutem Erfolg in Anwendung. (Aschrott a. a. O. p. 95.) Die Reichsgesetzgebung bietet zu solchem Verfahren keinen Anhalt, und die preuſsische Praxis macht mit dem Gesuch an die Staatsanwaltschaft um Stundung und Teilzahlungen unter

Glaubhaftmachung der Hinderungsgründe, wie Aschrott, Ersatz (NWd. Ver. XIX 184) uns berichtet, keine allzu ermutigenden Erfahrungen. Das Institut hat eben dort grofse Schwächen, namentlich in den gar zu kurzen Fristen (4 Wochen, ganz ausnahmsweise bis 6 Monate). Dafs der Unbemittelte es in der Regel vorzieht, die Strafe „abzusitzen oder, richtiger gesagt: abzufaullenzen“, ist ein sehr bedauerliches Zeichen der Zeit, das darauf hinweist, derartige Hilfsmittel der Einziehung obligatorisch zu machen. Übrigens ist das jedenfalls in der einen Gegend anders, als in einer zweiten; und unabhängig von den spezifisch preufsischen Modalitäten des Verfahrens, sind unserer Praxis die Ratenzahlungen keineswegs ganz unbekannt, sondern werden hier und da von einsichtsvollen Richtern und gegen Personen, deren moralisches Verhalten die nötige Gewähr bietet, mit gutem Erfolg angewendet, als eine freilich blofs private Vergünstigung, sei es nun im Einverständnis mit der Staatsanwaltschaft, sei es, indem der Richter das Geld bis zur völligen Abtragung selber auslegt. Aschrott (Ersatz a. a. O. S. 186) glaubt durch seinen Vorschlag der monatlichen Einziehung (mit der Steuer) Teilzahlungen im übrigen unnötig gemacht zu haben; aber es restieren doch noch die Nicht-Steuerzahlenden, bei denen ein fester Minimalsatz angebracht ist (so v. Liszt Z X 67), wenigstens soweit sie nicht unter die Garofaloschen Gruppen fallen. Jedenfalls sind jene Gedanken der Praxis einer fruchtbaren legislatorischen Verwendung fähig, um das zu erreichen, was v. Liszt (Z IX 781) in folgendem als Richtschnur bezeichnet: „Wird das ‘Nicht bezahlen können’ ernst genommen, so dürfte der Fall wohl ausgeschlossen erscheinen, dafs bei andern Personen, als bei Handarbeitern, die Geldstrafe als uneinbringlich erscheint.“

2. Die Strafarbeit ohne Einsperrung.

Die angedeutete Ersetzung nicht beitreibbarer Geldstrafe bemüht sich, die Freiheitsstrafe zu vermeiden und deren wichtigsten Bestandteil doch festzuhalten, den Zwang zu produktiver Arbeit, insofern die Arbeit ein Äquivalent des nicht vorhandenen Vermögens ist. Eine derartige Strafe ist sowohl in der hier zu empfehlenden Form verschiedentlich vorgeschlagen und von Gesetzgebungen adoptiert worden, als auch sonst bald in gröfserem, bald in geringerem Umfang zur Anwendung gelangt.

Zunächst gehört hierher die Handarbeitsstrafe des sächsisch-thüringischen Rechts, welche eine lange Geschichte hinter sich hat. Sie taucht —, als Strafe wenigstens, zuerst auf in dem[1])

> Befehl Herrn Friderici Augusti, Königs in Polen und Churfürsten zu Sachsen, dafs die Dicasteria hinführo in Verbrechen, so aus den Ämtern zum Verspruch Rechtens eingesendet werden, nicht alternative auf Gefängnifs- und Geld-Straffe, sondern auch auf Hand-Arbeit, anstatt des Gefängnisses erkennen, und denen Beamten die Option darinnen lassen sollen, den 7. Septembr. An. 1698:
>
> VOn Gottes Gnaden Friedrich Augustus, König in Polen u. s. w., Hertzog zu Sachsen, Jülich, Cleve und Berg, des Heil. Röm. Reichs Ertz-Marschall und Churfürst u. s. w.
>
> Wir haben bifs anhero wahrgenommen, welcher gestalt unsere Dicasteria auf die in Gerichts-Tägen, auch sonst eingeschickte Verbrechen in denen erfolgenden Urtheln insgemein alternative auf Gefängnifs oder Geld-Strafe, ge-

---

[1]) Codex Augusteus, Tom. I. (1724) S. 1167/1168 (T. II. B. II. Cap. I).

sprochen, dergestalt, dafs denen Delinquenten frey gestanden, eines von beyden zu erwehlen; Nun Wir dann dieses Inconveniens hierbey befinden, dafs die Verbrecher gemeiniglich das begangene Delictum lieber mit der Incarceration, als mit der Geld-Straffe verbüssen wollen und zwar dahero, weile sie das Gefängnis weder vor schimpfflich, noch sonst vor eine sonderliche Straffe, sondern vielmehr vor eine Ruhe und Rast sich bedüncken lassen, zumahle es offters practiciret wird, dafs selbige nur in des Land-Knechts Stube, oder sonst in einem leidlichen Behältnifs die Straffe absitzen und bey solcher Beschaffenheit dieser Modus Pœnæ weder bei ihnen, noch bei andern einigen Effect oder terrorem, hingegen ihnen Versäumnis nach sich ziehen kann:

Als erachten Wir der Nothdurfft zu seyn, dafs in Zukunfft in unsern Dicasteriis und Schöppen-Stühlen, nebest der Geld- und Gefängnifs-Straffe, zugleich auch auf die Abarbeitung, so viel die Verbrechungen betrifft, welche in unsern Aembtern geschehen, gesprochen werde, dergestalt, dafs unsern Beamten, welchen doch des Verbrechers Condition am besten bekannt, iedes mahl frey bleibe, ihn entweder mit der Geld-, Gefängnifs-Straffe, oder Hand-Arbeit, und zwar ie drey Tage Handarbeit vor einen Tag Gefängnifs gerechnet, zu belegen. Begehren demnach hiermit gnädigst, ihr wollet in Abfassung der Urthel und Decretirung derer Gerichts-Rügen euch darnach richten.

Daran geschiehet Unsere Meinung.

Datum Drefsden, am 7. Sept. Anno 1698.

Es ist bemerkenswert, wie schon hier so ziemlich alle Gründe gegen den Vollzug von Freiheitsstrafen angeführt werden, mit denen wir uns oben zu beschäftigen hatten: Erfolglosigkeit, da weder der Besserungs- noch auch nur der Abschreckungszweck beim Thäter oder andern erreicht wird, — Schädlichkeit, da der Familienvater abgehalten wird, sich und den Seinen das tägliche Brot zu verdienen, dem faullenzenden Gesindel aber willkommene Gelegenheit zum Müssiggang geboten wird. Ob die als Ersatz zugelassene Handarbeit, die eine Strafe vertritt, welche, wie es scheint, zunächst und in erster Linie Geldstrafe und erst subsidiär, falls der Verurteilte nicht zahlen will oder kann, Gefängnisstrafe ist, nun hier als etwas ganz Neues eingeführt ist, läſst sich nicht ausmachen. Dürfte man an die Wortfassung einen einigermaſsen strengen Maſsstab anlegen, so würde der bestimmte Artikel des Wortes „Abarbeitung“ und die Bezeichnung derselben Sache gleich darauf durch „Handarbeit“ ohne weitere Erläuterung wohl dagegen sprechen. Wie der eben angeführte Ausdruck besagt, ist übrigens unter diesem Mittel zunächst wohl die Abarbeitung eines verursachten Schadens zu verstehen, die Handarbeit ist demnach durchaus gleichwertig mit der Geldstrafe und von diesem Gesichtspunkt aus zu deren Vertretung recht geeignet. Die Berechnung zeigt indes, daſs sie nicht direkt der Geldstrafe substituiert wird, sondern erst in dritter Linie kommt, indem nur ihr Verhältnis zur Gefängnisstrafe geregelt wird. Im Urteil wird keine der drei Arten unbedingt festgesetzt, sondern die Wahl dem der örtlichen und persönlichen Verhältnisse kundigen Vollzugsbeamten überlassen. Hervorzuheben ist noch, daſs kein Maximum der Handarbeit festgesetzt ist, sowie die merkwürdige Gleichstellung von einem Tag Gefängnis mit drei Tagen Handarbeit. Die letztere Bestimmung wurde erst geändert in einem Generale vom 30./IV. 1783, wo es in §. 15 heiſst: „Bey den alternative zuerkannt werdenden Gefängnis- oder Handarbeitsstrafen wollen Wir künftig das Verhältnis zwischen dem Gefängnisse und der Handarbeit dergestalt bestimmt wissen, daſs, da dergleichen Handarbeit unentgeltlich verrichtet werden muſs, jeder Tag Handarbeit einem Tage Gefängnis gleichgesetzt werde.“

In unserm Jahrhundert finden wir jenes Strafmittel zunächst allgemein als einen (milderen) Ersatz der Gefängnisstrafe, immer nur, wo es mit den persönlichen Verhältnissen des Verurteilten im Einklang steht; die entferntere Beziehung zur Geldstrafe ist ganz fallen gelassen. Ein zweites Anwendungsgebiet sind die Forstübertretungen, hier ist die Anknüpfung an frühere Zustände nicht klar, jedenfalls ist dieser Gebrauch der Handarbeitsstrafe, wie er in den meisten Gesetzgebungen der einzige war, so auch hier besonders kultiviert worden.

Die General-Verordnung, das Verfahren in Forst-Untersuchungssachen betreffend, vom 30./XI. 1814 ordnet für Forst- und Jagdvergehen der 1. Klasse, d. h. Holzdeuben bis zu 2 Thlr. 12 Gr. Wert und sonstige Frevel bis zu 3 Wochen Gefängnis (§. 2, Abs. 2, a., b.), an:

§. 3. e. Die Strafen sind in der Regel auf Gefängnis zu richten. Es steht aber bei den terminlichen Forstgerichten den Forstbeamten, und aufserdem dem Justizbeamten frei, sie auch in Geld oder Handarbeit nach dem Verhältnis zu verwandeln, dafs ein Tag Gefängnis einem Tage Hand-Arbeit oder 10 Gr. Geldstrafe gleichgeachtet wird ..... g. Die zur Hand-Arbeit Verurteilten können zu jeder zweckmäfsigen, ihren Kräften angemessenen Hand-Arbeit, ohne alle Ausnahme, gebraucht werden und sind nicht, wie bisher, ausschliefsend zu Arbeiten auf dem Walde anzustellen. Der Rentbeamte hat dafür Sorge zu tragen, dafs von der Hand-Arbeit der Forststräfer der zweckmäfsigste Gebrauch gemacht wird.

Zu dieser zunächst provisorischen Anordnung des königl. sächs. Geheimen Finanz-Kollegiums erging am 13./II. 1815 ein Erläuterungs-Befehl dahin, dafs durch den ersten Satz des §. 3e. cit. keineswegs die zweckmäfsige Verwandlung in Geld oder Handarbeit gehindert werden solle. „Vielmehr wird erwartet, dafs eine solche Verwandlung der Geldstrafe, insofern nicht individuelle Verhältnisse ein anderes gebieten, allemal dann eintritt, wenn die Vermögensumstände des Inkulpaten eine Geldbufse gestatten, oder schickliche Gelegenheit zur Verbüfsung der Handarbeit vorhanden ist.“

Diesen Anordnungen kommt mithin eine sehr beachtenswerte Vorgängerschaft bei der energischen Bekämpfung und Verminderung der kurzzeitigen Freiheitsstrafen, sowie die Anbahnung einer richtigen Erkenntnis der Natur der Handarbeitsstrafe als Ersatzmittels der Geldbufse zu, also eine Auffassung, der sich zu nähern ein Hauptvorzug des Edikts von 1698 war. Für einen recht guten, einen wirksamen Vollzug begünstigenden Gedanken mufs noch §. 10e des Generale vom 21./III. 1825 gelten:

„Sind die Strafen durch Handarbeit zu verbüfsen, so kann den Sträflingen, nach Verhältnis der Gröfse der Strafe, ein gewisses, ihren Kräften angemessenes Pensum Arbeit aufgegeben werden, dergestalt dafs die fleifsigen Sträflinge die Strafzeit durch baldige Beendigung der Arbeit abzukürzen ververmögen, die trägen aber es sich selbst zuzuschreiben haben, wenn die Strafzeit sich verlängert.“

Ein wunder Punkt in der Vollstreckung war dagegen der (noch in der Verordnung 29./X. 1836) beibehaltene Umstand, dafs die Aufsicht bei der Verbüfsung und die Bestimmung der Arbeiten dem Rentbeamten oder Intradeneinnehmer oblag, dafs aber bei jeder einzelnen Kleinigkeit die gerichtliche Behörde das Mittelglied war, von dem allein Verfügungen an den Sträfling oder in Bezug auf ihn ergehen konnten. Durch diese erschwerende Komplizierung kam ein schleppender Gang und Unordnung aller Art in den Vollzug hinein, Übelstände, über welche häufig Klage geführt wird, die den Erfolgen entgegenwirkten und geeignet waren, dieses ganze Strafmittel den gesetzgebenden Faktoren zu verleiden. Das spiegelt sich auch in folgendem Verlangen des Gesetzes vom 2./IV. 1838 (betr. Untersuchung und Bestrafung der Forstverbrechen) wieder

(§. 26 b): „Im Fall auferlegter Handarbeit können die Sträfer zu jeder ihren Kräften und Fähigkeiten angemessenen Handarbeit angehalten werden, sobald nur die unnachsichtige und vollständige Verbüſsung derselben entweder durch Aufsicht verpflichteter Offizianten oder sonst dem Richter mit voller Gewiſsheit verbürgt wird.“

Man beachte noch, daſs (jedenfalls in Anlehnung an das Edikt von 1698) eine erweiternde Auslegung verschiedene Rechtssätze herausgebildet hatte, indem das Schweigen jenes Gesetzes über eine Reihe von Punkten als qualifiziertes, deren Fehlen als notwendiges aufgefaſst wurde. So haben nach ausdrücklicher Anordnung des Forstgesetzes von 1838 die „Forststräfer“ zwar durchaus die Stellung freier Lohnarbeiter, aber nicht einmal auf Beitrag zu ihrem Unterhalt Anspruch irgend welcher Art, was bei sehr ärmlichen Verhältnissen des Verurteilten auch Miſsstände herbeiführen kann.

Neben dieser Geltung auf dem besonderen Gebiete des Forststrafrechts,[1]) auf dem zuerst die ganze Nützlichkeit und Unentbehrlichkeit unseres Ersatzmittels erkannt wurde, bestand auch in dem allgemeinen Strafrecht das Institut der Handarbeitsstrafe fort. Es erfuhr — wobei man sich groſsenteils gewiſs an die Praxis hielt, wenn das auch nirgends mit rechter Schärfe hervortritt — eine durchgreifende Regelung vieler einzelner Fragen der Voraussetzungen wie des Vollzuges im „Königlich sächsischen Criminalgesetzbuch“. Die Vorarbeiten zu dieser Kodifikation waren bekanntlich schon seit dem Reskript vom 18./VIII. 1819 im Gange, ein passend befundener Entwurf lag den Kammern in den ersten Monaten des Jahres 1837 vor und wurde am 30./III. 1838 publiziert. Dieses Kriminalgesetzbuch erlangte eine weitere Bedeutung dadurch,

[1]) Dagegen nicht auf dem doch nahe verwandten der Wald-Nebenbenutzungen und in den Waldungen auszuübenden Befugnisse: Mandat 30./VII. 1830 (nur Gefängnis- u. Geldstr.).

dafs es von mehreren thüringischen Staaten ohne besondere Veränderungen angenommen wurde; so galt es in Sachsen-Weimar seit 5./IV. 1839, in Sachsen-Altenburg seit 3./V. 1841,[1]) in Sachsen-Meiningen seit 1./VIII. 1844, in Schwarzburg-Sondershausen seit 10./V. 1845. Wir führen nach dem sächsischen Text die Hauptbestimmungen über unsern Gegenstand an, nämlich die Artikel 14, 19, 20 Abs. 2, 21:

Art. 14. „Bei einer die Dauer von drei Monaten nicht übersteigenden Gefängnisstrafe können, statt mit Gefängnisstrafe, mit Handarbeit solche Personen belegt werden, welche dieselbe sonst ihrem Stande nach verrichten: jedoch soll die Strafarbeit in einem einzelnen Falle nicht über eine Dauer von 4 Wochen sich erstrecken und bei höher ansteigenden Strafen der übrige Teil der Strafzeit durch Gefängnis verbüfst werden."

Anm. 1. Die Auflegung der Handarbeit d. h. gewöhnlicher Tagelohnarbeit (s. Gross, Kommentar und Bemerkungen) ist einer dreifachen Beschränkung unterworfen: a) nur bei gewissen Verbrechen möglich, über deren Bestimmung sich sofort drei Ansichten gebildet hatten. Nach der einen sollte die Strafthat mit einer Gefängnisstrafe nicht über 3 Monaten bedroht sein; nach der andern sollte auf eine solche Strafe im konkreten Falle erkannt sein; nach der dritten sollte eine solche Strafe zur Verbüfsung kommen. Die erste Fassung erhielt das Weimarer Gesetz, die zweite Meinung wurde für Sachsen durch das Gesetz 16./VI. 1840, Erläuterungen zu einigen Artt. des Crim.GB. betr., §. 2, als richtige Interpretation festgesetzt. Die dritte Ansicht hatte die strafprozesslichen Bestimmungen für sich, nach denen derartige Strafen im Gerichts-

[1]) Hier in Gültigkeit bis zur Einführung des StGB. für den Norddeutschen Bund.

Gefängnis verbüfst wurden. b) Handarbeit ist zulässig nur gegen Personen, welche dieselbe sonst ihrem Stand nach verrichten. Obwohl diese Präsumtion an sich durch den alleinigen Besitz eines Bauerngutes von gröfserem Umfang nicht ausgeschlossen ist, erkannten doch die höheren Instanzen, dafs gegen einen Zweihufenbesitzer Handarbeit nicht angemessen sei. c) Selbst diese Personen dürfen, „wie auch zeither der Fall gewesen“, nicht in den Verhältnissen des Art. 20 Abs. 2 stehen, z. B. nicht Dorfrichter, Gerichtsschöppen sein.

2. Auch bei Verbrechenkonkurrenz dürfen nicht mehr als 4 Wochen auf diese Weise abgebüfst werden; das vorher angeführte Generale 25./III. 1825, §. 10 c, kennt diese Beschränkung noch nicht.

Art. 19. „Personen, welche ihren Lebensunterhalt durch Handarbeit gewinnen, kann der Richter bei auferlegter Handarbeitsstrafe nach seinem Ermessen die Verbüfsung mit Unterbrechungen gestatten; doch sind dieselben in einer Woche mindestens zur Verbüfsung von drei Straftagen anzuhalten.“

Anm. Die Ausdrucksweise des Entw.: „sie seien nach dem Ermessen des Richters in einer Woche nur zur Verbüfsung von 3 Straftagen anzuhalten“ liefs den Zweifel offen, ob damit ein Höchst- oder Mindestmafs bezeichnet werden sollte.

Art. 20 Abs. 1 besagt, dafs „ein Tag Gefängnis einem Tage Handarbeit und, insofern nicht bei einzelnen Verbrechen ein anderes Verhältnis vorgeschrieben ist, einer Geldstrafe von 8 Gr. bis zu 1 Thlr. (dieser Rahmen ist in den einzelnen Staaten verschieden), welchen Betrag der Richter nach den Vermögens- oder sonstigen Verhältnissen des zu Bestrafenden festzusetzen hat, gleich zu achten“ ist. Im übrigen ist die Redigierung sehr schlecht und bot mehrfache Schwierigkeiten.

Zum Verständnis, auch des folgenden, ist die Bemerkung vielleicht nicht ganz überflüssig, daſs der Richter bei den landesherrlichen Ämtern, der „Untersuchungsrichter“, die Funktionen eines öffentlichen Anklägers, eines Untersuchungsrichters, in kleineren Fällen des erkennenden Richters (sonst den Hofgerichten, Justizkanzleien, Landesregierungen obliegend), stets die des vollziehenden Richters hat (Zachariae 240).

Art. 20 Abs. 2. „Es ist jedoch in allen Fällen, wo Geldstrafen alternativ zulässig sind, gegen alle Personen, welche in öffentlichen Ämtern stehen, oder in städtischen oder ländlichen Gemeinden kommunliche Ehrenämter bekleiden, das Erkenntnis nur auf Geldstrafe zu richten und von dem erkennenden Richter die Summe nach den obigen Verhältnissen zu bestimmen. Wo alternative Strafe stattfindet, bleibt es dem Ermessen des Untersuchungsrichters überlassen, die Strafe teilweise auf die eine oder die andere Art verbüſsen zu lassen; ebenso ist demselben unbenommen, die von ihm gewählte Strafart auf Vorstellung des Verurteilten in eine andere gleichstehende und gesetzlich zulässige zu verwandeln.“

Art. 21. „Die Vollstreckung einer Geldstrafe ist nicht zulässig gegen Gemeinschuldner und unter Kuratel stehende Verschwender. In diesen Fällen sowohl, als wenn der Verurteilte die Geldstrafe zu erlegen unvermögend ist, hat der Richter entweder auf das im Erkenntnis ausgesprochene Maſs des Gefängnisses oder der Handarbeit zurückzugehen, oder wenn ein solches Maſs nicht angegeben ist, die Geldstrafe in eine nach dem Verhältnis von 20 Ngr. zu einem Tag zu berechnende Gefängnisstrafe, oder mit Berücksichtigung der Vorschrift Artikel 14, in Handarbeitsstrafe zu verwandeln.“

Anm. Diese zweite Möglichkeit (nachheriger Verwandlung nach einem festen Satze) führte zu unbilligen

Konsequenzen[1]) (vgl. Gross, Bemerk. S. 4), sie wurde von Weimar nicht aufgenommen und im Erläuterungsgesetz 16./VI. 1840 fallen gelassen: in allen Fällen war danach das Mafs der entsprechenden Freiheitsstrafe (nach Art. 20, Abs. 1) vom erkennenden Richter in den Entscheidungsgründen auszudrücken und bei etwa nötiger Umwandlung zu Grunde zu legen.

Die dem Gesetz vorangegangenen Verhandlungen im sächsischen Landtage hatten immerhin einiges Interessante geboten. Zu erwähnen sind aus der II. Kammer die (63. öffentliche) Sitzung vom 11./IV. und die (64. öffentl.) Sitzung vom 13./IV. 1837, in welchen der Abg. von Thielau[2]) ein dahin gehendes Amendement stellte, dafs 1) die Züchtlinge in keiner Art zu Arbeiten aufserhalb der Zucht- und Arbeitshäuser zu verwenden sein; 2) den Zucht- und Arbeitshäusern eine dergestalte Einrichtung zu geben sei, „dafs dieselben sowohl dem Zwecke der Schonung der redlichen Staatsbürger, als auch dem Zweck der Bestrafung und der Besserung der Züchtlinge selbst mehr als bisher entsprechen.“ Obwohl nun die bei dieser Gelegenheit in zwei Teilen gehaltene grofse Rede weder die Ersetzung kurzzeitiger Freiheitsstrafen, noch das Werturteil speziell über die Handarbeit — wenigstens nicht direkt — allzunahe angeht, so bietet sie doch ein allgemeineres Interesse, indem sie

---

[1]) Der feste Satz war gewählt, um die Fälle möglicher Beschwerde nicht wieder zu vermehren. Aber nun ergab sich z. B. folgende Ungerechtigkeit: der Unters.-Richter schlägt als Strafe bei einem für reich Geltenden vor: 14 Thlr. Geldstr. od. 14 Tage Gef. bzw. H.Arb. (Art. 20_1); das Erkenntnis lautet auf 14 Thlr. Geldstr. und ist (etwa wegen Fallissement) unvollstreckbar, jetzt mufs Freiheitsstr. von 21 Tagen substituiert werden (nach Art. 21), also Mehrstrafe wegen des Konkurses u. dgl.! Das Umgekehrte ergiebt sich bei den Armen: statt 3 Thr. 22 Ngr. Geldstr. (ursprüngl. gleich 14 Tagen Gef.) treten 6 Tage Gef. oder H.Arb. ein.

[2]) Die Spitze seiner Betrachtungen bildete der recht modern uns anmutende Satz: „Der Aufenthalt in den Zuchthäusern ist mehr oder minder keine Strafe“.

zeigt, wie wenig neu die Fragen sind, mit denen sich nicht nur eine Abhandlung wie die vorliegende, sondern überhaupt die Kriminalpolitik unserer Tage beschäftigt. Ferner sollen aber auch nach den Worten von Thielaus seine Gründe gegen die öffentliche Arbeit, überhaupt und neben der Einsperrung, auch gegenüber der Strafarbeit ohne Einsperrung, der Handarbeit ihre Geltung behaupten. Wir heben deshalb aus dem Gedankengang der Motivierung jenes Antrages folgendes hervor: (I.) Der erste Teil der Rede wendet sich gegen die Einrichtungen, namentlich der Arbeit in den Zuchthäusern überhaupt. Es wird (1.) zunächst gezeigt, wie die Freiheitsentziehung des Gefängnisses (ohne Arbeitszwang) viel härter sei, als die Reklusion im Zuchthaus (trotz Arbeitszwang); denn der Züchtling wird ruhig aufserhalb mit Feldarbeit, Handwerksarbeit, im Tagelohn bei Privatpersonen, ohne genügende Scheidung von Nicht-Sträflingen, beschäftigt. „Keinem wird einfallen, dem Gefangenen zu erlauben, spazieren zu gehen, 10—12 Stunden des Tags im Garten der Anstalt sich aufzuhalten oder in Begleitung eines Polizei- oder Amtsdieners seinen Geschäften nachzugehen.“ [1]) Sodann wird (2.) eine Parallele gezogen zwischen dem Los des Züchtlings und dem des freien Arbeiters: der letztere müsse in unsren heutigen Verhältnissen ebenso schwere und saure Arbeit verrichten, aber während jener erstere dafür bestimmten Lebensunterhalt, warme Kleidung, Pflege in Krankheit, sicheres Obdach, Heizung u. s. w. habe, müsse dieser sich das alles selbst und in schlechterer Qualität beschaffen. Darum könne und dürfe die Arbeit an und für sich keine Strafe sein „bei Leuten, die in ihrem freien Zustand schon zu dieser Arbeit kondemniert gewesen.“ (II.) Nun-

---

[1]) „Ich frage, ob, wenn jemand im Gefängnis sitzt und blofs durch das Eisengitter seines Fensters in die freie Luft blicken kann, er nicht härter bestraft wird, als wenn er in der freien Natur aufserhalb den gröfsten Teil der Strafzeit zubringen kann?“

mehr wendet H. v. Thielau sich gegen die öffentliche Arbeit und deren nachteiligen Eindruck insbesondere. Weil die freie Arbeit sehr anstrengend, ja übermäſsig sei, so habe sich der Glaube im Volk verbreiten können, daſs die Zuchthäuser als Versorgungsanstalten anzusehen seien. (1.) Ebendeshalb müsse man die Frage aufwerfen, „ob es klug, ob es politisch sein kann, ob es nicht etwas Verhöhnendes ist, wenn man die Arbeit als Schande, als Erniedrigung, als Strafe öffentlich darstellt und so eigentlich den rechtlichen, arbeitsamen armen Arbeiter an den Pranger stellt." Der üble Eindruck müsse noch verstärkt werden (2.) dadurch, daſs die Strafarbeit nicht übermäſsiger ist, aber, wenn sie nicht auf Akkord geschieht, schlechter und langsamer verrichtet wird, als die freie Arbeit, daſs also der Preis für die letztere in keinem Vergleich steht mit dem, welchen der Züchtling, wenn auch nur in seiner Versorgung, erhält. Ist der Glaube an Versorgungsanstalten demnach nicht „mehr als gerecht?" (3.) „Eben der Genuſs der freien Luft, mehr als durchaus zur Gesundheit unbedingt notwendig ist, Verrichtung von Arbeit im Angesicht seiner übrigen Mitbürger, in Kommunikation mit ihnen, hebt schon die Strafe wesentlich auf."

Die falsche, der Anwendung dieser Gedankenreihen auf die Handarbeit zu Grunde liegende Auffassung wurde mehrfach bekämpft, und die richtige Ansicht, daſs hierbei die Strafe ja nicht darin liege, daſs man arbeiten müsse, sondern darin, daſs man diese Arbeit ohne Lohn thue, wurde wiederholt in den Debatten vertreten, und einige dieser Stellen werden gleich anzuführen sein.

Derselbe Herr v. Thielau führte auch in der (63. öffentlichen) Sitzung der I. Kammer vom 15./IV. 1837 bei Beratung des Art. 14 CrGB. eine ganze Phalanx von Gründen gegen unser Ersatzmittel ins Treffen. Er unterschied dabei (I.) theoretische Einwände gegen die Zweckmäſsigkeit der Verwandlung des Gefängnisses in Handarbeit, und (II.) praktische Schwierigkeiten. (I.) Betreffs der ersteren verwies er (1.) einmal auf seine frühere Rede und (2.) ferner auf die spezielle Verschärfung, welche jene Gründe hier erlitten. Denn sei die Handarbeit nicht öffentlich, so sei sie nutzlos; im andern Falle sei sie viel zu hart. (II.) Von Mifsständen der Ausführung hob Redner hervor: (1.) Auf was für Strafen soll der Richter erkennen? Soll man aus den Worten „um Lohn oder ihrem Gewerbe nach" im Gesetze folgern, dafs er den Weber mit Weberei, den Schneider mit Schneiderei, den Tagelöhner mit Graben beschäftigen solle? (2.) Oder soll er auf andere Strafen erkennen? Etwa in der Stadt solche Individuen zum Gassenkehren gebrauchen? Damit ist die Verschärfung dreimal härter als die Strafe, man stellt den Verbrecher an die Schandsäule, statt mit Reklusion bestraft man ihn wie einen Züchtling. (3.) Es ist doch ein Aufseher nötig; die in den Gefängnissen erforderliche Zahl reicht aber nicht aus; folglich werden sich die Kosten aufserordentlich vermehren. (4.) Wie, wenn keine öffentlichen Arbeiten vorhanden sind? Soll die Polizeibehörde verbunden sein, sie machen zu lassen? (5.) Bezahlt der Staat oder die Kommune die Aufsicht? Für letztere läge eine Strafe darin. (6.) Da es nach dem Entwurfe scheine, als solle der Sträfling sich selbst beköstigen, so kommt v. Thielau selber zu dem Schlusse — den er aber als widersinnig anzusehen scheint und zur Diskreditierung des Instituts verwenden möchte — dafs „dann die Handarbeit gleich einer Geldstrafe" sei. (7.) Kann der Sträfling sich seinen Lebensunterhalt nicht verdienen, so mufs er Geld „auf andere Weise sich verschaffen" oder es mufs ihm von der Kommune gewährt werden; also ist diese Strafe nur ein Mittel, die Gefängnisstrafe zu schwächen und die Sträflinge zu verschlechtern. (8.) Namentlich auf dem Lande sind die Mittel zu richtiger Exekutierung nicht vorhanden. Wie, wenn der Sträfling nicht gut oder gar nicht arbeitet, ihn zum

Fleiſs zwingen, Quantität und Qualität seiner Arbeit bemessen? Oder sollen etwa Schläge eingeführt werden? „Er wird schlecht arbeiten, ein böses Beispiel geben, und statt Abscheu oder Furcht vor der Strafe zu erwecken, im Gegenteil den Übrigen die Straflosigkeit der Verbrechen zu Tage legen."

Derartige Einwendungen kann man noch heute, wo die Vorschläge doch eine ungleich geringere Anwendung im Sinne haben, oft genug hören und lesen. Eine ganz detaillierte Widerlegung würde zu weit führen und ist auch nicht nötig, da manche jener Angriffe doch recht oberflächlich sind und bei der richtigen Würdigung der Natur unseres Ersatzmittels nicht stichhaltig bleiben. Die Hauptpunkte wurden schon in jenen Debatten erledigt, so durch die unmittelbare Antwort des Königlichen Kommissärs D. Gross. Derselbe machte geltend: (ad I.) Der Charakter dieser Strafe sei Verrichtung von Arbeit ohne Lohn, sonach sei es eine Art Geldstrafe, die nur anders exekutiert werde. Trotz aller theoretischen Bedenken sei sie praktisch schwer zu missen, habe sich auch bis jetzt nicht nachteilig gezeigt. (ad II. 1.) Unanwendbar sei sie natürlich bei Personen, die wegen ihrer sonstigen Verhältnisse im Gefängnis festgehalten werden müſsten (Vagabunden. fremden Bettlern, fluchtverdächtigen Individuen). (ad 2.) Nur gewöhnliche Tagelohnarbeit werde auferlegt; bei Personen, die sich mit Handarbeit ernährten, sei deswegen eine Flucht nicht zu befürchten; wohl aber bilde diese Vollstreckung eine Schonung des Inkulpaten und seiner vielleicht groſsen, zu ernährenden Familie. Zu beachten seien auch die Voraussetzungen und Modalitäten des Gesetzes (nur bei kleineren Vergehen, — nur bis zu 4 Wochen, — Unterbrechung durch einzelne von Strafarbeit freie Tage). (ad 3.) Eine ganz spezielle Aufsicht für jeden einzelnen sei bisher in der Praxis nicht für nötig befunden, auch nicht im Wald und auf öffentlichen Straſsen. Gerade für Forstdiebstähle sei dies aber eine ganz unentbehrliche

Strafe, da sonst nirgends Raum genug zur Abbüſsung wäre. (ad 8.) Der Strafcharakter geht nicht verloren: die Arbeit geschieht unter gewissem Zwang (subsidiärer Gefängnishaft) und ohne Lohn. Die Aufsicht ist allerdings nur allgemein, es muſs ein gewisses tägliches Pensum verrichtet werden; aber selbst daſs Nachlässigkeit und Unfleiſs schwer in allen Fällen zu verhüten sind, ist noch nicht durchschlagend gegenüber den Vorteilen. — In ähnlicher Weise betonte Abg. Wieland aus eigner Geschäftserfahrung die jederzeit gute Bewährung dieses Mittels, durch welches die Klasse jener Übelthäter, die arbeiten können, aber nicht wollen, am sichersten aus dem Bezirk verdrängt würde. Auch fänden sich bei den vollstreckenden Rentämtern zweckmäſsige Einrichtungen und genugsame Beschäftigung.

Noch einmal versuchten die gegenteiligen Stimmen durchzudringen. Der stellvertretende Sekretär Cuno unternahm es, ein von dem Abg. v. Thielen ergänztes höchst düsteres Bild des Vollzuges der Handarbeitsstrafe zu entwerfen, das nur Schattenseiten aufwies. Wir versuchen, die beiderseitigen Ausführungen zusammenzuziehen: (a.) Die Vollstreckung läge in der untersten Hand der Justiz, räumlich und graduell fernab von deren Leitung. Wie solle in entlegenen Staatsforsten oder mitten auf der Heerstraſse die Strafe exekutiert werden, wie die Kontrole gewahrt bleiben? „Je tiefer sich die Sache abstuft, desto weniger kann man darauf rechnen, daſs diejenige Ordnung und Pünktlichkeit obwalten, welche allein die Wirksamkeit bedingen.“ (b.) Die Forststräfer arbeiten zwar tagüber, aber wenn der Abend käme, so nähmen sie auf dem Heimweg mehr wiederum entwendetes Holz mit, als die ganze geleistete Arbeit wert sei. (c.) An sich habe die Strafe nichts Entehrendes oder Unbequemes: „Die Sträflinge bekommen, wie es zeither wenigstens gehalten wurde, vom Staat noch eine kleine Belohnung für ihre Strafarbeit; sie stellen sich dazu gelegentlich ein, arbeiten soviel ihnen bequem ist, lassen wohl auch, weil eine strenge Kontrole nicht zu ermöglichen, ihre Straftage durch andere Personen verbüfsen, wodurch vollends der Strafzweck verfehlt wird." Kurz und gut, Höhe oder Geringfügigkeit ruhe ganz in der Hand des Sträflings. (d.) Aufserdem sei die Anwendung höchst ungleich: der eine Richter wolle Bettler und Vagabunden ausschliefsen, der andere halte die Handarbeit gerade da für sehr nützlich, ein dritter wolle sie nicht einmal auf Innungsgenossen zulassen. Also Hunderte von Ausnahmen! „Ist die Wirksamkeit nicht von der Art, dafs man sie als allgemeines Strafmittel hinstellen kann, so glaube ich, man solle lieber von einer Strafe zurücktreten, die die Ansicht über Straflosigkeit der Verbrechen im Volk verbreitet, und die auf der andern Seite, wird sie streng exekutiert, ganz derjenigen gleichkommt, welche man nur für schwere Verbrecher anwendet. Sie wirft jedenfalls in den Augen des Publikums ein falsches Licht auf das Ehrenwerte der Arbeit, und das mufs man in jedem Lande vermeiden. — Arbeit ist keine Strafe!"

Diese Darstellung ist — namentlich unter (b.) und (c.) — sicherlich einseitig und tendenziös; dafs der ganz Arme beköstigt wird oder Kostgeld bekommt, um nicht verhungern oder stehlen zu müssen, ist gewifs richtig. Im übrigen lassen sich die gerügten Mängel durch wohlorganisierten straffen Vollzug, der sehr gut in die Hände der Gemeinden gelegt werden könnte, wenn diesen auch der Vorteil zufliefst, fast völlig beseitigen, wie in der Entgegnung des Staatsministers v. Könner geltend gemacht wurde. Endlich sei noch die Rede des Abg. Atenstädt für diese Vertretung der Freiheitsstrafe erwähnt, welche zunächst in einem (1.) begründenden Teil die wichtigen Sätze enthielt: (a.) „Mir scheint die Arbeitsstrafe in engster Beziehung zur Geldstrafe zu stehen. Man macht der Geldstrafe den Vorwurf, dafs sie eine Begünstigung der Reichen gegenüber den Armen enthalte. Es liegt allerdings etwas in ihr, was diesem Vorwurf einigen Schein giebt; allein wir werden Geldstrafen nie ganz entbehren können. Wenn nun Geldstrafe beibehalten wird, so mufs man auch Handarbeitsstrafe stattfinden lassen. Der Reiche bezahlt die Strafe, der Arme kann das Geld nicht aufbringen; aber er hat seine Hände und mit diesen arbeitet er die Strafe ab.“ (b.) „Da man im Gefängnis nicht immer für genügende Arbeit sorgen kann, so würde für die ärmeren Volksklassen dessen Nachteil noch dadurch vermehrt werden, dafs sie durch einen längeren Aufenthalt im Gefängnis an Müssiggang sich gewöhnen.“ (2.) Widerlegend wies Atenstädt einige Einwände v. Thielens (s. ob. S. 220 sub 3. 4. 8.) zurück mit Hinweis auf die Popularität dieser Strafe, auf die Möglichkeit einer Vollstreckung selbst ohne Aufsicht, wenn ein bestimmtes Arbeitsquantum abgearbeitet werden müfste, sowie darauf; dafs jede Gemeinde solche Arbeit hätte „und wäre es auch nur Wegebesserung, an die sonst gar nicht gedacht wäre“. Nur die ungeheuere Menge brächte bei den Forstfrevlern die Übelstände mit sich, für einen Einzelnen würde es nie an Beschäftigung fehlen.

Man könnte fast angesichts der klaren theoretischen Einsicht in die wahre Natur der Handarbeit zu der Frage sich versucht sehn, warum man diese Gedanken nicht konsequent in praxi durchgeführt habe, also an die radikale Beseitigung der kurzzeitigen Freiheitsstrafe und an die Ersetzung jeder uneinbringlichen Geldstrafe durch Handarbeit gegangen sei. Aber das können wir uns sogleich sagen: Aussicht auf Erfolg hätte bei dem heftigen Widerstande, den schon die Beibehaltung des Herkömmlichen fand, eine derartige Neuerung nicht gehabt. Zudem war eine brennende Frage, ein auf Lösung dringendes Problem damals nicht vorhanden, oder, soweit es vorhanden war, war vielleicht der gewählte Ausweg einer der besten. Was sich von unserm Standpunkte von selbst regulierte, wurde dort in Anlehnung an die geschichtliche Entwicklung ausdrücklich im Gesetz ausgesprochen: die Handarbeit ist nur eine Ausnahmestrafe für gewisse Stände oder Verhältnisse. Ihre Funktion ist eine doppelte, sie ist in zweifacher Weise Ersatzmittel kurzzeitigen Gefängnisses, wo dieses letztere subsidiär an Stelle von Geldstrafe treten sollte, und wo es primär zulässig wäre (auch hier meist neben Geldstrafe primär zulässig). Der Charakter der Subsidiarität wird in der Folgezeit, wie sich gleich zeigen wird, noch strenger eingehalten, indem niemals ein Erkenntnis auf Handarbeit lauten kann, was nach dem CrimGB. keineswegs ausgeschlossen war. Übrigens wäre der erste Schritt, um auch nur halbwegs der Aufgabe, wie sie heute gestellt wird, entgegenzukommen, notwendig erst eine Reform der Geldstrafe gewesen; eine solche lag aber nicht im Gedankenkreis der damaligen Zeit, und man hätte mit ihr nicht vertraut werden können.[1])

Im engen Anschlufs an die mitgeteilten Bestimmungen von 1838 lauten die auf unser Thema bezüglichen Artikel des Thüringischen StGB. (über seine Wirksamkeit s. S. 94), 1850, folgendermafsen:

Art. 14. Bei Personen, welche ihren Lebensunterhalt mit Handarbeit verdienen, ist der Richter ermächtigt, an der Stelle verwirkter Gefängnisstrafe, wenn diese die Dauer von drei Monaten nicht übersteigt, auf Handarbeit von gleicher Dauer wie die Gefängnisstrafe zu erkennen. — Wird die Handarbeit auf eine bestimmte Zahl von Tagen ausgesprochen, so ist die volle Zahl dieser Tage an Werktagen zu verbüfsen. Wird sie auf Wochen erkannt, so ist die Woche zu 6 Werktagen zu rechnen. — Die Handarbeit

[1]) Eine Stelle in den Mitteilungen, S. 352 (= stenogr. Berr.) bezeugt uns, dafs ein solches Projekt in der That auftauchte. Ein russ. Entw. (Jacobs) schlug vor, die Geldstr. nach dem jährl. Einkommen eines jeden zu bemessen, — „was natürlich unpraktisch ist“ (Prinz Johann, I. Kammer).

wird an jedem Tag in der Dauer der ortsüblichen Tagelohnarbeit geleistet. — Der Verbrecher wird dabei nicht im Strafgefängnis festgehalten, erhält aber, falls er sich seinen Unterhalt nicht selbst beschaffen kann, die gewöhnliche Kost der Gefangenen. — Bei Verweigerung der Handarbeit tritt ohne weiteres Gefängnisstrafe von gleicher oder der noch übrigen Dauer an die Stelle.[1])

Art. 15,[2]) Abs. 2ff. Bei Gemeinschuldnern, unter Vormundschaft stehenden Verschwendern und gerichtskundig unvermögenden Personen hat der Richter in allen Fällen statt der Geldstrafe auf Gefängnisstrafe oder nach Art. 14 auf Handarbeitsstrafe zu erkennen, dergestalt, dafs auf den Betrag von ...[3]) 1 Tag Gefängnis oder Handarbeit gerechnet wird. — Wurde auf eine Geldstrafe erkannt, so hat der vollziehende Richter dem Verurteilten eine Zahlungsfrist zu bestimmen, welche 6 Wochen nicht übersteigen darf, unter der Androhung, dafs im Falle der Nichtbefolgung mit Gefängnisstrafe oder geeigneten Falls Handarbeitsstrafe verfahren werde. Entrichtet der Verurteilte die Geldstrafe nicht, so ist diese nach vorgedachtem Verhältnis in Gefängnisstrafe oder Handarbeitsstrafe zu verwandeln, wenn nicht das Straferkenntnis bereits das Verhältnis dieser letzten Strafen (nach Art. 16) in anderer Weise bestimmt hat.[4])

---

[1]) Bemerkenswert, aber nicht weiter verfolgt worden ist der Umstand, dafs Art. 14. bei Dessau-Köthen lautet: „Handarbeitsstrafe findet weder selbst, noch an der Stelle anderer Strafen statt.“ Indessen bestimmt ein späteres Gesetz (10./XI. 53.): „Handarbeitsstrafe kann nur dann stattfinden, wenn diese Strafart in besonderen Gesetzen andern Strafen substituiert wird.“

[2]) Abs. 1: Geldstr. ist entw. allein oder neben andern Strafen oder wahlweise mit and. Str. verordnet.

[3]) In den einzelnen Staaten verschieden, meist 15 Groschen.

[4]) Die gesperrt gedruckten Stellen fehlen natürlich bei Dessau und Köthen. (In Anhalt-Bernburg gilt das Preufs. StGB. von 1851.)

Art. 16,[1]) Abs. 2ff. (Geldstrafe und Gefängnis stehen alternativ nebeneinander.) An der Stelle der Gefängnisstrafe kann nach Art. 14 auch auf Handarbeitsstrafe erkannt werden. — Bei auserwählter Geldstrafe soll der Richter für den Fall, dafs dieselbe nicht entrichtet wird, die entsprechende Gefängnis- oder Handarbeitsstrafe mit bestimmen, wenn er nicht das im Art. 15 gedachte Verhältnis der Strafen für angemessen erachtet.

Die Abweichungen vom CrGB. (— etwas andere Bestimmung der Personen, — Unklarheit, ob Art. 19 CrGB. in Art. 14 Thür. StGB. enthalten, — der entschiedene Fortschritt der Art. 15, 16 Thür. StGB. gegenüber CrGB. Art. 20, 21 — u. dgl. m.) sind meist redaktionelle Änderungen und bedürfen keiner Besprechung.

Klarer ist, auch durch die schon berührte Neuerung, das im übrigen den Wortlaut des CrGB. noch zäher festhaltende Sächsische StGB. 11./VIII. 1855, welches in Artikel 23 bestimmt:

> Auf Handarbeitsstrafe ist niemals das Erkenntnis zu richten. Es kann jedoch bei Gefängnisstrafen, welche im Gerichtsgefängnis [2]) vollstreckt werden, solchen Personen, die ihrem Stand nach Handarbeit verrichten, der Richter, welcher die Strafe zu vollstrecken hat, diese Strafe, in-

---

[1]) Abs. 1: Wo Geldstrafe und Gefängnisstrafe wahlweise vorgeschrieben wird, und nicht schon der in dem vorigen Art. gedachte Fall der Notwendigkeit einer Beseitigung der Geldstr. eintritt, hat der Richter sich sofort in dem Straferkenntnisse über die Wahl der Strafart auszusprechen und diejenige auszuwählen, welche er in dem vorliegenden Fall mit Rücksicht auf Stand, Bildungsstufe und Vermögensverhältnisse des zu Bestrafenden für die zweckmäfsigste hält. Nach eben diesen Rücksichten hat er, wenn er die Geldstr. wählt, deren Betrag festzustellen, wobei ein Betrag v. 10 Gr. bis zu 3 Thlrn. 1 Tag Gef. gleich zu achten ist.

[2]) d. h. Strafen von und unter vier Monaten.

soweit hierzu Gelegenheit vorhanden ist und insoweit nicht etwa die im Art. 18 bestimmte Schärfung eintritt, durch Handarbeit verbüfsen lassen.

Jedoch soll in jedem einzelnen Fall die Strafarbeit sich nicht über die Dauer von 4 Wochen erstrecken und bei höher ansteigenden Strafen der übrige Teil der Strafzeit durch Gefängnis verbüfst werden.

Die Handarbeit wird an jedem Tag in der Dauer der ortsüblichen Tagelohnarbeit geleistet, dabei jedoch die Woche zu 6 Arbeitstagen gerechnet.

Bei Verweigerung oder ungehöriger Leistung der Handarbeit tritt ohne weiteres statt derselben geschärfte Gefängnisstrafe (Art. 18) von gleicher, oder, dafern der Verbrecher bereits einen Teil der Strafe verbüfst hat, von der noch übrigen Dauer ein.

Personen, welche ihren Unterhalt mit Handarbeit erwerben, kann der Richter nach seinem Ermessen eine Unterbrechung der Strafarbeit gestatten, doch sind dieselben in jeder Woche mindestens zur Verbüfsung von 3 Straftagen anzuhalten.

Zu diesem Artikel sei aus dem Kommentar von Krug einiges entnommen: 1. Das zweite „insoweit" soll andeuten, dafs HA. auch neben geschärftem Gef. eintreten kann.[1]) 2. „Man hat vorgezogen, das Erkenntnis stets nur auf Gefängnisstrafe richten zu lassen, weil bei der Abfassung desselben oft nicht übersehen werden kann, ob Gelegenheit zur Handarbeit vorhanden sein werde, dies vielmehr gleich der Frage, ob der Verurteilte zu den Personen gehört, die ihrem Stande nach Handarbeit verrichten, vom vollstreckenden Richter, der vom erkennenden verschieden sein kann, am besten zu beurteilen ist." (Motive.) 3. Anteil am Arbeitsgewinn findet nicht statt; ob

[1]) vgl. hierzu, wie überhaupt: Wächter, Sächs.-Thür. Strafr., 1856. §. 34, IV, S. 219 f.

Beköstigung, richtet sich nach den Grundsätzen über Armenversorgung. Damit hängt zusammen, dafs 3 Tage in der Woche frei gelassen werden können, dafs die Maximaldauer 4 Wochen beträgt. Letzteres ist nicht der Fall nach ForstStrafG., Art. 25, Abs. 4. 4. Es kommt darauf an, ob Gerichtsgefängnis eintritt (vgl. ob. S. 214, Art. 14, Anm. 1a); also auch bei Umwandlung von Geldstrafe, „umsomehr als sie der Geldstrafe näher steht als die Gefängnisstrafe.“ 5. Die betr. Personen müssen ihren Lebensunterhalt mit HA., sei es um Tagelohn (eigentliche Handarbeiter), sei es um festen Dienstlohn (Dienstgesinde) verdienen. Handwerker gehören nicht hierher, sie müfsten denn auch HA. verrichten (z. B. öfters Weber im Sommer). 6. Von der Gelegenheit abhängig. Die Sträflinge werden meist zu fiskalischen Arbeiten verwendet (Vermittlung der Rentenämter), auch zu Kommunearbeiten; Verwendung zu Privatarbeiten ist vom Justizministerium bisweilen genehmigt worden, eine allgemeine Entscheidung liegt nicht vor.

Völlig gleichlautend ist das revidierte StGB. für das Königreich Sachsen vom 1./X. 1868, Art. 23, nur dafs (wegen Aufhebung des Art. 18) Absatz 4 und in Abs. 1 die Beziehung auf Art. 18 weggefallen sind (s. v. Liszt Z IX 764).

Dies ist die Vorgeschichte der Handarbeitsstrafe in den sächsisch-thüringischen Staaten, eine Vorgeschichte, welche direkt der heute geplanten Verwendung in die Hände arbeitet, und die auch zu einem Versuche mit diesem Ersatzmittel Mut giebt. Denn dasselbe hat sich dort „sehr bewährt“, und Schwarze[1]) schlägt (1853) eine gröfsere Ausdehnung vor. In andern deutschen und nichtdeutschen Staaten treffen wir jene Strafart zwar auch häufig an, doch meist auf dem — bereits hervorgehobenen — Gebiete des Forststrafrechts oder in andern eng begrenzten Feldern. Indes findet sich mehrfach auch die Er-

---

[1]) Arch. d. KrimR. 1853, 273. s. v. Liszt Z IX 765.

setzung kurzzeitiger Freiheitsstrafen und die Vermeidung derselben durch Umwandlung uneinbringlicher Geldstrafen in Handarbeit sowohl legislatorisch eingeführt, als auch in Gesetzesvorschlägen befürwortet.

In Preufsen ist neben verschiedenen Forst- und Holzdiebstahlgesetzen besonders erwähnenswert das auch auf die 1866 neu erworbenen Landesteile ausgedehnte[1]) Gesetz, betr. die Beschäftigung der Strafgefangenen aufserhalb der Anstalt, vom 11./IV. 1854;[2]) §. 7 heifst daselbst:

> Die polizeiliche Gefängnisstrafe (StGB. §. 334) kann gegen solche Gefangene, welche sich auf ihre Kosten zu verpflegen aufser stande sind, auch in der Weise vollstreckt werden, dafs dieselben während der für die Gefängnisstrafe bestimmten Dauer, ohne in einer Gefangenen-Anstalt eingeschlossen zu sein, zu Arbeiten, welche ihren Fähigkeiten und Verhältnissen angemessen sind, angehalten werden.
>
> Sie können zu dem Ende einer andern öffentlichen Behörde überwiesen werden, um sie so viele Tage zur unentgeltlichen Verrichtung von dergleichen Arbeiten anzuhalten, als polizeiliches Gefängnis gegen sie erkannt ist.
>
> Die Behörden sind ermächtigt, gewisse Tagewerke dergestalt zu bestimmen, dafs die Verurteilten, wenn sie durch angestrengte Thätigkeit mit der ihnen zugewiesenen Arbeit früher zu stande kommen, auch früher entlassen werden können.

Die allereingehendste Behandlung der Strafarbeit ohne Einsperrung enthält die Badische Verordnung, das Verfahren in Forststrafsachen betreffend, vom 20./I. 1865.[3]) Es finden sich höchst detaillierte prozessualische Bestimmungen und ganz genaue

---

[1]) V. 25./VI. 1867, GS. S. 923., Art. II K.

[2]) GS. 1854, No. 3975, S. 143.

[3]) Grofsh. Reg.-Bl., Jahrg. 63, Nr. VI, S. 33—52; ausgegeben am 6./II. 1865.

Vorschriften über die Vollstreckung in diesem Gesetze. Uns interessieren die folgenden Anordnungen (unter VI: Verfahren nach der Verurteilung):

2. Von der Umwandlung der unbeibringlichen Geldstrafen und von dem Vollzug der stellvertretenden Strafen.

§. 48. Die unbeibringlichen Geldstrafen müssen, soweit zulässig und nur immer möglich, durch öffentliche Arbeit abgebüfst werden.

§. 49. Zum Abverdienst durch Frevler geeignete Arbeiten sind vorzugsweise: Kulturen, Wegarbeiten, Grenzreinigungen und Grabenziehungen in den Waldungen, Waldausstockungen; sodann Arbeiten an Landstrafsen, Vizinal- und Feldwegen, Verbesserungen landwirtschaftlicher Grundstücke, Beihilfe bei Hoch-, Eisenbahn-, Flufsbauten u. dgl.

§. 50. Um die Bezirksforstei in den Stand zu setzen, die Arbeiten zum Vollzug zu bringen, haben alle diejenigen, bei welchen Gelegenheit vorhanden ist, die Arbeit der Frevler zu benutzen, insbesondere die Vertreter der Gemeinden und Körperschaften, die Waldeigentümer, die Domänenverwaltungen, Wasser- und Strafsenbauinspektionen, Bezirksbauinspektionen u. dgl., die Bezirksforstei von dieser Arbeitsgelegenheit fortwährend in Kenntnis zu erhalten. Die Bezirksforsteien werden auch stets von selbst zu ermitteln suchen, wo die Strafarbeiter auf nützliche Weise beschäftigt werden können. Nicht minder werden die Forstgerichte sich davon Kenntnis zu verschaffen suchen, soweit dies noch erforderlich ist.

Insbesondere werden die Gemeindevorstände nicht übersehen, wie durch derartige Arbeiten die Frohnden oder die Auslagen dafür erheblich gemindert werden können.

§. 51. Für die Arbeiten der Frevler erfolgt keine Vergütung

an die Forstgerichtsbarkeitskasse; dagegen sind die Gebühren der Aufseher in der Regel von demjenigen zu tragen, zu dessen Gunsten solche Arbeiten verrichtet werden...... [Nebensächlicher Modus der Gebührenzahlung.]

§. 52. Für jeden Forstgerichtsbezirk wird eine verhältnismäfsige Anzahl zuverlässiger Arbeitsaufseher auf den Antrag der Bezirksforstei vom Forstgericht aufgestellt und handgelübdlich verpflichtet. Unter Umständen können die Funktionen eines Aufsehers einem zuverlässigen Gemeinderat, Waldmeister, Waldhüter, Polizeidiener oder einer sonst geeigneten Person, sei es für beständig, sei es nur vorübergehend, oder für einen einzelnen Fall übertragen werden.

§. 53. Die bestellten Aufseher erhalten in der Regel Tagesgebühren, die Bezirksforstei kann jedoch auch eine andere Art der Belohnung mit ihnen vereinbaren.

§. 54. Bei der Zuweisung von Arbeit sind vor allem die Waldeigentümer zu berücksichtigen, in deren Waldungen die Frevel verübt wurden. Sodann ist besonders darauf zu sehen, dafs dem Sträfling nach §. 139 Abs. 4 des ForstG. für eine gewisse Zahl von Tagen eine angemessene bestimmte Arbeit in der Art zugewiesen wird, dafs ihm, wenn er die Arbeit durch besonderen Fleifs früher vollendet, die Strafe für sämtliche Tage, für welche die Arbeit berechnet war, als erstanden angenommen wird.

(Die §§. 55, 56, 57 enthalten Bestimmungen über Hauptbuch-, Listenführung, Kostenzettel; zu bemerken ist nur):

§. 56, Z. 5. Den Forstgerichten und Bezirksforsteien wird zur besonderen Obliegenheit gemacht, streng darauf zu sehen, dafs die Strafen rasch abverdient werden, so dafs diejenigen, welche innerhalb eines halben Jahres erkannt wurden, längstens in dem darauf folgenden vollzogen sind.

Z. 6. Nur wenn sich gar keine Gelegenheit zur Arbeit finden sollte, ist dem Forstgericht gestattet, die Arbeitsstrafe in Gefängnisstrafe umzuwandeln.

§. 58. Sobald der Aufseher Listen zum Abverdienst von der Bezirksforstei oder andern Stellen oder Personen erhalten hat, benimmt er sich mit dem, für welchen die Arbeit verrichtet werden soll, näher über Zeit, Ort und Art des Vollzugs. Er ladet hierauf die in den Verzeichnissen genannten Frevler auf eine bestimmte Zeit mit dem erforderlichen Arbeitsgeschirr an den genau zu bezeichnenden Ort im Namen des Forstgerichts durch das Bürgermeisteramt gegen Bescheinigung zur Arbeit vor.

In der Vorladung ist zu bemerken, daſs derjenige Sträfling, welcher ohne genügende Entschuldigung bei der Arbeit nicht erscheint, durch Polizeibedienstete zur Arbeit werde abgeholt werden.

Die ohne hinreichende Entschuldigung ausgebliebenen Sträflinge werden vom Aufseher dem Bürgermeisteramt angezeigt, welches dieselben sofort oder an einem der nächsten Tage zur Arbeit vorführen läſst.

§. 59. Die Frevler haben unter der Aufsicht und nach Anleitung des Aufsehers die Arbeit zu verrichten. Lassen es die Sträflinge bei der Arbeit an dem nötigen Fleiſs oder Gehorsam fehlen, oder sind sie nach stattgehabter Vorführung (§. 58 Abs. 4) wiederholt ohne hinreichende Entschuldigung ausgeblieben, so macht der Aufseher hiervon der Bezirksforstei Anzeige, auf deren Antrag das Forstgericht eine Gefängnisstrafe bis zu 8 Tagen verfügt. Nach Erstehung dieser Strafe werden die Betreffenden entweder vom Gefängnis aus zur Arbeit vorgeführt oder entlassen und dann von neuem auf obige Weise zur Arbeit vorgeführt und behandelt.

Die hiernach erstandene Gefängnisstrafe wird nicht an der Forstfrevelstrafe abgerechnet.

(§§. 60, 61: Beurkundung; Unterstützung der Aufseher durch die Behörden. §. 62: Fälle von Gefängnisstrafe.)

3. Von der Umwandlung der unbeibringlichen Ersatzbeträge in öffentliche Arbeit und deren Vollzug.

§. 63. Die für Frevel in Domänenwaldungen zu entrichtenden, aber unbeibringlichen Ersatzbeträge werden unter allen Umständen in öffentliche Arbeit umgewandelt und gleich den Strafen abverdient. Die übrigen Waldeigentümer, welche die Umwandlung solcher Ersatzbeträge in Arbeit verlangen (§. 46 Abs. 3) haben dem Forstgericht zugleich zu bezeichnen, welche Arbeit und wo dieselbe geleistet werden soll. Die Ersatzbeträge werden sodann nach allgemeinen Grundsätzen in Arbeit umgewandelt, und diese wird — wenn sie zu Gunsten von Gemeinden oder Körperschaften geleistet werden soll — auf gleiche Weise wie diejenige für die unbeibringliche Strafe zum Vollzug gebracht. Die erwachsenden Kosten hat der Waldeigentümer zu tragen, welchen das Forstgericht zu deren Zahlung anweist. Den Eigentümern von Privatwaldungen wird die Anordnung des Vollzuges dieser Arbeiten lediglich überlassen.

Reichsgesetzlich giebt es eine derartige Strafe nicht, aber bekanntlich bestimmt „auf Wunsch mehrerer thüringischen Regierungen“ §. 6 Abs. 2 des Einführungs-G. zum RStGB.: „Wenn in Landesgesetzen anstatt der Gefängnis- oder Geldstrafe Forst- oder Gemeindearbeit angedroht oder nachgelassen ist, so behält es hierbei sein Bewenden.“ Da die nicht geschickte Fassung es durchaus ausschliefst, dafs die Handarbeit an Stelle von Haft treten könnte, so hat einerseits das preufsische Feld- und Forstpolizeigesetz vom 1./IV. 1880 auf eine solche Umwandlung verzichtet, andrerseits das preufsische Gesetz, betr. den Forstdiebstahl, vom 15./IV. 1878 sich genötigt gesehen, um Forstarbeit neben und statt Freiheitsentziehung möglich zu machen, — aber wegen §. 6 Abs. 2 Einf.G. und §. 18 RStGB.[1]) — die sonst nicht beitreibbare Geldstrafe durch Gefängnis zu vollstrecken. Näheres über den Vollzug regelt §. 14 ebenda;[2]) §. 34 bestimmt in Konsequenz davon, dafs die Geldstrafe dem Beschädigten zufliefst: „Weist der Beschädigte im Fall der Nichteinziehbarkeit der Geldstrafe Arbeiten, welche den Erfordernissen des §. 14 entsprechen, der Behörde nach, so soll der Verurteilte zu deren Leistung angehalten werden. Diese Nachweisung ist nicht mehr zu berücksichtigen, sobald mit der anderweiten Vollstreckung der Strafe begonnen ist."

Wenn Ziegner-Gnüchtel (Z VIII 258) als Übelstand anführt: „Die Arbeit kann in Tagewerke eingeteilt sein; diese Einteilung äufsert jedoch eine Wirkung nur zu Gunsten des Sträflings. Vollendet er die ihm zugewiesenen Tagewerke vor Ablauf der Strafzeit, so gilt die Strafe für verbüfst; bleibt er dagegen, was häufig sein wird, im Rückstand, so ist er nach Ablauf der Strafzeit gleichwohl zu entlassen. Somit ist diese Bestimmung und bei der mangelhaften Qualität der betreffenden Arbeiten das Institut der Strafarbeit von zweifelhaftem Wert; letztere empfiehlt sich nur als Notbehelf, wenn andauernde Überfüllung der Gefängnisse vorliegt." —, so dürfte in dem Endsatze wohl zu viel gesagt sein, den besagten Rügen aber könnte durch weniger laxe Handhabung und Forderung eines Minimums vollendeter Arbeit, bzw. Verlängerung der Dauer der Arbeitszeit bis zur völligen Abarbeitung, abgeholfen werden, jedenfalls ist es wohl kaum richtig, diesen Mifslichkeiten die absolute Verwerfung dieses Strafmittels oder seine äufserst seltene Anwendung trotz bestehender Gesetze in einigen Staaten in die Schuhe zu schieben; wir werden den Grund mit v. Liszt

[1]) Kommiss.-Ber. des Herren-H. zu §. 13.

[2]) Wortlaut: v. Liszt Z IX 767.

(Z IX 766) in den Schwierigkeiten zu erblicken haben, mit dem angeführten §. 6, Abs. 2 Einf.G. z. RStGB. erfolgreich zu operieren.

Von ausländischem Recht ist zu erwähnen Frankreich mit seinem Code forestier (du 21. mai 1827, modifié par la loi du) 18./VI. 1859, der im Art. 210 folgendes über „prestations en nature" bestimmt: [1]) „Die Forstverwaltung kann gestatten, dafs die Verurteilten sich von Geldstrafen, Bufsen, Schadensersatz und Kosten mittelst „Naturalleistung" freimachen, die in Unterhaltungs- und Verbesserungsarbeiten in den Forsten und auf Vizinalwegen zu bestehen hat. Den Wertbetrag eines Tages Arbeitsleistung setzt für jede Gemeinde der Conseil général fest." Eine Verallgemeinerung dieser Bestimmung ist schon 1864 [2]) vom Generalrat der Yonne dem Minister des Innern vorgeschlagen worden. Bonnevilles Gedanken in seinem Buch De l'amélioration de la loi criminelle etc., deren Besprechung durch von Holtzendorff wir noch weiter unten erwähnen, sind dieselben. Ebenso trat dafür ein Michaux in seiner Proposition de Loi: [3]) wo pardon und sursis nicht ausreichen, mithin pour les faits qui nécessitent un châtiment effectif, seien statt der kurzen Freiheitsstrafen zu wählen des amendes, payables, soit en argent, soit en journées de travail; ersteres würde mehr in den Städten platzgreifen, für das Land wird sogar die Einrichtung von ateliers publics empfohlen, wie sich die französischen u. a. Schriftsteller überhaupt gern die Strafarbeit in ad hoc hergestellten établissements denken, wo also wohl ein Unternehmen, das nur geringe sofort zu verstehende Handgriffe ererfordert, mit täglich wechselnden Arbeitskräften, oder vielleicht auch teilweise mit ständigen, durchgeführt wird. — Die Begründung Michaux' schliefst mit den Worten: „Was wir wollen,

[1]) Wortlaut: v. Liszt Z IX 767.

[2]) Holtzendorff, Allg. d. StrRZ. 1864, a. a. O. IV 655.

[3]) Bull. X, 259, vgl. ob. S. 80 f., S. 127 f.

ist, den Schuldigen möglichst wenig von seiner Familie, von dem Kreis zu trennen, in welchem er die meisten Aussichten hat, verderbliche Einflüsse zu meiden." „La société évite ainsi de faire des pervertis, dont la perversité se retournerait contre elle. Elle cesse de travailler de ses propres mains au recrutement du crime." Der Entwurf Michaux' besagt folgendes:

Article 4. — Lorsqu'un tribunal correctionnel aura prononcé une peine d'emprissonnement d'une durée moindre de deux mois, les jours de prison seront remplacés par un nombre égal de journées de travail.

Il sera loisible au condamné de convertir ces journées de travail en une amende égale à leur évaluation.

(Hat ein Zuchtpolizeigericht eine Gefängnisstrafe unter zwei Monaten ausgesprochen, so werden die Tage Gefängnis durch eine gleiche Zahl Arbeitstage ersetzt. Dem Verurteilten steht es frei, jene Arbeitstage in eine an Wertschätzung ihnen gleiche Geldstrafe zu verwandeln.)

(Man kann an diesem Artikel die doppelte Ausstellung machen, dafs einmal die Strafarbeit als primäre Strafe vorangestellt wird, wozu sie sicher ungeeignet ist, da ihr Gebiet so sehr als möglich beschränkt werden mufs, und sodann, dafs der Wille des Verurteilten entscheidende Bedeutung haben soll. In dem letzten Punkte räumt auch der italienische wie der norwegische Entwurf, desgleichen, wie es scheint, auch v. Holtzendoff (s. u.) diesem Begehren einen Einflufs ein, der besser ganz ausgeschlossen wird. —)

Article 5. — En prononçant une condamnation à l'amende, les tribunaux peuvent ordonner que le payement en sera fait par fraction, moyennant telle garantie ou caution qu'ils détermineront. — Ils pourront aussi convertir l'amende en journées de travail, si le condamné le demande, ou s'il est involsable, sans que le nombre des journées puisse toutefois dépasser le nombre de jours de contrainte par corps qu'aurait subi le condamné, en cas de non-payement de l'amende.

(Die Gerichte können, wenn sie eine Verurteilung zu Geldstrafe aussprechen, verfügen, daſs deren Zahlung in Bruchteilen erfolge, gegen solche Bürgschaft oder Sicherheit, wie sie bestimmen. Auch können sie die Geldstrafe auf Bitte des Verurteilten, oder wenn er zahlungsunfähig ist, in Arbeitstage umwandeln, ohne daſs die Zahl derselben je die Zahl der Tage Freiheitsentziehung überschreiten darf, welche den Verurteilten im Falle der Nichtzahlung der Geldstrafe getroffen hätten.)

Die Empfehlung Bérals an den Senat ist bekannt (S. 128), die Verhandlungen des Römerkongresses werden wir noch streifen; zu erwähnen ist, auſser einem von M. Schœlcher dem Senat kundgegebenen Vorschlage, welcher auch die Ersetzung uneinbringlicher Geldstrafe durch Handarbeit plante (Révue de la Réforme judiciaire, No. 4, 15./VIII. 1885, p. 525), daſs in der Sitzung der allgemeinen Gefängnisgesellschaft zu Paris am 16./III. 1887 Bonneville seine Vorschläge von 1864 auch in dieser Richtung wiederholte (Bull. XI 311), sowie daſs im nächsten Jahr auch Labroquère (vgl. ob. S. 112) gleichfalls für die Verwendung der prestations en nature eintrat (Bull. XII 60). Auf der Brüsseler Versammlung der Intern. krim. Ver. (Aug. 89), wo über die Vorschläge Garofalos (s. S. 205 f.) noch kein endgültiger Beschluſs gefaſst, aber dieselben für das nächste Mal auf die Tagesordnung gesetzt wurden, teilte man auch aus den „Anregungen des französischen Ausschusses“ [1]) folgende Stelle mit: „Polizeistrafen können auf Antrag des Verurteilten in Strafarbeit in der freien Luft zum Nutzen der Gemeinde umgewandelt werden.“

[1]) Also doch wohl dem Kommissionsentwurf; so Köln. Z. 10./VIII. 1889, Morg.-Ausg. zweite Seite, erste Spalte, vorletzter Absatz, indessen das Protokoll der Versammlung (Mitteil. Heft 3, p. 163 = S. 192) meldet nichts davon.

Aus dem schweizerischen Recht werden drei Gesetze häufiger zitiert. Zunächst Artikel 28 des Bundes-Gesetzes, betr. das Verfahren bei Übertretungen fiskalischer und polizeilicher Bundesgesetze, vom 30./VI. 1849. Dort heifst es:

> In allen Fällen, in welchen die Geldbufse nur zum Teil oder gar nicht erhältlich ist, wird der Rest derselben in Gefangenschaft oder öffentliche Arbeit ohne Haft verwandelt, und zwar soll je ein Tag Gefangenschaft oder öffentliche Arbeit vier Franken Bufse gleichkommen. Die Dauer dieser Gefangenschaft oder öffentlichen Arbeiten darf jedoch ein Jahr nicht überschreiten.

In Erweiterung dessen verfügt das Gesetzbuch über das Verfahren in Strafsachen für den Kanton Bern (1854), Art. 523:

> Jede gegen einen Fremden, welcher nicht genügendes Eigentum innerhalb des Kantonsgebietes nachweist, oder gegen eine darin angesessene Person, deren Armut amtlich nachgewiesen ist, ausgefällte Bufse wird von Rechts wegen in Gefängnis oder öffentliche Arbeiten umgewandelt. Ein Tag Gefängnis zählt für 4 Franken Bufse; die Bruchzahlen unter 4 Franken zählen für einen Tag.
>
> Der Tag Arbeit wird zu 1 Frank und 50 Rappen berechnet.

Endlich führte Correvon auf dem Römerkongrefs ein Waadtländisches Gesetz vom 17./III. 1875 (sur les établissements de détention) an, dessen Art. 7 in Übersetzung [1]) lautet:

> Ist die Geldstrafe von jeder andern Strafe unabhängig, so kann der Verurteilte, welcher in Geld nicht zahlen kann oder will, sich bei dem staatlichen Einnehmer einschreiben lassen, um zu öffentlichen Arbeiten verwendet zu werden. Hiervon geschieht Mitteilung an den Wegeaufseher des Distrikts und den Waldaufseher des Arrondissements, die

---

[1]) Wortlaut, Actes du Congr. I, 192; Z IX 768.

den Verurteilten zu Wegebau und -Besserungsarbeiten, zu Dammaufwerfen oder Waldkultur heranziehen und ihm gestatten können, seine Geldstrafe unter ihrer Überwachung und Anweisung abzubüſsen, wobei je nach dem Wert seiner Arbeit der Tag zu 3 bis 6 Franken berechnet wird. In Ermangelung dessen oder wenn der Verurteilte die ihm zugewiesene Arbeit nicht ausführt, wird auf eine von dem Einnehmer erstattete Erklärung der Uneinziehbarkeit und in Gemäſsheit der Arbeitsverordnung des Distrikts die Geldstrafe in Gefängnis umgewandelt, mit Anrechnung eines Tages Haft auf 3 Franken Buſse.

Während über Wirksamkeit und Vollzugseinzelheiten der ersten beiden Gesetze nichts Näheres vorliegt, scheint man mit dem letzten im Kanton du Vaud nicht ganz gute Erfahrungen gemacht zu haben.

Auch in Norwegen plant man Ähnliches, der Getzsche „Vorläufige Entwurf zu einem allgemeinen bürgerlichen Strafgesetz für das Königreich Norwegen" (Foreløbigt Udkast til Almindelig borgerlig Straffelov for Kongeriget Norge) will in §. 32 Abs. 4 anordnen:

I stedet for Fængselstraf kan paa den Dømtes Begjæring træde Arbeide i Statens eller Kommunens Tjeneste, indtil Bøden er betalt.

(An die Stelle der Gefängnisstrafe kann auf des Verurteilten Begehren Arbeit im Dienst des Staats oder der Gemeinden treten, bis die Buſse bezahlt ist.)

Die Motive begnügen sich mit Hinweis auf „einzelne fremde Gesetze." [1])

Unbekannt ist die Strafarbeit ohne Einsperrung dagegen

---

[1]) **Motiver: „En bestemmelse om at Arbeide i Statens eller Kommunens Tjeneste kan traede i stedet for Fængsel som Surrogat for Bødestraf, forefindes i enkelte fremmede Love og Lovudkast og synes at anbefale sig."**

dem russischen Entwurf und zwar nach Foinitzki (Actes du congr. pénit. de Rome, t. I 188/189) wegen des Mifserfolges einer Bestimmung im Friedensrichtergesetz von 1864, wonach öffentliche Arbeiten gegen Verurteilte aus nicht privilegierten Klassen statt der einfachen Haft angewendet werden konnten. Diese Mafsregel wurde nämlich nicht praktisch, weil die vom Gesetzgeber erwartete Vollzugsverordnung nie erlassen wurde. Foinitzkis prinzipiellen Bedenken haben wir uns noch später kurz zuzuwenden, zunächst sei die Übersicht der legislatorischen Versuche abgeschlossen durch das Italienische StGB. vom 1./I. 1890. Artikel 19 und 24 (Entw. Zanard. 22 und 25) setzen eine doppelte Art der Geldstrafe fest: multa (10—10 000 lire) und ammenda (1—2000 lire); bei Uneinbringlichkeit ist die Ersatzstrafe der ersteren detenzione, der andern arresto. Aber es bestimmt Art. 19 Abs. 5:

> Alla detenzione può essere sostituita nell' esecuzione, ad istanza del condannato, la prestazione di un' opera determinata a servizio dello Stato, della Provincia o del Comune; e due giorni di lavoro sono ragguagliati od un giorno di detenzione.
>
> — und Art. 24 Abs. 2: Si appliano le disposizioni nei capoversi dell' articolo 19, sostituito l'arresto alla detenzione.

(Der Einschliefsung kann im Vollzug auf Ersuchen des Verurteilten die Leistung eines bestimmten Werkes im Nutzen des Staates, der Provinz oder Gemeinde substituiert werden; zwei Tage Arbeit werden einem Tag Einschliefsung gleichgerechnet. — Art. 24 Abs. 2: Die Absätze des Art. 19 finden Anwendung, wobei Haft an Stelle der Einschliefsung zu setzen ist.)

In der Begründung (I 116) sagt Zanardelli: „Ich verhehle mir nicht die Schwierigkeiten in der praktischen Anwendung dieses Ersatzmittels (surrogato); aber der Umstand, dafs ich es in alle Entwürfe, die seit 1879 einander folgten, aufgenommen fand, veranlaſsten mich, es beizubehalten. [1])" Diese „difficoltà pratiche" — trotz deren das Mittel hätte wärmer empfohlen werden können — werden aber noch gröſser werden dadurch, daſs der Strafarbeit noch eine zweite Rolle zugewiesen ist. Im Anschluſs an Art. 21 (Entw. 23) über den Vollzug der Haft (arresto, s. ob. S. 195) bestimmt Art. 22 (Entw. 24):

La legge determina i casi nei quali l'arresto può essere scontato in una casa di lavoro, o anche mediante prestazione d'opera in lavori di publica utilità.

Se il condannato non si presenti per scontare la pena, ovvero rifiuti di prestare l'opera propria, l'arresto è scontato nei modi ordinarii.

(Das Gesetz bestimmt die Fälle, in welchen die Haft in einem Arbeitshaus verbüſst werden kann, oder auch mittelst Arbeitsleistung im öffentlichen Interesse. Stellt der Verurteilte sich nicht zur Strafverbüſsung oder weigert er sich, die eigentliche Arbeit zu thun, so wird die Haft in gewöhnlicher Weise vollstreckt.)

Man hatte nach den Motiven bei diesem lavoro senza imprigionamento, über den als These III auf dem Turiner Juristenkongreſs 1880 von Lucchini Bericht erstattet worden war, zugleich an die Vermeidung der kurzen Einsperrungen ohne Beschäftigung und an die Einrichtung von Arbeitsetablissements gedacht. Die Einstellung des Schuldigen in solche sei besonders angebracht gegen Bettel und Vagabundentum; hier sei l'obbligo del lavoro, der Arbeitszwang, ja schon lange angepriesen als einzig richtige Maſsregel, als „unico rimedio veramente efficace e fecondo di buoni risultati." (Relazione Ministeriale, I. pp. 105—108.) Notwendig sei freilich der gute Wille des Verurteilten.

[1]) Progetto di Vigliani (art. 55), del Senato (54), di Mancini (52), della Camera 1877 (45), di Savelli (41), di Pessina (43), di Tajani (54).

Wenden wir uns noch einen Augenblick den Schriftstellern zu, welche auch dieser Frage ihre Aufmerksamkeit geschenkt haben. Bonneville de Marsangy (a. a. O. II p. 293) folgend, erklärt v. Holtzendorff es für unleugbar, dafs trotz der Schwierigkeiten der Ausführung, die namentlich in gröfseren Städten sehr bedeutende sein würden, das Prinzip, freiwillig angetragene Arbeitsleistungen an Stelle uneinziehbarer Geldstrafen treten zu lassen, aus dem Grundsatz der Rechtsgleichheit folge. „Nur ein unbehilflicher Mechanismus der Gesetzgebung kann heutzutage Freiheit und Geld als Äquivalente in der Strafvollstreckung betrachten; die Gleichsetzung dieser Strafübel im Weg der Substitution ist in der That wenig besser, als die alte Einrichtung, die im Unvermögensfall für den Ärmeren sofort körperliche Züchtigung eintreten liefs. Dem heutigen Materialismus der Strafrechtspflege mufs entgegengewirkt werden, indem man den idealen Wert der persönlichen Freiheit auch für die ärmeren Klassen potenziert und die Freiheitsentziehung aus dem Polizeistrafrecht gänzlich entfernt.“ Wenn v. Holtzendorff die Freiwilligkeit so stark betont, so werden wir u. E. uns darauf doch nicht einlassen dürfen: denn ob das Verständnis für die wesentliche Schonung, welche in der Umgehung der Freiheitsentziehung liegt, in den untern Volksklassen überall zu finden ist, kann mit Fug bezweifelt werden; eine Umwandlung in Strafarbeit von Rechtswegen dürfte besser am Platze sein; das Ehrgefühl ist eben nicht allgemein als vorhanden vorauszusetzen, vielmehr unter dem bisherigen Régime oft genug ertötet worden und mufs erst anerzogen oder neu belebt werden. Lebhaft einzustimmen ist in die Bemerkung, dafs solcher Ersatz vor allem auf dem Gebiete der Uebertretungen not thue, wohin Lammasch ebenfalls vornehmlich die Handarbeit gewiesen wissen will (Z IX 479). Insbesondere sei sie in ländlichen Gerichtssprengeln angebracht; aber auch in Städten liefse sich wohl eine Arbeitsanstalt errichten; dort sollten die Sträflinge morgens antreten, ihr Pensum abarbeiten und abends nach Hause gehen. Ob der Gedanke eines solchen atelier public (casa di lavoro) gerade sehr glücklich ist und wie man sich die Realisierung im einzelnen vorzustellen hat, ist in der Litteratur bisher noch zu wenig erörtert worden, um ein definitives Urteil zu ermöglichen. Was Lammaschs sonstige Vorschläge anlangt, so haben wir Hausarrest und Friedensbürgschaft schon oben zurückgewiesen; im übrigen mufs aber entschiedener Protest dagegen erhoben werden, dafs man, wie er es auch thut, durch irgend eine Hinterthür die kurzzeitige Freiheitsstrafe doch wieder einlasse. Es handelt sich darum, konsequent zu sein: das Gespenst ist zu bannen; auch für Widerspenstige darf keine Einsperrung vorgesehen werden. Folgerecht durchgeführt ist das bei Garofalo: aber Arbeiterkolonieen oder -kompagnieen sind noch weniger als Arbeitsanstalten der richtige Weg; der Strafarbeiter soll vom andern Arbeiter nicht geschieden werden, diese Trennung degradiert: dafs er seinen Lohn nicht wie der andere (etwa bei Wegebauten u. s. w., wo so wie so manchmal nur kurze Zeit dasselbe Personal beisammen ist) vom Staate ausgezahlt erhält, ist eine ganz private Sache; ein neben ihm Arbeitender, der sefshaft ist, Frau und Kinder hat und etwas besser gestellt ist, ist vielleicht in der ähnlichen Lage, dafs er auch eine Geldstrafe abzutragen hat, aber das durch wöchentliche Ratenzahlungen besorgen kann: wen unter seinen Arbeitsgenossen geht denn das an?

Jene, welche direkt durch ihre Arbeit die Schuld zahlen, werden meist weitaus in der Minderzahl sein, da von den heute Zahlungsunfähigen in der Zukunft der eine Teil anderen Strafen unterliegt, der andere aber die Bufse zu leisten vermag, die Arbeit, die sie leisten, ist eine ganz alltägliche — es sollte unmöglich sein das durchzuführen? Ein Arbeitsmangel ist danach nicht denkbar, die Bedenken eines Simonson (National-Z. 31./VIII. 1889) müssen fallen.

Indem wir auf die bekannten Äufserungen eines Schmölder, Aschrott [1]), v. Jagemann (Z IX 770) nicht eingehen, sehen wir uns die Verhandlungen auf dem Kongrefs zu Rom näher an.

Im Anschlufs an die Fassung auf dem Londoner Kongrefs 1872: "Is it possible to replace short imprisonments and the nonpayment of fines by forced labour without privation of liberty?" gab zunächst Teichmann einen kurzen Überblick des zu der Frage gehörenden Materials und entschied sich für die Bejahung. Es folgte Nocito, der mit Recht in der Strafarbeit ein Ersatzmittel der kurzzeitigen Freiheitsstrafe nicht erblicken konnte (car le travail, dans ces conditions, constitue les habitudes ordinaires d'une quantité de travailleurs); wenn der Ertrag solcher Arbeit dem Staate zufliefsen sollte, so könne dies nur à titre de paiement des amendes infligées geschehen. Er beantragte eine Resolution in diesem Sinne. Auf demselben Gedanken fufst die Anwendung der Strafarbeit in Garofalos Geldstrafensystem, welches derselbe schon hier in nuce entwickelte; indes gegen die von Nocito vorgeschlagene Ausgestaltung machte er geltend, dafs eine bedauerliche Konkurrenz mit „ehrlichen" Arbeitern daraus erwachsen würde; — aber ein solcher Unterschied darf eben nicht gemacht werden. Als hartnäckige Gegner enthüllten sich Dreyfus und Foinitzki; indessen ist in der Lage der Verhältnisse, die dem oben angedeuteten Bilde entsprechen würde, bereits eine Widerlegung ihrer Einwände enthalten, die zum Teil sehr seltsam erscheinen. Ersterer meinte, erstens würde Handarbeit kostspielig sein, zweitens ähnele sie zu sehr der Strafknechtschaft, um nicht unsern Anschauungen zu widerstreben, endlich würde die Faulheit der Verurteilten ein ewiges Ärgernis für die Verwaltung bilden, und diese selbst

[1]) Dieser vertritt genau die oben entwickelten Anschauungen auch neuerdings, Ersatz der kurzz. Fr. (Vereinsh. XIX, 188—190). Durch seine Ausführungen erledigt sich die Bemerkung von Prins, Brüss. Kongr., Nachm. Sitzung vom 7. Aug. 1889, über la honte de ce travail en public. (Mitteilungen, Heft 3, S. 164 = 192.) Vgl. übr. ebendaselbst S. 232.

würden das Gefängnis vorziehen. Der Petersburger Professor sah schon von vornherein die Sache ziemlich trostlos an und meinte etwas elegisch, die Zeiten seien vorbei, wo er für diese hochfliegenden Ideen geschwärmt hätte. Seit 13 Jahren stände die Sache auf demselben Flecke und betreffs der Formulierung der Wünsche herrschten Unklarheit und Widersprüche aller Art. Um so lebhafter, mufs man ihm entgegnen, ist die Debatte seitdem entbrannt, und die Forderungen sind von mehreren Seiten in geordneten Systemen vorgetragen worden. Des weiteren erhob Foinitzki noch folgende Einwürfe: 1. Die aufserordentliche Schwierigkeit, für alle Verurteilten Arbeit zu finden; eine viel heiklere Aufgabe, als im Gefängnis —; nach dem Obigen sind gar keine besonderen Einrichtungen von nöten, geeignet zu Abbüfsung ist Arbeit, wie sie Tag für Tag von Hunderten verrichtet wird, zu welchen nur ein kleiner Bruchteil sich hinzuaddieren würde, ohne Gefahr jenen ihr Brot und Verdienst zu verkümmern. 2. Unumgängliche Ungleichheit in der Ausführung, da der eine eine gröfsere Strecke als der andere bis zum Arbeitsorte zurückzulegen hätte —; als ob es den Fabrikarbeitern oder den mit den Strafarbeitern zusammen schaffenden freiwilligen nicht gerade so ginge! Dieser Grund beweist doch wirklich zu viel, mit dem bekannten Effekt. 3. Augenscheinliche Gefahr, Leute von zweifelhafter Moralität mit schwachen Naturen zusammenzubringen (Foinitzki erblickt im Geiste schon des séminaires du vice et du crime) —; dieser Einwand ist dem vorigen sehr ähnlich, jene Gefahr besteht überall und hier nicht in höherem Grade, da die Voraussetzung doch immer ist, dafs der Betreffende eine Durchschnittsnatur ist, gegen die eine einschneidendere Mafsregel keinen Zweck hat. Auch die Befürchtung grofser Kosten für das Überwachungspersonal hat keinen rechten Sinn; bei jedem Eisenbahnbau u. dgl. werden doch Streckenaufseher oder sonst derartige Leute bestellt, und ihr Lohn verrechnet sich genau wie der der andern Arbeiter unter den Kosten des ganzen betreffenden kulturlichen Unternehmens. 4. Arbeit als Quelle jedes menschlichen Wohlstand sei keine Strafe oder eine entsittlichende. Mit diesem recht doktrinellen Einwurf hatten wir schon oben zu thun und brauchen uns nicht weiter damit aufzuhalten.

Für das Mittel der Strafarbeit ohne Einsperrung traten noch ein Conte de Foresta, Correvon, v. Holtzendorff, Nocito, indem sie sich bemühten, diese oder jene gegnerische Behauptung zu entkräften oder als unrichtig zu erweisen, ohne dafs ihre Ausführungen wesentlich Neues boten. v. Holtzendorff hob noch hervor, dafs die Anwendung dieser Mafsregel von selbst auf leichtere Straffälle beschränkt sei.

Endlich wies in letzter Zeit noch v. Liszt an zwei verschiedenen Orten [1]) auf das Mittel der Strafarbeit hin. Alle seine Forderungen haben wir in unsern Erörterungen schon antizipiert. Sehr betont wird, dafs diese Mafsregel nur Ersatzmittel uneinbringlicher Geldstrafe sein kann; da sie, als eine in Geld abschätzbare, aber unentgeltliche Leistung an den Staat ihrem Wesen nach Vermögensstrafe sei. Aber der Staat „kann den Fabrikbesitzer nicht anhalten, ihm Maschinen, den Weinhändler nicht ihm Flaschenwein zu liefern; er kann den Arzt nicht zwingen, etwa Staatsbeamte unentgeltlich zu behandeln“ u. dgl. Die Arbeit mufs einfach, leicht zu übersehen sein und Gattungscharakter haben, kurz Tagelohnarbeit und auf die Klasse der Handarbeiter beschränkt sein. „Es sind das zugleich auch wohl die einzigen Personen, welchen gegenüber die Geldstrafe bei zweckentsprechender Anwendung und ernster Beitreibung als uneinbringlich erscheinen wird.“ Auch ist solche Arbeit „Steine klopfen, Wege ausbessern, Mauern aufführen, Holz zerkleinern lassen“ allein möglich „ohne verwickelte Buchführung und kost-

[1]) Mitteil. Int. krim. Ver. I, 1, S. 46/47. Z IX 779/781.

spielige Aufsicht, ohne Vergeudung von Zeit und Kraft durch die Behörden". In letzter Linie bei hartnäckiger Widersetzichkeit mufs freilich ein reelleres Zwangsmittel da sein und ein solches, das alsdann durch seine Androhung die an sich schon ziemlich geringe Gefahr der Flucht noch vermindert, ist eine Freiheitsstrafe von mehr als sechs Wochen.[1])

Da wir an keiner Stelle mit unserm Urteil zurückhielten, sondern es stets endgültig abgaben bei Besprechung des einzelnen Vorschlages, so können wir zum Schlusse nur früher gewonnene Sätze in folgenden Thesen zusammenfassen:

1. Das Minimum jeder Freiheitsstrafe ist auf 6 Wochen zu erhöhen.

2. An die Stelle nicht entehrender Freiheitsstrafe (deren Höchstmafs nicht sehr hoch gegriffen werden darf) hat die Aussetzung der Strafvollstreckung zu treten.

3. An die Stelle der Haft in allen Übertretungsfällen und auch des Gefängnisses in einer Reihe von Vergehen tritt die gründlich zu reformierende Geldstrafe, deren Gebiet durch Zulassung von Ratenzahlungen und Zahlungsfristen aufs äufserste und bis zu fast völligem Verschwinden des Falles der Uneinziehbarkeit zu erweitern ist. Wo dieser Fall dennoch eintritt, ist die Geldbufse durch Strafarbeit ohne Einsperrung zu ersetzen, d. h. durch eine ohne Sonderung von andern Arbeitern, aber ohne Lohn verrichtete Arbeit, deren Ertrag dem Staate zu gute kommt.

---

[1]) Hiermit und unter der wiederholt betonten Berücksichtigung des Umstandes, dafs der Umfang dieses Strafmittels ein sehr kleiner sein und sich auf die wenigen absolut Insolventen beschränken wird, müssen auch die Auslassungen Schützes (Die sog. bedingte Verurt. u. s. w. Wien 1890, S. 15/16), der die Verteidiger dieses Ersatzmittels „aus der Charybdis in die Scylla geraten" läfst, der aber überhaupt dies Institut viel zu wenig in seiner Gesamtheit würdigt, als widerlegt gelten.

Diese Forderungen werden von den bedeutendsten Schriftstellern in unserer Frage vertreten und erfreuen sich zum Teil schon einer gewissen Popularität, die auf baldige Verwirklichung hindrängt. Sie zu erfüllen, bildet zunächst die erste Aufgabe praktischer Kriminalpolitik. Ist ihr genügt, so werden wir Platz haben in unsern Anstalten, um Gewohnheitsverbrecher und Gelegenheitssünder zu sondern und den letzteren, den Neulingen, alle erziehende Fürsorge zuzuwenden. Dann auch wird man erst mit Erfolg suchen dürfen, jene Probleme zu lösen, welche die Betrachtung langdauernder Freiheitsstrafe bietet; dann erst kann das ganze Strafensystem zu einem harmonischen Abschlufs gedeihen, zweckmäfsig sein und einheitlich diesem Zwecke dienen.

G. Pätz'sche Buchdr. (Lippert & Co.), Naumburg a/S.

Kolibri 360 GmbH
Ferdinand-Jühlke-Straße 7
99095 Erfurt, Deutschland
produktsicherheit@kolibri360.de